LA REVANCHE DES PASSIONS

DU MÊME AUTEUR

La Terreur et l'Empire. La Violence et la Paix, vol. 2, Seuil, 2003 ; « Points », 2006.

Avec Justin Vaïsse, *Washington et le monde. Dilemmes d'une superpuissance,* Autrement/ Ceri, 2003.

La Violence et la Paix. De la bombe atomique au nettoyage ethnique, Esprit, 1995 ; « Points », 2000.

Les alliances sont-elles dépassées ?, Presses de la Fondation nationale des sciences politiques, 1966.

Avec John Newhouse, *Les Diplomaties occidentales. Unité et contradictions,* Presses de la Fondation nationale des sciences politiques, 1966.

Direction d'ouvrages

Les Relations internationales, La Documentation française, 2012.

Avec Gilles Andréani, *Justifier la guerre ? De l'humanitaire au contre-terrorisme,* Presses de Sciences Po, 2005, 2ᵉ éd., 2013.

Avec Roland Marchal, *Guerres et sociétés. États et violence après la guerre froide,* Karthala/ Ceri, 2003.

Avec Pierre Grémion, *Vents d'Est : vers l'Europe des États de droit ?,* PUF, 1990.

PIERRE HASSNER

La revanche des passions

Métamorphoses de la violence et crises du politique

Les grandes études internationales
Fayard

Collection «Les grandes études internationales»

Cette collection de livres est publiée à l'initiative de Sciences Po et dirigée par Alain Dieckhoff, directeur du CERI (Centre de recherches internationales, unité mixte Sciences Po-CNRS), et Judith Burko.

Ouvrage publié sous la direction de Joël Roman.

Couverture : Nicolas Wiel
ISBN : 978-2-213-65507-9
Dépôt légal : octobre 2015

À Judith Burko, qui m'a arraché ce livre et en a piloté la réalisation avec une énergie bienveillante et une sûreté de jugement incomparables.

À Anne Dubaquié, qui, depuis des décennies, réussit le miracle d'interpréter mes hiéroglyphes et de les traduire en caractères imprimables et imprimés.

Je remercie aussi :

Joël Roman, qui a choisi les articles retenus dans ce recueil et a suggéré le plan de celui-ci.

Diane Feyel, qui, des demandes d'autorisation aux références et à la présentation, a fait un travail extraordinaire dans toutes les directions les plus variées.

Et, *last but not least*, j'exprime ma gratitude à Sciences Po et au Ceri, qui me supportent (au deux sens du mot) depuis tant d'années.

Pierre Hassner

Introduction

Ce livre est un recueil d'articles. Il conclut une série commencée avec *La Violence et la Paix* (Esprit, 1995) et *La Terreur et l'Empire* (Seuil, 2003). Ce format tient avant tout au penchant de l'auteur : il m'est arrivé d'écrire des articles dans des quotidiens, mais, me consacrant avant tout à l'évolution des relations internationales, j'ai toujours craint de commenter les événements à chaud, en manquant de place pour multiplier les hypothèses et les points d'interrogation, et j'ai craint tout autant de donner à mes conclusions le caractère définitif que semble impliquer la forme achevée du livre. J'ai toujours été plus à mon aise dans les propos d'étape et le moyen terme.

Pour le présent recueil s'y ajoute une raison qui me paraît déterminante et qui dépasse mes idiosyncrasies personnelles. Je la formulerai en me réfugiant derrière une citation de Pascal : «J'écrirai ici mes pensées sans ordre, mais non point peut-être dans une confusion sans dessein : car je ferais trop d'honneur à mon sujet en le traitant avec ordre, puisque je veux montrer qu'il en est incapable[1].»

Mon idée centrale, pressentie pendant la dernière année du XXᵉ siècle dans l'article « Fin des certitudes, choc des identités :

---

1. Blaise Pascal, *Pensées (1657-1662)*, Léon Brunschvicg (éd.), Flammarion, coll. «GF», 1993, section VI, n° 373.

un siècle imprévisible » (paru dans le *Ramses 2000*[2] et repris dans
La Violence et la Paix), s'impose à moi avec de plus en plus de force
depuis la fin de l'après-guerre froide : c'est celle d'une complexité
mouvante, de plus en plus complexe et de plus en plus mouvante. Certes, on peut en saisir certaines dynamiques, certaines
dialectiques et certains contrecoups, mais on ne peut en dresser
une synthèse ni même un tableau cohérent et durable. Cette
difficulté, apparemment insurmontable pour l'instant, me paraît
confirmée par le caractère largement inadéquat ou trompeur,
sur le plan de l'action, de notions comme « la communauté
internationale » et « la gouvernance mondiale ». J'essaie de développer un peu plus précisément cette impression dans les deux
articles consacrés à l'ordre international (« Y a-t-il encore un système international ? » et « Feu (sur) l'ordre international ? »)
et dans celui qui pose la question du déclin de la violence et
de la guerre, ou de leur mutation.

Si la synthèse et la prévision me paraissent impossibles
à moins d'être relativisées par de multiples points d'interrogation et des hypothèses alternatives inévitablement partielles, au
moins peut-on, et devrait-on, prendre conscience du caractère
insuffisant, partiellement trompeur ou dépassé des schémas
classiques.

Réalités nouvelles, approches dépassées ?

C'est évident pour les écoles en « -isme », qui, comme
le montrent implicitement leurs meilleurs maîtres, éclatent
à chaque phase nouvelle des relations internationales. Ainsi
Hans Morgenthau, fondateur, dans l'après-guerre, de l'école
« réaliste » aux États-Unis, annonce-t-il dans un article de 1964
dans l'*American Political Science Review* (X, 1, mars 1964) que
l'arme nucléaire rend obsolète la politique de puissance et qu'il
n'y a pas d'autre solution qu'un gouvernement mondial. De
son côté, Kenneth Waltz, fondateur du néoréalisme, s'efforce
de démontrer à la fois la stabilité du monde bipolaire et celle

---

2. *Ramses 2000, L'entrée dans le XXIe siècle,* Ifri/Dunod, 1999.

d'un monde d'autant plus stable que le nombre de puissances nucléaires se multiplie. Avec la fin de la guerre froide, un réaliste important de la génération suivante, John Mearsheimer, annonce que l'Europe reviendra au conflit franco-allemand et qu'il faudrait doter l'Allemagne d'armes nucléaires pour obtenir une dissuasion réciproque entre elle et la France.

Plus près de notre sujet, deux auteurs illustres confirment involontairement la nécessité d'un dépassement par leurs derniers livres. L'un, Henry Kissinger, est le maître unanimement reconnu de la diplomatie. L'autre, Joseph Nye, a eu une influence considérable sur l'analyse de l'interdépendance internationale et sur celle de la puissance en introduisant le terme de *soft power* et en défendant la thèse de l'inévitabilité du leadership américain.

Le dernier livre de Kissinger, *World Order*[3], s'en tient rigoureusement aux rapports entre États, au rôle des grandes puissances, et à l'exemple de Metternich et de Bismarck. Déjà, pourtant, qu'il s'agisse du Vietnam, en particulier de son espoir d'un «intervalle décent» entre le départ des États-Unis et l'arrivée à Saigon des Nord-Vietnamiens, ou de son approbation de la guerre d'Irak (pour renforcer, disait-il, la position de négociation des États-Unis et d'Israël face aux Arabes), il avait montré la faille de sa politique : la non-prise en compte de la situation intérieure, de l'évolution des sociétés et de la volonté des peuples.

Quant à Nye, il affirme, aujourd'hui comme hier, que les États-Unis restent le pays le plus puissant du monde, parce qu'ils possèdent à la fois le *hard power* et le *soft power*, mais il sous-évalue les facteurs intérieurs, la décadence des institutions américaines aujourd'hui disséquée par Francis Fukuyama (dans le deuxième volume de son *Political Order*[4]) et la polarisation des forces politiques et des catégories sociales et ethniques à l'intérieur des États-Unis.

---

3. Henry Kissinger, *World Order*, Penguin Press, 2014 ; traduction française à paraître chez Fayard en 2016.
4. Francis Fukuyama, *Political Order and Political Decay*, Farrar, Straus and Giroux, 2014.

Considérons, par contraste, deux auteurs plus conscients
de la complexité contradictoire des relations internationales et
du rôle des facteurs idéologiques et sociaux : Zbigniew Brzezinski
et Raymond Aron. Brzezinski est l'auteur d'une formule célèbre,
la «mobilisation politique globale», ainsi que d'un ouvrage
moins connu que d'autres, intitulé *Out of Control*[5], où il décrit
de manière très pessimiste l'anarchie de la société américaine.
Cela ne l'a pas empêché de multiplier les appels au leadership
américain et d'essayer de lui proposer parfois une stratégie aven-
tureuse (avec des titres comme *Game Plan* («Plan de bataille»)[6]
et *The Great Chessboard* («Le Grand Échiquier»)[7], oubliant ou
ne connaissant pas la formule de Brecht pour qui les relations
internationales sont un jeu d'échecs où la valeur des pièces varie,
où les pions peuvent se transformer en roi et reine ou s'absorber les uns les autres. De plus en plus, les États-Unis doivent
agir indirectement, par des intermédiaires, ou du moins avec
des alliés qui ont leurs propres intérêts et leur propre jeu, pour
réagir à des défis dont ils se seraient bien passés. Dans son dernier
livre, *Strategic Vision*, Brzezinski s'efforce, avec un certain succès,
de combiner la conscience des faiblesses internes américaines et
la multiplicité des défis par des propositions positives mais pru-
dentes. Il conclut : «En ces temps de plus en plus complexes et
interconnectés, les solutions hâtives et unilatérales, souvent récla-
mées à l'Amérique par des intérêts étrangers, ne sont plus en
accord avec l'esprit et les réalités du nouvel âge... Le grand défi
d'aujourd'hui n'est pas l'hégémonie mais le désordre[8].»

Le deuxième auteur, dont il nous faut regretter amèrement
qu'il ne soit plus parmi nous et dont nous ne pouvons qu'imaginer dans quel sens il orienterait aujourd'hui son analyse, est

---

5. Zbigniew Brzezinski, *Out of Control. Global Turmoil on the Eve of the 21st Century*,
Collier, 1993.
6. Zbigniew Brzezinski, *Game Plan: A Geostrategic Framework for the Conduct
of the U.S.-Soviet Contest*, Atlantic Monthly Press, 1986.
7. Zbigniew Brzezinski, *The Great Chessboard: American Primacy and Its Geostrategic
Imperatives*, Basic Books, 1997 ; *Le Grand Échiquier*, tr. fr. Michel Bessière
et Michelle Herpe-Voslinsky, Fayard, coll. «Pluriel», 2011.
8. Zbigniew Brzezinski, *Strategic Vision. America and the Crisis of Global Power*,
Basic Books, 2013 (2e éd.), p. 202.

Raymond Aron. Certes, son *opus magnum* en matière de théorie des relations internationales, *Paix et guerre entre les nations*, opère une distinction trop tranchée entre les conflits internes et externes. Il est trop centré sur la « conduite diplomatico-stratégique » des États, malgré un excellent chapitre sur « Persuasion et subversion », où il montre les avantages des insurrections nationales ou anticoloniales auxquelles il suffit de « ne pas perdre » pour gagner, alors que le corps expéditionnaire colonial ou impérial doit, surtout s'il appartient à une nation démocratique dont l'opinion publique peut s'exprimer, « gagner pour ne pas perdre ». Mais l'avantage d'Aron est qu'il est non seulement un « théoricien des relations internationales », mais aussi un analyste de la société industrielle, de la lutte des classes et des régimes politiques, des idéologies et de l'histoire. Trop réaliste pour être membre de l'école « réaliste » !

Dans un ouvrage antérieur qui date de 1951, *Les Guerres en chaîne*, Aron montre admirablement la dialectique entre guerre et révolution, et les surprises de la rencontre des séries, ces dernières étant intelligibles en elles-mêmes, mais, selon le moment où elles se croisent, tenant de l'événement et en tant que telles imprévisibles. *Les Guerres en chaîne*, un livre centré sur la Première Guerre mondiale et l'entre-deux-guerres, s'applique beaucoup mieux à la phase actuelle que *Paix et guerre*, écrit en 1960, qui reste dominé par la perspective de la guerre froide.

De même, dans un ouvrage postérieur, *Dimensions de la conscience historique*, le chapitre « L'aube de l'histoire universelle » oppose le « procès » ou le progrès (de la technique et du niveau de vie) au « drame » (l'affrontement des volontés) pour conclure que nul ne peut savoir si le procès finira par digérer le drame, ou si celui-ci fera éclater celui-là ou le paralysera.

Dans son analyse de la Première Guerre mondiale, Aron avait considéré que l'important était moins dans ses causes (« un raté du système diplomatique ») que dans son déroulement : la « surprise technique » avait contribué puissamment au prolongement de la guerre, celui-ci avait contribué aux révolutions et à la naissance des États totalitaires qui, à leur tour, avaient rendu plus probable la Seconde Guerre mondiale.

Au moment de la guerre d'Algérie, Aron rétorqua à des interlocuteurs qui arguaient que l'intérêt économique des Algériens était de rester rattachés à la France : « Ceux qui croient que les peuples suivront leurs intérêts plutôt que leurs passions n'ont rien compris au XXe siècle. » Nous ajouterions : ni au XXIe.

Passions : le mot est lâché, et avec lui le thème central de ce livre. Les bouleversements actuels sont-ils l'effet du déchaînement des passions ou est-ce celui-ci qui a causé celui-là ? Ce recueil reprend le titre de son premier article qui date de 2004. Il commençait par présenter la problématique philosophique des passions et des intérêts, pour aboutir à la situation du XXIe siècle. Ici, nous commençons par la situation présente.

C'est ensuite que nous revenons aux concepts généraux et aux débats plus anciens, ne serait-ce que pour permettre une compréhension historique et philosophique du présent.

Pour les rapports entre la montée des passions et leur environnement technique et politique, la grande question est celle de leur hiérarchie et de leur équilibre, entre elles et par rapport aux instances avec lesquelles elles peuvent entrer en conflit, qu'elles peuvent défendre ou qu'elles peuvent prétendre dominer. Ce qui a propulsé les passions au premier rang, c'est, tout autant que leur propre force, la faiblesse de l'environnement idéologique et institutionnel. Dans certains pays, à ce propos, c'est l'usure des doctrines, la paralysie des institutions et l'abondance, parfois hétérogène et contradictoire, des défis, qui peuvent amener à l'immobilisme mais aussi à la fuite en avant.

Mais ce sont d'abord les révolutions techniques, celle des moyens de communication et celle des moyens de destruction qui, se rejoignant par la cybernétique, transforment le paysage politique. La plus grande facilité et la plus grande rapidité des déplacements sur de longues distances ressuscitent la vieille division de l'humanité entre nomades et sédentaires. La catégorie des nomades comprend les deux extrêmes : d'une part les riches financiers, légaux ou occultes, les gangs, les mafias et les mouvements éventuellement terroristes, d'autre part les réfugiés qui fuient la persécution ou la guerre (civile ou internationale), et aussi les sans-emploi ou les sans-logis qui cherchent un travail ou une place au soleil. Celle des sédentaires, qui inclut en particulier les travailleurs de la terre ou ceux qui définissent leur identité par l'ancienneté de leurs traditions, tend à nourrir une méfiance à l'égard des nomades en qui ils voient des intrus, des concurrents ou des malfaiteurs, voire des terroristes.

C'est la révolution cybernétique, permettant avec Internet l'information et parfois la destruction à distance, qui constitue la grande innovation en matière de contagion, d'influence, mais aussi de ce que Dominique Mongin a appelé les «armes de désorganisation massive». Le drone, qui peut désormais avoir toute espèce de portée, y compris la plus longue, et de dimension, y compris la plus réduite, permet à des individus des destructions anonymes ciblées à longue distance sur leurs ennemis personnels, ou sur le fonctionnement d'un État ou d'une ville. D'où une situation de soupçons réciproques universels et, potentiellement, de guerre de tous contre tous.

Certes, les États peuvent se servir de ces nouvelles armes de manière plus massive que les individus ou les petits groupes, et ils ne s'en privent pas, notamment en matière d'espionnage mais aussi de sabotage. Mais ils peuvent, plus facilement qu'avant, s'abriter derrière l'anonymat et le déni, d'où la «guerre sans limites» chère aux théoriciens chinois et la «guerre hybride» chère aux théoriciens et aux praticiens russes.

Déclin ou démultiplication de la violence ?

On peut encore objecter qu'au niveau social comme au niveau international ces pratiques appartiennent à une minorité. Un éminent psychologue de Harvard, Steven Pinker, dans *The Better Angels of Our Nature*, soutient l'idée du déclin de la violence dans l'histoire. Benjamin Wittes et Gabriella Blum, les auteurs de *The Future of Violence*, répliquent que si la majorité des peuples deviennent moins violents à mesure qu'ils se modernisent, cela n'enlève rien au nouveau pouvoir de nuisance d'une minorité d'individus ou de groupes. Une autre question se pose alors : la majorité aujourd'hui pacifique le restera-t-elle nécessairement ou, saisie par la peur (à propos de laquelle Georges Bernanos disait, dans *Les Grands Cimetières sous la lune*, que la «peur, la vraie peur, est un délire furieux»), ne formera-t-elle pas, avec la haine, un mélange explosif, et qui, faute de vrais coupables, cherchera et trouvera des boucs émissaires?

Le religieux et le social

C'est ici qu'intervient un autre élément relativement nouveau, la montée du fondamentalisme religieux, qui tend à remplacer le totalitarisme. Le grand anthropologue Ernest Gellner, comparant ce qu'il appelait deux systèmes théocratiques, avait constaté que la résilience de l'islam était supérieure à celle du communisme. Certes, il serait aussi faux d'accuser l'islam en tant que tel et en bloc que de proclamer simplement que l'«islam c'est la paix». Toutes les religions ont, à certaines époques, «recherché le salut en tuant les infidèles». Simplement, certaines religions ont renoncé au pouvoir temporel et accepté la modernité, tandis que d'autres n'ont, majoritairement, pas accepté la révolution des Lumières. Ce n'est d'ailleurs pas une spécificité propre à l'islam. Le bouddhisme, religion intérieure et individualiste, connaît, au Myanmar, des moines qui prêchent et organisent la persécution de la minorité musulmane. Certains spécialistes français enclins à minimiser la spécificité du religieux voient dans la violence de l'EI (ou Daech) un phénomène de génération plutôt que de religion. Ils ont certainement raison pour nombre des adhérents au djihad, qui se cherchent une identité ou une revanche par la violence contre la marginalisation dont ils se sentent victimes, plus qu'ils ne croient à l'avènement prochain du califat. Mais il serait absurde de nier le caractère fanatique de l'EI lui-même, qui n'en a d'ailleurs pas l'exclusivité. Selon la formule de Jean Daniel, «avant c'étaient les idéologies qui devenaient religieuses, maintenant ce sont les religions qui deviennent idéologiques». Bien entendu, il est parfois difficile de distinguer les haines religieuses des haines raciales, ethniques, voire sociales et nationales. Il reste qu'il est important de se demander quelles sont les circonstances qui peuvent inciter la religion à être moins l'opium qui pousse le peuple à la résignation et à la passivité que le crack qui l'incite à la violence apocalyptique. De même, les passions nationalistes qui, combinées ou confondues avec les passions religieuses, semblent aujourd'hui prendre le pas à la fois sur la raison et sur les passions universalistes, peuvent adopter un aspect défensif, celui de l'exclusion, et cibler les intrus, ou un aspect offensif, celui de la recherche ou en tout cas de la nostalgie, de la domination ou de la gloire, et être tournées vers l'extérieur.

L'attentat en janvier 2015 contre *Charlie Hebdo* et la grande manifestation républicaine du 11 janvier sous le signe «Je suis Charlie» peuvent constituer un cas d'école à ce propos. Les assassins ont prétendu «venger le Prophète» en tuant *Charlie Hebdo* avec douze de ses collaborateurs. La manifestation n'a pas témoigné de haine religieuse ni de racisme. Elle a été suivie par un grand effort des autorités pour amener les musulmans à se plier non seulement à la tolérance mais aux règles de la laïcité, faisant de la religion une affaire privée. Or, les musulmans modérés et pacifiques n'ont pas pu ne pas être choqués par les caricatures du prophète Mahomet. Aussi digne et pacifique qu'il fût, le défilé et la série de mesures qui l'ont suivi n'ont pas pu ne pas donner à nombre de musulmans français un sentiment d'exclusion ou de rejet. Peut-être le président Hollande, dans son discours irréprochable du 11 janvier, aurait-il dû ajouter une phrase indiquant que la République ne s'identifiait pas au style de *Charlie Hebdo*, qu'il comprenait que beaucoup des Français musulmans aient pu être choqués par des caricatures contraires aux interdits de leur religion ou à leur sens du sacré, mais que rien ne pouvait justifier ni excuser l'assassinat des journalistes. Si les excès du multiculturalisme pratiqué dans le passé au Royaume-Uni sont dangereux et condamnables, la tentative de nier l'hétérogénéité et la diversité des coutumes et des croyances, s'ajoutant au choc éprouvé par certains groupes face à la société moderne et à l'évolution des mœurs, ne peut que susciter un sentiment d'exclusion et inspirer ou raviver les passions hostiles. Le grand problème, cependant, est d'empêcher que la dialectique des extrêmes, entre passions religieuses opposées, ou entre passions religieuses et laïques, ne conduise à une escalade de l'islamophobie d'une part, de l'antioccidentalisme et de l'antijudaïsme de l'autre. L'important est de distinguer les jeunes en quête d'identité ou de revanche contre leur situation défavorisée ou contre la société en général des dirigeants fanatiques et meurtriers qui assassinent ceux qui ne partagent pas leur version de l'islam, les autres musulmans compris, ou des officiers de Saddam Hussein dont la passion est nationaliste ou antioccidentale plutôt que religieuse, etc. Surtout, il ne faut pas oublier que, comme l'a souligné l'écrivain néerlandais Jan Buruma, le principal but des djihadistes est de dresser les communautés musulmane et chrétienne ou juive les unes contre les autres.

Mais la montée des passions ne se réduit évidemment pas à l'islamisme ni à l'anti-islamisme radical. On peut penser qu'en Russie l'humiliation de ne plus être considéré comme l'un des deux Grands depuis la fin de la guerre froide, souvent appréhendée comme une démission, voire une trahison de la part de Gorbatchev, s'est transformée en exaltation lors de l'annexion de la Crimée et à la faveur de la propagande d'une intensité inouïe menée par le gouvernement russe contre l'Occident, contre les opposants traités de cinquième colonne, contre la décadence de l'Europe et pour le retour d'une Russie impériale. Mais il y a du vrai, également, dans la formule de Jacques Julliard : « Une fois que les capitalistes n'ont plus eu peur des communistes, ils sont devenus fous. »

En tout cas, aux États-Unis, l'idéologie de l'administration Reagan, qui voyait à la fois le capitalisme et les États-Unis comme triomphants, mais, en économie, le gouvernement comme étant le «problème, non la solution», a libéré et légitimé la passion du gain et poussé une dérégulation qui s'est étendue sur le plan international par le biais de la mondialisation. Celle-ci, loin d'être purement «heureuse», a certes diminué les inégalités entre les pays, mais les a accrues à l'intérieur des États, créant ainsi une crise de secteurs économiques entiers et le ressentiment des catégories défavorisées, à la fois dans les pays développés et en développement. Les successeurs immédiats de Reagan, George H. Bush et Bill Clinton, n'étaient pas des hommes de passion, mais les attentats du 11 Septembre ont amené la population américaine à découvrir sa vulnérabilité, à éprouver une humiliation face à une menace nouvelle, et ont déclenché une volonté de réagir dont George W. Bush et ses conseillers néoconservateurs ont profité pour se lancer, en toute ignorance de la complexité du monde, dans une entreprise impériale censée répandre la démocratie, où la volonté de puissance le disputait au zèle idéologique et à la crainte du terrorisme globalisé. Elle a entraîné des excès dans la répression de celui-ci, au détriment des libertés publiques. Reagan avait lui-même été très prudent, comme sa réaction de retrait lors de l'attentat du Hezbollah contre les États-Unis au Liban en avait témoigné. Mais la passion aveugla l'administration Bush tout au long de la guerre d'Irak, tant par l'illusion d'une population unanime recevant les soldats américains avec des fleurs que par la décision de licencier sans solde toute l'armée irakienne. Tout cela provoqua des passions fanatiques ou terroristes qui continuent à dominer la scène irakienne avec l'alliance d'officiers basistes, de tribus sunnites et de fanatiques fondamentalistes.

L'usure des doctrines

Pendant une quarantaine d'années, j'ai présenté dans mon enseignement ce que j'appelais le cercle des idéologies, qui comprenait le libéralisme, le marxisme, l'anarchisme et le fascisme.

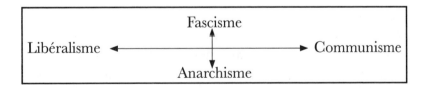

Chacune s'oppose dans ce schéma à celle qui lui fait face, mais a quelque chose en commun avec sa voisine. Le libéralisme et le communisme sont deux conceptions antagonistes des rapports entre économie, société et politique. L'anarchisme et le fascisme représentent l'extension à la société globale de deux conceptions antagonistes du petit groupe. Pour le cas du fascisme, il s'agit d'un groupe élitiste, fondé à la fois sur l'identité définie par l'opposition à la décadence, la camaraderie et, en général, le culte de la force physique, la hiérarchie, et, en général, sur la résurrection d'un passé glorieux, dominateur et en partie mythique. L'anarchisme est fondé sur la liberté et l'égalité individuelles et la volonté d'éliminer l'État et la guerre, parfois par la force, tout en envisageant de la dépasser. Aucun des deux n'a de conception détaillée et cohérente de l'organisation de la société.

Ce schéma a en très grande partie perdu son sens aujourd'hui.

Les deux idéologies complexes sont en perte de vitesse. Plus personne (sauf peut-être le philosophe Alain Badiou) ne croit vraiment encore au communisme. La Russie fonde sa légitimité sur la victoire dans la « Grande Guerre patriotique » et la vocation impériale poursuivie sous Staline, et surtout sous les tsars, non sur le marxisme.

De son côté, le libéralisme, triomphant en apparence entre la fin de la guerre froide et la crise des subprimes en 2008, voit sa légitimité mise en cause par la redécouverte de sa fragilité face à ses crises périodiques, à la montée du chômage et des inégalités, à la corruption en hausse dans presque tous les pays, quel que soit leur régime, par l'évasion fiscale généralisée au niveau des banques et des entreprises multinationales, par une atmosphère de compétition acharnée d'un côté, et de découragement ou de colère de l'autre.

Le libéralisme politique, qui garde toute sa valeur, est lui-même atteint à la fois par le pouvoir de l'argent, qui fausse le jeu de la politique, et par le sentiment d'insécurité lié à la menace terroriste globale, qui produit une atmosphère de peur et de soupçons et une tentation croissante de limiter les libertés des citoyens par une surveillance généralisée.

Dans un article retentissant intitulé « 25 years after Fukuyama : Liberalism's beleaguered victory », paru dans *The American Interest* en août 2014 et traduit dans *Commentaire*[9]

---

9. Abraham Shulsky, « La démocratie libérale victorieuse et assiégée », *Commentaire*, n° 148, hiver 2014.

à la fin de 2014, un auteur néoconservateur, Abraham Shulsky, constate que, si la démocratie libérale est bien sortie victorieuse de la Seconde Guerre mondiale et de la guerre froide, elle est désormais assaillie de toutes parts. J'avais moi-même, répondant à Francis Fukuyama, dans *The National Interest* (automne 1989), indiqué que la fin annoncée de l'histoire supposait une disparition définitive du *thumos*, la partie de l'âme qui était, pour les Grecs, le siège de l'honneur et de la colère, ce qui paraissait peu vraisemblable.

Un peu plus tard, dans un article de la revue *Esprit* d'octobre 1991 intitulé «L'Europe et le spectre des nationalismes», repris dans *La Violence et la Paix*, je saluais la victoire du libéralisme mais j'ajoutais : «Nous savons, par l'amère expérience du xxᵉ siècle, qu'il n'y a pas de substitut à la liberté, et qu'aucun système, aucune alliance, aucun État, fût-il aussi grand que la Chine ou aussi petit que l'Albanie, ne peut se fermer au monde moderne sans connaître l'échec et l'effondrement. Mais nous savons aussi que l'humanité ne vit pas que de liberté et d'universalité, que les aspirations qui ont conduit au nationalisme et au socialisme, la recherche de la communauté et de l'identité, et de la recherche de l'égalité et de la solidarité reparaîtront toujours, comme elles le font déjà. C'est dans la mesure où le libéralisme pourra les incorporer et les concilier à la fois avec la liberté de l'individu et avec l'interdépendance de la planète qu'il aura une chance, après avoir gagné la guerre froide, de ne pas perdre la paix.»

Or cette incorporation et cette conciliation sont de moins en moins réelles. Et ce qui semble avoir le vent en poupe, sous des formes diverses, apparentées au fascisme, c'est le populisme de droite, qui se traduit d'une manière défensive par l'exclusion et la volonté d'homogénéité et de fermeture, ou d'une manière offensive par la volonté de domination ou, du moins, de revanche et de reconnaissance, obtenues par le pouvoir de nuire.

Si le monde est anarchique, ce n'est pas pour autant que l'anarchisme est une formule de gouvernement, si on laisse de côté l'utopie technologique d'une coordination fondée sur le dialogue par Internet, donnant directement une voix à tous et excluant toute autorité. C'est plutôt son opposé, le fascisme, qui redresse la tête. Et, s'il intéresse de façon centrale notre sujet, c'est parce que c'est la tendance politique qui repose le plus directement et presque exclusivement sur la force, le culte du chef, la tentative de conduire la société à travers les passions, l'identification mystique ou magique du chef et d'un corps politique indifférencié ou représenté par une élite militante tentant, avec plus ou moins de succès, d'entraîner le reste de la population, et par ce qu'Élie Halévy appelait l'« organisation de l'enthousiasme » et par celle de la répression, ou du moins de l'exclusion, pour les réfractaires et pour ceux qui maintiennent d'autres liens ou d'autres loyautés.

Le grand juriste allemand Carl Schmitt déclarait, au temps du nazisme, que le libéralisme et le pluralisme étaient anti-démocratiques, car la seule démocratie authentique était l'union spirituelle du Führer et d'un peuple uni et ethniquement homogène. Le fascisme remplace la politique par l'union mystique ou forcée (d'où le slogan *Il Duce a sempre ragione* – le Chef a toujours raison). On pourrait dire qu'il a « fonctionné à la passion » plus qu'à la compétition ouverte ou à la délibération. La société est conçue sur le modèle d'un petit groupe uni autour d'un chef, à qui elle jure fidélité, en lutte pour reconstituer un passé glorieux (plus qu'à moitié mythique en général) ou cherchant à prendre sa revanche sur des ennemis responsables de tous les maux. La Russie de Poutine se rapproche à grands pas de ce modèle : « Nous sommes un peuple de vainqueurs, c'est dans nos gènes », est l'une de ses formules. Le chef étale sa force physique et ses exploits sportifs. L'ethnologue russe Emil Pain, ancien conseiller de Gorbatchev et d'Eltsine, considère que le pouvoir de Poutine sur le peuple russe s'apparente à celui des sorciers africains étudiés par Evans-Pritchard. Depuis l'annexion de la Crimée, selon les sondages, plus le Président est agressif, plus la majorité le suit. La langue et la culture russes sont toujours davantage promues ou imposées au détriment de celles des peuples non russes. Inversement, le but affiché est de rassembler tout ce qui est russe dans le temps ou dans l'espace.

L'intellectuel russo-arménien Andranik Migranyan, directeur de l'un des deux instituts créés par Poutine, aux États-Unis et en

France, dont la mission est de surveiller les atteintes aux droits de l'homme en Occident, a écrit dans les *Izvestia* en 2015 que Hitler, jusqu'en 1939, n'avait fait que son devoir de dirigeant allemand, à savoir rassembler tous les Allemands, comme Poutine veut rassembler tous les Russes, et que, s'il s'était arrêté à cette date, il serait resté dans les mémoires comme un grand homme politique allemand.

Il ne faut pas cependant, comme on le fait parfois trop facilement, au sujet de la Russie de Poutine comme de l'EI (ou Daech), parler de totalitarisme. Celui-ci, dans le cas nazi comme dans le cas communiste, était un mouvement complexe se voulant scientifique et faisant appel à une vision de l'histoire de l'humanité, alors que la doctrine poutinienne, s'il y en a une, est simplement celle d'une restauration de l'Empire russe, plus proche du tsarisme avec sa trinité : autocratie, orthodoxie, *narodnost*, que du marxisme. Mais, si l'on considère que l'essence du totalitarisme est dans la formule de Carl Schmitt (« Ennemi total, guerre totale, État total ») et dans une conception de la politique comme continuation de la guerre par d'autres moyens, alors l'atmosphère créée dans les deux cas est vraiment totalitaire. Les Russes se considèrent comme engagés dans une forme de guerre hybride contre l'Occident, et Poutine a déclaré que les Ukrainiens n'étaient que les supplétifs de l'Otan. Il me semble plus exact, cependant, de maintenir la distinction entre régimes, mouvements et passions totalitaires. Les régimes totalitaires proprement dits, comme la Corée du Nord et, de manière plus surprenante, l'Érythrée, sont des survivances, mais les mouvements à caractère totalitaire existent et les passions totalitaires sont ce qui reste vraiment du totalitarisme, dont la Russie actuelle ou les mouvements djihadistes, et avant tout Daech, offrent des exemples éclatants.

On ne referait plus aujourd'hui le tableau des quatre idéologies que j'évoquais en ouverture. On se contenterait d'un classement des attitudes et des situations. Sur un axe vertical, on aurait l'oligarchie financière ou technocratique contre le populisme, sur l'axe horizontal le particularisme (national ou ethnique) contre l'universalisme (juridique ou globalisant).

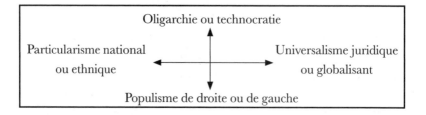

Le dysfonctionnement des institutions

Ce qui distingue les régimes constitutionnels et pluralistes, ce sont les institutions, avec leurs fonctions d'arbitrage, de distribution, de conciliation entre l'égalité de dignité et les inégalités fonctionnelles, bref d'organisation de la coexistence des intérêts particuliers et de l'intérêt général.

S'il y a, dans un État républicain, une instance chargée de l'intérêt commun, ce sont les institutions, qui permettent de canaliser et de modérer les passions. Mais elles remplissent de moins en moins souvent cette fonction.

Ne parlons pas des dictatures, où tribunaux et Parlements sont des chambres d'enregistrement et où tout se passe en coulisses, ni de pays comme la Grèce, qui ne possède pas de cadastre et où les contribuables les plus riches (l'Église orthodoxe et les armateurs) sont ceux qui bénéficient du maximum de réductions ou de dispenses d'impôts. Ni de pays comme la Roumanie, où la justice joue courageusement son rôle mais où la conséquence en est que la corruption de la classe politique éclate au grand jour.

Il y a des pays où les institutions fonctionnent : la Chambre des communes a une influence réelle sur la politique étrangère (comme l'a montré le refus, justifié ou non, d'intervenir en Syrie lors de l'emploi d'armes chimiques par Bachar el-Assad), mais les scandales liés à l'influence et aux pratiques de la presse Murdoch abondent. En Allemagne, l'exécutif a un véritable respect des institutions, même si certaines d'entre elles, honorables et prestigieuses (la Bundesbank, la Cour de justice de Karlsruhe) tendent peut-être à dépasser leur mandat par des prises de position politiques, mais l'embarras de Mme Merkel apprenant (ou devant admettre), après avoir protesté contre les écoutes de son portable par la NSA américaine, que ses propres services espionnaient son allié français pour le compte de cette même NSA, a diminué son rôle de modèle.

En France, la justice fonctionne, mais est exposée en permanence au soupçon de collusion avec le gouvernement, l'opposition ou la presse. Un ministre du Budget a dû reconnaître qu'il possédait un compte en Suisse après l'avoir nié solennellement, et on ne compte plus les scandales liés à la présidence Sarkozy… Surtout, dans le système de la Vᵉ République, le rôle du Parlement est faible, particulièrement en politique étrangère.

Aux États-Unis, la Cour suprême a légitimé, par l'arrêt « Citizens United », le rôle pratiquement illimité de l'argent dans les élections. « Washington » en général, et le Congrès en particulier, sont largement impopulaires (12 % de satisfaits pour le Congrès, et le président Obama en compte à peine plus). Le comportement de la majorité républicaine au Congrès, qui est allée jusqu'à intervenir directement dans la négociation menée par le président Obama avec l'Iran pour la torpiller, est amplement critiqué. Plus généralement, le déclin des syndicats et des deux grands partis de gouvernement, leur impopularité, les différentes polarisations entre démocrates et républicains, entre la police et les Noirs, pour ne prendre que ces exemples, tout cela semble montrer que la forme « parti » est bien malade et tend à être remplacée, ou du moins excessivement influencée, par les mouvements populistes. En tout cas, la distance entre l'élite gouvernementale et la population, aussi bien qu'entre des conceptions opposées de la société, a augmenté. Les gouvernements sont pris entre les contraintes extérieures (en particulier les marchés et les créditeurs) et les résistances ou les revendications populaires. Les peuples eux-mêmes sont divisés selon les origines, les modes et niveaux de vie, les générations, les multiples influences transmises par les médias et surtout par les réseaux sociaux, qui brouillent ou remplacent celles de la famille et de l'école.

La situation est pire encore pour les institutions internationales. Les institutions financières comme le FMI et la Banque mondiale fonctionnent mais sans accorder la place qui leur revient aux pays émergents. L'Organisation mondiale du commerce marque le pas par rapport aux accords bilatéraux ou à la tentation protectionniste. La collaboration internationale pour la sauvegarde de la planète contre les effets du changement climatique est plus riche en conférences qu'en réalisations. Surtout, et paradoxalement, au vu de l'interdépendance et de l'imbrication des conflits nationaux, régionaux et mondiaux, la réticence des gouvernements et des peuples, lorsqu'il s'agit d'arrêter des massacres ou de sauver des malheureux qui se noient par milliers en pleine mer, et la priorité donnée au refus de les accueillir vont au-delà de l'admirable formule du pape François : « La mondialisation de l'indifférence » : celle-ci tend à se muer en mondialisation de la méfiance et de l'hostilité, souvent meurtrières.

L'Union européenne n'est guère plus efficace ni plus solidaire. Elle montre qu'elle n'est pas une communauté en témoignant d'un double manque de solidarité : d'une part, envers les demandeurs d'asile, en se souciant plus de les renvoyer à la persécution ou à la guerre que de les sauver quand ils sont en perdition et de les accueillir ; d'autre part, à l'échelle des États, qui refusent de répartir équitablement les nouveaux arrivants, laissant au hasard géographique ou à la bonne volonté d'une minorité de membres plus accueillants (l'Allemagne, la Suède) la charge (qui, à long terme, pourrait être une chance et, en tout cas, devrait être un devoir) de cet accueil.

Il reste des organisations et des volontaires qui, souvent au péril de leur vie, obéissent à d'autres passions, celle de la solidarité ou de la charité, ou du refus de l'injustice et de la fatalité. On les trouve dans certains mouvements de jeunes et, surtout, dans les organisations non gouvernementales humanitaires.

Du bon usage des passions

L'évocation de l'hostilité des uns et du dévouement des autres nous amène au bord d'un problème essentiel : y a-t-il de bonnes et de mauvaises passions ? Cette introduction peut sembler être dirigée entièrement contre le rôle des passions. Or on peut soutenir, avec Hegel, que rien de grand ne s'est fait sans passion, et avec Spinoza qu'on ne peut vaincre une passion qu'en la remplaçant par une autre. Nous ne suivrons pas Spinoza affirmant que les affects conduisent par nature à la servitude humaine et que c'est l'intervention de la raison qui conduit à la libération en les transformant en actions. Pas plus que Hegel (et déjà Kant) énonçant que l'homme politique qui est mû par ses passions (même moralement condamnables, selon Kant) poursuit à son insu la « ruse de la raison » ou de la « nature », termes laïques par lesquels les philosophes de l'histoire transposent les desseins de la Providence, laquelle utilise, selon saint Augustin ou Bossuet, « même les péchés » (*etiam peccata*). Disons simplement, avec Freud, qu'il y a des passions qui obéissent à l'instinct de mort, d'autres au principe de plaisir, d'autres enfin qui sont sublimées par le moi – ou, avec Platon et Aristote, que le *thumos* peut obéir soit aux appétits, soit à la raison. Pour les philosophes grecs en général, la politique était faite à la fois des trois passions invoquées par les Athéniens de Thucydide (l'avidité, la peur et l'honneur) et par la *phronesis*, c'est-à-dire la prudence, au sens plus large de discernement. Dans les conflits actuels, si les uns manquent de prudence (jusqu'à utiliser la menace des armes nucléaires de manière offensive ou en massacrant d'office leurs ennemis), d'autres manquent non seulement, comme le dit Yeats, de convictions, mais de l'« intensité passionnée » dans ces convictions qui rendrait leur réaction crédible et ferait appel à ce qui reste de prudence chez leurs adversaires. Le problème du politique, c'est précisément la hiérarchie des passions (ou la discrimination entre elles) et leur rapport avec la coexistence possible entre concitoyens ou alliés, voire avec des adversaires à l'intérieur d'un ordre global commun.

Il ne s'agit pas ici de procéder à une discussion philosophique ou, moins encore, psychanalytique. Cependant, je voudrais attirer l'attention sur deux notions. L'une, formulée en termes de théorie des jeux par Thomas Schelling, est celle de « jeux à motifs mixtes » et à « somme non nulle ». L'autre, empruntée à la tradition philosophique, est celle d'« imagination morale ».

La première, opposée à la définition binaire, voire manichéenne, de Carl Schmitt (définissant la politique par la distinction ami-ennemi), repose sur l'idée selon laquelle le plus souvent nous avons certains intérêts communs, même avec nos adversaires ou nos agresseurs, et certaines divergences d'intérêts, ou du moins de priorités, même avec nos amis et nos alliés. D'où la nécessité de maintenir le dialogue avec les premiers et de se mettre d'accord avec eux, tacitement, ou, si possible, explicitement, sur des règles du jeu, des limites, des signaux avertisseurs, etc. D'où la notion de « maîtrise des armements » ou *arms control*, visant à éviter les malentendus et à limiter la course aux armements. D'où des structures permanentes de communication entre les dirigeants des camps opposés de la guerre froide et des réunions périodiques au sommet, les traités de limitation des armements conventionnels et la suppression des missiles à portée intermédiaire, ou les efforts communs pour empêcher les savants atomistes d'être recrutés par des États désireux d'accéder aux armes nucléaires, etc.

Ce dialogue permanent entre ennemis potentiels était sans précédent dans l'histoire, et la guerre froide, après les expériences de la guerre de Corée et les crises de Berlin et de Cuba, était devenue beaucoup plus prévisible et donc moins dangereuse que la situation actuelle. Un spécialiste russe, Alexeï Arbatov, a lancé l'alarme en indiquant que l'*arms control* était mort, qu'il n'y avait plus aucune entreprise commune dans ce domaine et aucun dialogue (en dehors des négociations avec l'Iran) entre Russes et Américains. On peut ajouter à ce constat les déclarations rétrospectives de Vladimir Poutine selon lesquelles il aurait fait mettre les armes nucléaires en état d'alerte au moment de l'annexion de la Crimée.

L'*arms control* constituait une assurance que certains pouvaient trouver naïve ou trompeuse, mais qui n'en indiquait pas moins la conscience d'un fait incontestable : la complexité des relations politiques et humaines en général, et la conscience, dans certains cas, de ce que nous avons en commun avec des adversaires et des étrangers, et de différent par rapport à des concitoyens, voire à des proches. La conséquence consiste à calculer les cas où la dissuasion par menace de représailles peut fonctionner et, au contraire, les cas où l'on se trouve face à des ennemis absolus sur lesquels elle n'a pas de prise, ne serait-ce que parce qu'ils recherchent la mort ou du moins attachent moins de prix au danger de perdre leur vie qu'à l'espoir de détruire la nôtre.

Au point de vue moral, la leçon est de respecter, chez ceux avec qui on doit vivre dans le même pays ou sur la même planète, à la fois leur dignité en tant que compatriotes ou êtres humains, et leur différence culturelle ou psychologique.

Peut-être l'imagination morale est-elle ce qui permet un lien utile entre la politique et les passions et, en particulier, la coexistence pacifique entre individus et collectivités. Il s'y ajoute, pour les démocraties libérales, l'art de comprendre la différence de leurs adversaires mais de résister à la tentation d'en adopter les méthodes et de devenir comme eux. Abram Shulsky pense que les démocraties libérales sont sur la défensive à la fois parce que les libéraux ne croient plus en leurs propres valeurs et parce que le libéralisme n'offre pas de perspective exaltante qui permette à l'homme de s'élever au-dessus de lui-même. À cela la réponse est de ressusciter ce « goût sublime de la liberté » dont parle Tocqueville et qu'on trouve surtout chez les peuples qui sont privés de celle-ci, et le sentiment de fraternité et de solidarité, avec des degrés divers, envers sa propre communauté et envers l'humanité souffrante ou opprimée tout entière.

Comment étudier le rôle des passions dans les relations internationales ?

Ayant commencé par quelques piques à l'adresse de certains théoriciens et praticiens des relations internationales qui sous-estiment le rôle des passions, je voudrais terminer cette introduction sur une note plus positive. De plus en plus, le rôle des émotions fait son chemin dans les travaux sur les guerres et les révolutions. En France, il faut surtout regarder du côté des historiens, à commencer par les historiens des idées. Je me permettrai une citation assez longue d'Élie Halévy, qui conclut ainsi ses conférences d'Oxford de 1929 sur l'« Interprétation de la crise des années 1914-1918 », qu'il attribue surtout à « de puissantes vagues de passions collectives » :

Une nationalité c'est quelque chose pour laquelle on est prêt à mourir. Fort bien, mais c'est aussi une chose pour laquelle on est prêt à tuer, et voilà l'obstacle. Du moins le fait demeure que l'homme n'est pas uniquement composé de sens commun et d'intérêts personnels. Telle est sa nature qu'il ne juge pas la vie digne d'être vécue s'il n'a pas quelque chose pour quoi il soit prêt à la perdre. Mais je vois présentement que des millions d'hommes se montrèrent prêts, durant la grande crise mondiale, à donner leur vie pour leurs patries respectives. Combien de millions d'entre eux, ou de centaines de mille, ou de milliers, seraient prêts à mourir pour la Société des Nations? Y en aurait-il seulement cent? Prenez garde, car c'est cela qui est grave. Tant que nous n'aurons pas développé un fanatisme de l'humanité assez puissant pour contrebalancer ou pour absorber nos fanatismes de nationalité, n'allons pas charger nos hommes d'État de nos propres péchés. Cherchons plutôt des raisons de les excuser lorsque, à l'occasion, ils se sentent forcés de céder à la pression de nos émotions fanatiques et désintéressées[10].

La dernière phrase est en partie une boutade, même pour la guerre de 1914-1918. La suite du XXe siècle et le début du XXIe ont démontré que, si on ne meurt pas pour la SDN ou pour l'ONU, il y a des fanatismes transnationaux, en particulier au nom des religions; que les fanatismes de la nationalité commencent souvent par l'action d'un mouvement, voire d'un homme, et que ce sont les peuples qui peuvent être excusés de céder à une propagande déchaînée et délirante, même si le succès de celle-ci montre qu'elle peut aussi ranimer des aspirations ou des ressentiments authentiques. Mais l'accent mis par Halévy sur les «grandes émotions collectives» reste précieux et valable. J'ai évoqué, dans cette introduction, la contribution du Raymond Aron des *Guerres en chaîne*, et, dans ce recueil, celle du François Furet du *Passé d'une illusion*. Aujourd'hui, le thème du rôle des émotions et de la mémoire est repris et développé par des historiens comme Robert Frank et par les auteurs du livre collectif dirigé par Antoine Marès et Marie-Pierre Rey qui lui est dédié, intitulé *Mémoires et Émotions. Au cœur de l'histoire des relations internationales* (Publications de la Sorbonne, 2014).

---

10. Élie Halévy, *L'Ère des tyrannies*, Gallimard, 1938, p. 199.

Du côté des politologues, Thomas Lindemann mène une recherche sur le thème hégélien de la lutte pour la reconnaissance appliqué aux relations internationales et inspiré par le sociologue allemand Axel Honneth. Surtout Hamit Bozarslan, à la fois politologue, sociologue et historien, qui a coordonné un excellent petit livre sur les *Passions révolutionnaires* (avec Christophe Jaffrelot et Gilles Bataillon) et qui vient de publier une somme intitulée *Révolution et état de violence. Moyen-Orient 2011-2015* où il poursuit une analyse pertinente des passions dans les régions où elles sont le plus meurtrières.

Aux États-Unis, les appels à revenir sur l'oubli des émotions dans la théorie des relations internationales se multiplient. Il faut signaler en particulier le livre de Richard Ned Lebow, *Why Nations Fight*[11] qui montre, par une série d'études de cas, l'importance de la quête du prestige et de la revanche comme première source des guerres.

Peut-être peut-on aller encore plus loin. J'avais commencé ma conférence de 2004 (premier texte de ce recueil) en citant Stanley Hoffmann pour qui «il faudrait pouvoir inscrire les passions sur la carte, comme les bases militaires ou les gisements de pétrole». J'avais fait remarquer qu'étant par essence immatérielles et mobiles, surtout à l'âge d'Internet, il faudrait étudier surtout leur dynamique. J'avais employé l'expression «géopolitique des passions», qui reste acceptable si on élargit le terme «géopolitique», au-delà de sa connotation territoriale quelque peu statique et déterministe, pour étudier la circulation des passions, leur économie, leur montée et leur déclin, et surtout leur interaction, symétrique ou dissymétrique, menant à l'escalade, à l'affrontement ou simplement à la compétition. La notion d'équilibre des puissances (*balance of power*) comprend, au-delà des forces matérielles, l'équilibre et le déséquilibre des perceptions et des intérêts. Il faudrait aussi étudier l'équilibre et le déséquilibre des passions, qui commande, dans une large mesure, l'équilibre ou le déséquilibre des prises de risque.

11. Richard Ned Lebow, *Why Nations Fight. Past and Future Motives for War*, Cambridge University Press, 2010.

Il serait vain d'en espérer une théorie générale, vu la complexité de la scène mondiale et la rapidité de ses changements. Mais l'on peut se donner des outils pour des prises de vue partielles et des scénarios alternatifs, également partiels, contribuant à la compréhension d'un monde à la fois hétérogène et interconnecté.

Et il faudra accorder une place centrale à son élément le plus volatil et le plus explosif, celui des émotions et des passions.

Première partie

La politique et les passions

Chapitre 1

La revanche des passions

Critiquant Henry Kissinger pour le caractère trop étroit et traditionnel de ses conceptions géopolitiques, Stanley Hoffmann a écrit : « La carte des passions doit être ajoutée à celle des bases et des ressources[1]. » Je ne prétends certes pas élaborer ici cette « géopolitique des passions » dont je crois, comme Hoffmann, que le besoin se fait sentir de manière urgente. Mais je voudrais procéder à une double démarche préliminaire. D'une part, je voudrais donner quelques indications sur le rôle des passions dans ce qu'on appelle encore les relations internationales contemporaines mais qui, de plus en plus, se situe à l'articulation du local et du global, voire à l'intérieur de leur enchevêtrement.

D'autre part, j'essaierai d'en tirer quelques leçons plus générales quant aux chances de l'ordre mondial dans ce XXe siècle qui, à bien des égards, apparaît, tel Néron dans *Britannicus*, comme un « monstre naissant ».

En effet, trop souvent si les problèmes sont globaux et si les solutions impliquent une gouvernance ou du moins une solidarité mondiales, celles-ci sont bloquées par des intérêts et des structures de pouvoir étatiques ou non étatiques, mais aussi par la violence des particularismes défensifs ou des universalismes conquérants, fanatiques et rivaux. En face, les avocats de la coopération et de la tolérance n'ont le plus souvent à opposer que des considérations rationnelles ou morales, mais

---

1. Stanley Hoffmann, *The American Prospect*, 30 juillet 2001.

auxquelles manquent la ferveur et la vigueur des passions. Bien
souvent, la situation rappelle celle que décrivent les vers fréquemment cités mais toujours plus pertinents de William Yeats :

Things fall apart ; the center does not hold
Mere anarchy is loose upon the world,
The best lack all conviction and the worst
Are full of passionate intensity[2].

Certes, il ne s'agit pas de demander aux gouvernements démocratiques et aux organisations internationales d'imiter l'«intensité
passionnée» des fanatiques. Mais il s'agit de se rappeler non
seulement la leçon de Hegel, pour qui rien de grand ne se fait
sans passions, mais aussi celle de Spinoza, selon qui on ne peut
vaincre les passions tristes ou mauvaises qu'en leur opposant
d'autres passions, positives, ou en utilisant les premières les unes
contre les autres.

Il ne s'agit pas, bien au contraire, de nier la distinction
de la raison et des passions ni, encore moins, de faire de l'une
le simple instrument ou l'esclave impuissant des autres. Mais
il en va des passions comme de la nature : on ne leur commande
qu'en leur obéissant ou du moins en les connaissant et en apprenant à les apprivoiser, à les sublimer, ou à y puiser force
et inspiration.

Je voudrais cependant me garder d'adopter une conception
psychologisante ou moralisante des relations internationales.
Pour commencer, celles-ci concernent des collectivités et des institutions, étatiques ou non étatiques, et ni au point de vue
de la psychologie ni à celui de l'éthique on ne saurait passer
sans médiation de l'individuel au collectif. Surtout, les relations internationales, comme la politique en général, sont faites

---

2. William Butler Yeats, « The Second Coming », in *Michael Robartes and
the Dancer*, Dial, 1920. «Tout se disloque. Le centre ne peut tenir. L'anarchie
se déchaîne sur le monde Comme une mer noircie de sang : partout On noie
les saints élans de l'innocence. Les meilleurs ne croient plus à rien, les pires. Se
gonflent de l'ardeur des passions mauvaises » (tr. fr. Yves Bonnefoy, *Anthologie de
la poésie anglaise*, Gallimard, coll. «Bibliothèque de la Pléiade», 2005).

d'un entrelacement inextricable d'*intérêts*, d'*idées* et de *passions*. Ces dernières sont orientées par des idées, manipulées par des intérêts, suscitées par des situations de supériorité ou d'infériorité, de déclin ou d'ascension, par des mythes de salut ou de catastrophe. Simplement, à l'âge du terrorisme apocalyptique et du fanatisme religieux, de l'*hubris* impériale et du nettoyage ethnique succédant à l'âge du totalitarisme, du fanatisme idéologique, du Goulag et de la Shoah, on ne peut pas ne pas se demander comment et pourquoi des idées, même universalistes, et des intérêts, même objectivement convergents ou conciliables, peuvent amener la violence et le conflit plutôt que le dialogue et la coopération.

On est alors amené à examiner le rôle des passions ou des émotions. Mais, pour comprendre ce rôle, il faut se tourner vers des situations objectives, qu'elles soient spirituelles (perte des repères, ruptures avec la tradition), politiques (effondrement des empires, États tyranniques ou, au contraire, en décomposition), économiques (caractère plus visible et spectaculaire des inégalités, échec de l'intégration par le travail) ou techniques (explosion des communications, effacement des distances, tendance à la diffusion et à la multiplication de la puissance de destruction, vulnérabilité des sociétés complexes, etc.).

Comme l'écrit Robert Jay Lifton, «il n'est pas vrai qu'il n'y ait rien de nouveau sous le soleil. Certes, les émotions humaines les plus anciennes continuent à nous hanter. Mais elles le font dans de nouveaux cadres avec une technologie nouvelle, et cela change tout[3]».

Parmi les éléments de cette technologie nouvelle qui affectent les passions, il y a certes le vertige de la destruction totale à la portée – au moins imaginaire – d'une secte, voire d'un individu. Le président Bush a raison, pour une fois, de voir l'ultime danger dans la combinaison de la technologie et du fanatisme. Mais il y a surtout la révolution des communications qui entraîne

---

3. Robert Jay Lifton, *Destroying the World to Save it*, Henry Holt, 1999-2000, p. 3.

ce qu'Ulrich Beck appelle la «globalisation des émotions[4]», qui entraîne à son tour celle de la violence.

Plus précisément, écrit-il, «ce qui est nouveau c'est l'enche-vêtrement du global et du local au sein des conflits», c'est, dans le cas qui l'occupe, la «globalisation du conflit israélo-palestinien». Beck parle d'une «compassion cosmopolitique qui pousse à prendre position». Nous aurons à nous poser la question de la nature et des limites de cette compassion pour la «souffrance à distance[5]», des possibilités qu'elle entraîne d'une «haine cosmopolitique» qui finit par se passer d'objet concret, et de la «manipulation globalisée» à laquelle elle peut se prêter. Il suffit, pour l'instant, de constater que la globalisation des émotions, ainsi d'ailleurs que la diversification de leurs tra-ductions locales, court-circuite la puissance et les stratégies des États, tout en leur fournissant des occasions de s'exercer d'une manière différente.

L'État, disait Nietzsche, est «le plus froid de tous les monstres froids». Mais il peut susciter par ses actions, provoquer par ses manipulations ou encourager par sa faiblesse les plus brûlants de tous les monstres brûlants.

Évolution et dialectique des passions

Ce qui nous intéresse, c'est la dimension affective de la vie sociale et politique. Si nous mettons l'accent sur les passions plutôt que sur les sentiments ou les émotions, c'est parce que, combinant l'intensité propre aux émotions et la durabilité propre aux sentiments, elles sont les plus susceptibles de consti-tuer les forces dynamiques qui affectent l'évolution des sociétés et celle de leurs rapports.

Il existe une classification de trois passions fondamentales qui font agir les peuples et leurs dirigeants. Elle est énoncée par Thucydide et reprise par Hobbes et bien d'autres. Elle distingue

---

4. Ulrich Beck, «Le nouvel antisémitisme européen», *Le Monde*, 22 novembre 2003.
5. Luc Boltanski, *La Souffrance à distance*, Éd. Métailié, 1993.

la peur, ou la recherche de la sécurité, l'avidité, ou la recherche des biens matériels, et ce que l'on appellera selon les cas et selon les jugements de valeur l'honneur ou la vanité, la recherche de la gloire ou celle de la reconnaissance. On peut y ajouter, d'une part, l'amour et la haine, la cruauté et la pitié, ou des sentiments comme l'amitié et la solidarité, d'autre part des émotions comme la colère, la rage ou le désespoir, enfin, et c'est peut-être l'essentiel, des passions composites résultant de l'évolution des inégalités et de celle du rang des différents acteurs, comme le ressentiment ou le désir de vengeance. Les pires excès viennent sans doute des dominants qui craignent de perdre leur pouvoir et des dominés qui viennent de devenir dominants, de la rage des perdants et de la vengeance des nouveaux gagnants.

La dialectique de l'orgueil, de la peur et de l'avidité ou de la passion d'acquérir est bien mise en scène par deux analyses (ou, si l'on préfère, par deux mythes fondateurs) qui sont la sortie de l'état de nature chez Hobbes et la lutte du maître et de l'esclave chez Hegel. Chez Hobbes, tout commence par la rareté et tout continue par la recherche indéfinie et toujours insatisfaite du pouvoir, mais le moment central et décisif est l'affrontement des deux passions rivales de l'orgueil ou de la recherche de la gloire (*vainglory*), et de la peur, ou de la recherche de la sécurité. La première aboutit à la guerre, la deuxième à la paix. Mais l'homme ne vit pas que de sécurité. Celle-ci, assurée, rend possible la recherche (indéfinie comme celle du pouvoir) de la richesse, théorisée par Locke.

Chez Hegel, l'enjeu de la lutte fondatrice est, d'emblée, la reconnaissance, concept central et ambigu dont le sens, ici, est la reconnaissance de la supériorité de l'un par la soumission de l'autre. Le vainqueur est celui qui a su risquer sa vie, le vaincu celui qui a préféré la servitude à la mort. Mais, bien sûr, le résultat se retourne, car, tandis que le maître ne sait que jouir de sa domination et risquer sa vie dans les combats pour la gloire, le vaincu transforme la nature et lui-même par le travail.

Le monde moderne est celui, prosaïque, de la technique et de l'industrie, mais aussi celui de la richesse et de la concurrence. Le bourgeois est l'héritier de l'esclave. Mais sa domination est mise en cause de deux côtés opposés : par la révolte, esthétique ou romantique, contre l'uniformisation prosaïque et par la nostalgie de l'exploit individuel et des vertus guerrières, révolte et nostalgie qui donneront le fascisme, et, à l'opposé, par la révolte contre l'inégalité fondée sur l'argent et par la pitié pour les masses opprimées, qui donneront le communisme. C'est là le thème du *Passé d'une illusion*. La passion de la domination absolue par la violence et celle, également violente, de l'égalité absolue et de la revanche des dominés seront le thème du XXe siècle. Elles ont semblé vaincues, avec le triomphe de la démocratie libérale, par le règne du marché et du droit, de l'interdépendance économique et du pluralisme politique.

C'était, semblait-il à certains, après et à travers l'immense parenthèse de deux guerres mondiales et deux révolutions totalitaires, le triomphe de la grande entreprise du XVIIIe et du XIXe siècle, consistant à remplacer les passions par les intérêts ou, pour employer les termes de David Hume, les passions chaudes ou violentes par les passions froides ou calmes. Albert Hirschman, qui retrace cette entreprise, a pris comme épigraphe de son livre la phrase de Montesquieu : « Il est heureux pour les hommes d'être dans une situation où, pendant que leurs passions leur inspirent la pensée d'être méchants, ils ont pourtant intérêt de ne pas l'être[6]. »

C'est cette situation que Francis Fukuyama appelle la fin de l'histoire[7], et que son maître Kojève caractérise comme le retour de l'homme à l'animalité puisqu'elle est caractérisée par la disparition du négatif, de ce qui produit la création par l'arrachement et l'affrontement à la nature et aux autres individus, par le travail, la révolution et la guerre. C'est la situation prophétisée par Nietzsche, dans son texte sur le « dernier homme[8] ». Une autre manière de la caractériser serait, en termes platoniciens, par la disparition du *thumos*, de la partie colérique de l'âme qui est aussi celle, intermédiaire entre la raison et les instincts, du courage et de l'honneur, ou de ce qu'on appellerait aujourd'hui

---

6. Montesquieu, *De l'esprit des lois*, livre XXI, chap. 16.
7. Francis Fukuyama, *The End of History and the Last Man*, Free Press, 1992.
8. Friedrich Nietzsche, *Ainsi parlait Zarathoustra*, Prologue, 5.

les passions qui forgent l'identité par l'opposition aux autres individus ou aux autres groupes.

Mais ce refoulement du *thumos* est-il vivable à long terme et peut-il fournir la base d'une société ? Fukuyama, en passant de son article[9] à son livre, s'efforce de répondre à l'objection en forgeant les concepts de *mesothumia* et *megalothumia*. Le premier indique le désir de reconnaissance, satisfait, dans la démocratie moderne, par la reconnaissance généralisée et réciproque de la dignité de l'individu. Mais le désir de reconnaissance, tel que Hegel l'a placé au centre de la lutte du maître et de l'esclave, est le désir d'être reconnu dans sa différence, et d'être reconnu comme supérieur. C'est ce que Fukuyama appelle la *megalothumia* dont il estime que la démocratie cosmopolitique moderne réussit à l'éliminer au profit de la *mesothumia*. Mais peut-être est-ce elle dont le 11 septembre 2001 pourrait signifier le retour en force.

Si, selon René Girard, toutes les sociétés ont été fondées sur le sacrifice ou le bouc émissaire, on a pu voir dans l'économie moderne le dépassement du sacrifice. Mais, nous avertissait Jean-Pierre Dupuy dans *Le Sacrifice et l'Envie*[10], « il n'est pas certain qu'il soit possible de tenir ensemble le refus du sacrifice et le rejet de l'envie ». La sortie du monde sacrificiel s'accompagne du déchaînement de la concurrence. C'est le déferlement des passions modernes dont parle Stendhal, « l'envie, la jalousie et la haine impuissante ». Mais, justement, celles-ci peuvent ressusciter le *thumos*, la violence, et la recherche du bouc émissaire, voire le sacrifice à la fois meurtrier et suicidaire.

C'est le suprême paradoxe qu'une société issue de la peur de la mort violente, et de la tentative de remplacer les passions par le calcul rationnel et égoïste, puisse aboutir à son contraire, la violence guerrière et suicidaire. Parfois celle-ci peut apparaître comme le simple retour à des instincts naturels, longtemps refoulés par la civilisation moderne. Mais ceux-ci n'ont plus l'innocence

---

9. Francis Fukuyama, « La fin de l'histoire ? », in *Commentaire*, n° 47, automne 1989.
10. Jean-Pierre Dupuy, *Le Sacrifice et l'Envie*, Calmann-Lévy, 1992, p. 34-44.

ou la brutalité naturelle de l'homme prémoderne pour qui la
chasse et la guerre, la cruauté et l'héroïsme étaient le propre de
la virilité. Les passions modernes ont un caractère réactif aux
autres passions et à elles-mêmes. J'ai souvent parlé de la dialectique du barbare et du bourgeois, dont la dernière manifestation
est la guerre asymétrique entre une société avancée, qui cherche
à remplacer le risque individuel par la technique, et des individus ou des groupes qui cherchent au contraire à terroriser ou
à détruire des populations civiles, voire à anéantir toute la civilisation à commencer par eux-mêmes. Mais, dans leur opposition
même, le bourgeois et le barbare sont intimement liés.

Si la modernité a été une immense entreprise d'embourgeoisement du barbare, elle peut aussi produire le mouvement
inverse de barbarisation du bourgeois par réaction aux réactions suscitées par l'embourgeoisement, réactions qui peuvent
porter simplement à l'envie mais aussi bien au désespoir ou
à la vengeance aveugle, expression du ressentiment. Il y a un
renversement ou un redoublement des passions sur elles-mêmes :
la peur de la peur peut conduire à l'aventure et au déchaînement de la cruauté, la haine de la haine, à la haine des haineux,
la pitié pour les victimes, à la cruauté envers leurs bourreaux,
l'amour de l'humanité à l'inhumanité envers les ennemis
de celle-ci[11], le nihilisme à la « révolte nihiliste contre le nihilisme », le désenchantement au « désenchantement par rapport
au désenchantement[12] », selon l'expression d'Ernest Gellner,
et donc au fanatisme.

C'est pourquoi il devrait être utile de se pencher brièvement sur l'histoire et la dialectique des deux grandes passions
hobbésiennes et hégéliennes, la peur et la vanité, mais aussi
de celles qui dérivent de leur rencontre, l'humiliation et la colère,
le ressentiment et la vengeance.

---

11. « Par pitié, par amour pour l'humanité, soyez inhumains », dit une pétition à
la Convention citée par Hannah Arendt dans *On Revolution*, chap. V, section 4, 12.
Expression d'Ernest Gellner in *Culture, Identity and Politics*, Cambridge University
Press, 1987.

Entre risque et menace :
un nouveau stade dans la dialectique de la peur ?

Partons de la situation créée par les deux grands événements des derniers quinze ans : la fin de la guerre froide et le 11 Septembre[13]. La situation actuelle est relativement inédite et hautement déstabilisante du point de vue de la sécurité tant objective que subjective.

Pendant la guerre froide, le terme utilisé dans la planification stratégique et les écoles militaires occidentales était la menace. Celle-ci, dans un monde bipolaire, était hautement identifiée et concentrée : c'était celle de l'URSS.

Avec la fin de la guerre froide, on lui a substitué la notion de risque, beaucoup plus indéfinie et diffuse : son origine et sa nature pouvaient être multiples, elle n'était ni personnalisée ni ciblée. Le risque pouvait être celui d'une catastrophe totale, mais il n'était pas l'expression d'une intention hostile.

Aujourd'hui, on retrouve la notion de menace, mais avec toute l'ambiguïté et le caractère multiple et insaisissable de celle de risque. Des ennemis nous veulent du mal, mais on ne sait ni d'où ils viennent ni ce qui les motive. À cet égard, la menace de l'anthrax et surtout l'épisode de la secte Aum qui répandit du gaz sarin dans le métro de Tokyo sont encore plus emblématiques et inquiétants que l'attentat du 11 Septembre.

Peut-être, dès lors, sommes-nous en train de vivre un nouveau stade dans ce que l'on pourrait appeler la « dialectique de la peur ». On connaît la fameuse formule de Roosevelt : « Vous n'avez rien à craindre, sinon la peur elle-même. » Elle s'accorde parfaitement avec la formule d'Alain selon laquelle la peur est toujours peur de la peur. On peut aussi interpréter l'histoire de l'humanité comme une succession de peurs dont le remède produit à son tour une nouvelle peur. La peur de la mort,

---

13. Les pages suivantes reprennent, en les développant, les analyses de ma conférence sur la signification du 11 Septembre prononcée devant la Société française de philosophie en janvier 2002 et parue dans le *Bulletin de la Société française de philosophie*, avril-juin 2002. Elle est reproduite avec l'aimable autorisation de celle-ci dans la revue *Esprit*, août-septembre 2002, et dans mon recueil *La Terreur et l'Empire*, Seuil, 2003, p. 383-402.

des catastrophes naturelles, des grands fauves produit, notamment selon Lucrèce, l'invention des dieux. Mais, à leur tour, les dieux deviennent source de peur : celle, directe, de la punition, et celle, indirecte, des guerres de religion. Pour éviter celles-ci, on invente l'État séculier. Mais celui-ci, issu de la peur de la mort violente, peut l'infliger à son tour par la peine capitale, par la guerre extérieure, par la terreur du gouvernement despotique. Pour éviter celle-ci, on fait appel à l'État libéral, au droit, à l'équilibre des pouvoirs. L'adoucissement des mœurs contribue à atténuer aussi bien la peur de la violence interindividuelle que celle des châtiments ; les progrès de la science atténuent la peur des épidémies et des catastrophes naturelles ; plus récemment, l'équilibre nucléaire éloigne la peur de la grande guerre. Il semble, comme le remarque Edgar Morin, que les grandes peurs fassent place à une multitude de petites peurs liées à la santé ou à l'environnement.

Assisterait-on aujourd'hui au retour des grandes peurs, dont les événements de Tokyo et de New York seraient les signes annonciateurs ?

On est tenté de le penser, à condition de souligner le caractère à la fois complexe et changeant de ces grandes peurs qui apparaissent et disparaissent en se combinant à d'autres émotions sur fond d'une fragilité essentielle due à la perte de repères. La société du risque, telle que l'a définie Ulrich Beck, est caractérisée justement par cette ambiguïté des dangers en vertu de laquelle des risques assumés quotidiennement et implicitement peuvent soudain se combiner et se transformer en menace absolue, provoquant la panique. Entre catastrophes naturelles, accidents d'une technique autodestructrice et actes criminels, l'hésitation est inscrite dans la nature même de notre société. On peut, en gros, comme l'a indiqué Jean-Jacques Salomon, penser que l'on est passé d'un primat des risques naturels ou vécus comme tels, ou comme résultant d'une punition divine, aux risques créés par l'homme lui-même à travers la guerre ou la technique[14]. Mais les changements climatiques et le retour

---

14. Cf. Jean-Jacques Salomon, « Globalisation et société du risque », in *Entre Kant et le Kosovo. Mélanges offerts à Pierre Hassner*, Presses de Sciences Po, 2003.

des grandes épidémies entretiennent l'ambiguïté. Il en résulte des conséquences paradoxales : d'une part, des risques vécus inconsciemment ou assumés comme inévitables par d'autres cultures mais qui font problème aujourd'hui, tels les risques alimentaires ou écologiques ; d'autre part, une catastrophe globale dont le caractère inévitable est affirmé par certains comme démontré et accepté confusément par tous mais généralement refoulé. En troisième lieu, une intentionnalité morale ou religieuse resurgit : certains veulent activement la catastrophe et s'efforcent de la hâter, d'autres l'attribueraient à une causalité maléfique qu'il s'agit de combattre ou d'exorciser.

La peur fait alors alliance avec une autre passion tout aussi violente et tout aussi aveugle : la haine.

Personne n'a mieux pressenti cette alliance que Georges Bernanos, dans les pages prophétiques des *Grands Cimetières sous la lune* que j'ai déjà citées ailleurs mais que je ne me lasse pas de rappeler :

« La peur, la vraie peur, est un délire furieux. De toutes les folies dont nous sommes capables, elle est assurément la plus cruelle. Rien n'égale son élan, rien ne peut soutenir son choc. La colère qui lui ressemble n'est qu'un état passager, une brusque dissipation des forces de l'âme. De plus, elle est aveugle. La peur, au contraire, pourvu que vous en surmontiez la première angoisse, forme, avec la haine, un des composés psychologiques les plus stables qui soient. Je me demande même si la haine et la peur, espèces si proches l'une de l'autre, ne sont pas parvenues au dernier stade de leur évolution réciproque, si elles ne se confondront pas demain dans un sentiment nouveau, encore inconnu, dont on croit surprendre parfois quelque chose dans une voix, un regard. Pourquoi sourire ? L'instinct religieux demeuré intact au cœur de l'homme et de la science, qui l'exploite follement, fait lentement resurgir d'immenses images, dont les peuples s'emparent aussitôt avec une avidité furieuse, et qui sont parmi les plus effrayantes que le génie de l'homme ait jamais proposées à ses nerfs si terriblement accordés aux grandes harmoniques de l'angoisse[15]. »

15. Georges Bernanos, *Les Grands Cimetières sous la lune*, Plon, 1938, p. 83-84.

Dans *Ville panique*, Paul Virilio cite des textes surprenants de Pierre Mac Orlan qui, également, anticipent de manière saisissante sur les images de destruction apocalyptique du 11 Septembre[16].

Pour revenir à Bernanos, la manipulation de la peur conduisant à une haine inexpiable est amplement illustrée par ce qu'on pourrait appeler le «génocide préventif» ou la «crainte réciproque du massacre», selon la logique : «Il faut les tuer avant qu'ils ne nous tuent» pratiquée au Rwanda et en ex-Yougoslavie. Par certains aspects, sa pertinence ne saurait être exclue pour des affrontements plus proches de nous et de notre thème, comme le conflit israélo-palestinien, où la peur et l'horreur devant les attentats chez les Israéliens, l'humiliation impuissante devant la répression chez les Palestiniens, la soif de vengeance chez les uns et les autres alimentent tous les jours la montée aux extrêmes. Surtout, la dialectique du terrorisme et du contre-terrorisme à l'échelle mondiale, en commençant par l'attentat du 11 Septembre et la «guerre au terrorisme» du président Bush, risque de s'inscrire dans la version catastrophique de ce que nous avons appelé plus haut la «dialectique du bourgeois et du barbare».

Mépris et défi, humiliation et ressentiment

Ce qui se joue ici, sous cette forme moderne de la lutte du maître et de l'esclave, c'est, dans le cadre d'une hostilité qui peut rapidement se transformer en haine, l'affrontement entre un *ethos* du calcul rationnel, fondé sur l'intérêt bien entendu et, en dernière analyse, sur la recherche de la survie, sur l'acquisition ou la conservation des biens et la peur de la souffrance et de la mort, et un *ethos* de la fierté, de l'honneur ou de la gloire fondé sur les vertus martiales et guerrières, sur l'acceptation, voire la recherche, de la mort infligée ou subie, et parfois sur le vertige de l'automutilation et de l'autodestruction. Cet *ethos* peut n'être que l'expression d'une culture guerrière traditionnelle

---

16. Paul Virilio, *Ville panique*, Galilée, 2004.

ou se teinter d'un romantisme esthétique à la recherche du geste grandiose ou d'un nihilisme exprimant la haine non seulement de l'autre mais de soi et du monde. Toujours est-il qu'il s'oppose avec violence et mépris à une modernité où il ne voit que matérialisme, corruption et décomposition. Le « Mad Mullah of Somaliland » qui s'oppose aux Anglais au début du XXe siècle, leur déclare : « Je vaincrai car vous aimez la paix et j'aime la guerre. » Ben Laden s'écrie : « Nous avons des milliers de jeunes qui aiment la mort autant que les jeunes Américains aiment la vie. » Hafez el-Assad déclare à Henry Kissinger qui lui prédit qu'un jour il devra, comme Sadate, négocier avec les Israéliens : « Détrompez-vous, la guerre ultime aura pour enjeu non le territoire mais la souffrance. Les Israéliens deviennent des bourgeois comme vous. Ils ne savent plus souffrir et mourir. Nous, nous savons. La victoire appartiendra à ceux qui sauront le plus longtemps souffrir et mourir. » À ces déclarations d'inspiration guerrière traditionnelle ou religieuse fait écho le « Vive la mort ! » des fascistes italiens et espagnols ou le mépris des nazis pour l'Amérique (et déjà des intellectuels allemands de 1914 pour l'Angleterre) au nom de l'opposition entre un peuple de héros et un peuple de marchands. Dans un livre stimulant au titre absurde, Avishai Margalit et Jan Buruma ont recueilli les thèmes de cette haine de l'Occident[17]. D'autres, comme Paul Berman, suggèrent un mouvement cohérent là où il y a des défis rivaux[18].

Tout au long du XXe siècle, ces défis ont été relevés et ces prophéties démenties. C'est en grande partie, certes, à cause de la technique moderne qui met en cause le principe de Machiavel selon qui la *virtù* guerrière est plus importante que la richesse. Mais c'est aussi parce que, le dos au mur, les sociétés libérales et bourgeoises peuvent retrouver un esprit de résistance et de combat qui puise dans des ressources culturelles précapitalistes (qu'elles soient aristocratiques ou, comme aux États-Unis, celles de la conquête de l'Ouest ou celles de l'Amérique sudiste

---

17. Avishai Margalit et Ian Buruma, *Occidentalism*, Penguin Press, 2004.
18. Paul Berman, *Terror and Liberalism*, Norton, 2003.

et fondamentaliste, celle du *made in Texas* ou celle des prêcheurs de haine), mais aussi et surtout dans le réveil du *thumos*, ou de l'honneur, dans un réflexe de dignité ou de fierté blessée, dans un désir de résistance indignée et de vengeance ou de revanche. La deuxième Intifada mettait ses espoirs dans le retrait israélien du Liban pris comme un aveu de faiblesse, Ben Laden dans le retrait américain de Somalie et jadis du Vietnam. Il n'est pas exclu que ces espoirs ne soient confirmés à la longue ; mais en attendant il est certain qu'ils sous-estiment toujours la possibilité de mobilisation défensive des sociétés individualistes et libérales.

L'élément tragique de cette dialectique tient à ce qu'elle ne s'arrête pas là. Cette mobilisation défensive, bourgeoise et libérale peut tomber dans deux pièges, opposés mais, en un sens, convergents.

Le premier est la barbarisation du bourgeois, sous le coup de la peur, de la colère, du sentiment d'avoir été trahi. Certains aspects de la réaction à la barbarie des attentats suicides dirigés contre les populations civiles vont dans ce sens. La renaissance des sentiments de solidarité nationale dans des populations naguère essentiellement individualistes, salutaire en soi, peut mener à une acceptation de pratiques ou d'attitudes qui le sont moins, tels le traitement des prisonniers de Guantanamo ou d'Irak, surprenant pour un pays qui paraissait excessivement légaliste, ou les pratiques de l'armée israélienne dans les Territoires occupés, telles que la destruction de maisons, les représailles sur la population civile ou simplement les vexations infligées à celle-ci.

Aux États-Unis, toute une campagne idéologique encourage ces attitudes, en proposant, comme un éditorialiste réputé, George Will, d'exécuter les prisonniers suspects de terrorisme plutôt que de les juger ou de les maintenir en détention, en annonçant que le « *leadership* exige un *ethos* païen » et que la modernité ne change rien à cet égard[19], en évoquant

---

19. R. D. Kaplan, *Warrior Politics: Why Leadership Demands a Pagan Ethos*, Random House, 2001.

les « guerres sauvages de la paix[20] », en citant le Président à la mode, Theodore Roosevelt, incarnation des vertus martiales, qui disait : « Si nous ne gardons pas les vertus barbares, acquérir les vertus civilisées ne nous servira à rien[21]. »

Certes, il est question de vertus et d'*ethos* plutôt que de passions. On peut même trouver des justifications juridiques ou philosophiques à l'idée que règles ou restrictions à la destruction guerrière ne s'appliquent qu'entre États qui les observent en retour et dont on reconnaît la légitimité alors que, face aux barbares − c'est-à-dire, hier, à la fois les pirates ou les bandits et les sauvages ou les colonisés, et, aujourd'hui, les fanatiques ou les terroristes −, tout est permis. Mais ce qui se fait jour, bien souvent, à travers ces discours et ces pratiques, c'est ce que Freud appelait le « retour du refoulé », c'est-à-dire une agressivité dont il disait bien qu'elle était d'autant plus déchaînée chez les civilisés, une fois les tabous levés, qu'elle avait été réprimée ou sublimée.

Heureusement, jusqu'à présent, les sociétés libérales − qu'il s'agisse de l'Italie devant les Brigades rouges, d'Israël devant la deuxième Intifada, ou des États-Unis devant Al-Qaïda et Saddam Hussein − ont le plus souvent résisté, à des degrés divers, à cette tentation ou à ce vertige de la passion vengeresse. Mais elles n'en sont que plus exposées à tomber dans le deuxième piège qui correspond davantage à leur nature mais qui, en même temps, est l'image symétrique de l'erreur commise par leurs ennemis : c'est de penser faire céder l'adversaire en faisant appel essentiellement à la crainte de la souffrance ou à l'espoir de la prospérité.

Certes, la recherche de la paix ne saurait se dispenser ni de la force punitive ni de l'attrait matériel. Mais si elle se fonde exclusivement sur une psychologie utilitariste ou calculatrice, behavioriste ou pavlovienne, elle risque d'aboutir à une autre barbarie, mécanique et impersonnelle. Au moment de la guerre

---

20. Max Boot, *The Savage Wars of Peace*, Basic Books, 2002.
21. Cité par David Healy in *US Expansionism : The Imperial Urge in the 1980's*, University of Wisconsin Press, 1970, p. 115.

d'Algérie, Raymond Aron avait répondu à ceux pour qui la victoire militaire française démontrerait aux Algériens qu'ils avaient intérêt à renoncer à l'indépendance : « C'est oublier l'expérience de notre siècle que de croire que les hommes sacrifieront leurs passions à leurs intérêts. » Au moment de la guerre du Vietnam, Thomas Schelling avait suggéré d'interpréter les bombardements sur ce pays comme une forme de *compellence*, une manière d'influencer les décisions de l'adversaire en affectant son calcul des coûts et des bénéfices, de la punition et de la récompense. Deux autres auteurs américains, Karl Deutsch et Kenneth Boulding, lui avaient répondu que cette psychologie néobenthamienne négligeait les réactions non utilitaires à l'emploi de la force, la manière dont celui-ci peut renforcer la résistance au lieu de l'affaiblir.

Comme l'écrit Boulding, la « faiblesse fondamentale de l'analyse de type économique appliquée à des symptômes sociaux essentiellement non économiques est précisément qu'elle néglige les aspects du comportement humain qui ne sont pas économiques, mais qui sont "héroïques" ou, plus exactement, créateurs d'identité. Dans la mathématique de l'identité personnelle, les pay-off négatifs renforcent fréquemment l'engagement existant[22] ».

Il se peut que cette erreur ait été commise à la fois par les auteurs des attentats antiaméricains et anti-israéliens, pensant faire fléchir des adversaires embourgeoisés, et par ces derniers, pensant priver les terroristes de leur soutien uniquement à coups de punitions, en négligeant l'humiliation et le désir de vengeance qu'elles susciteraient.

Nous arrivons ainsi à ce qui est peut-être l'essentiel, si l'on en croit l'éditorialiste américain Tom Friedman : « *The single most unappreciated force in world affairs is humiliation*[23]. » Il est frappant à cet égard de constater une convergence, récente, entre analystes venus des horizons les plus différents. La psy-

---

22. Kenneth Boulding, *Annals of the American Academy of Political and Social Sciences*, novembre 1970, p. 184-185.
23. Thomas Friedman, *International Herald Tribune*, décembre 2003.

chologue suédoise Eva Lindner consacre toutes ses activités à ce thème du caractère central et décisif de l'humiliation. Dans *Bloody Revenge: Emotions, Nationalism and War*, Thomas J. Scheff identifie *pride and shame*, la fierté et la honte, comme les passions fondamentales (*master passions*) et la honte non reconnue et non assumée comme la source fondamentale du ressentiment et de la haine[24]. Véronique Nahoum-Grappe retrace le chemin qui mène du «désir de vengeance à la haine politique[25]».

Le politiste Roger D. Petersen, examinant la violence ethnique en Europe de l'Est, en identifie la source dans trois passions – la peur, la haine et le ressentiment – et désigne ce dernier comme l'élément central[26]. Réciproquement – le philosophe israélien Avishai Margalit définit la «société décente» par l'absence d'humiliation structurelle ou organisée[27]. Enfin, peut-être la convergence la plus intéressante se trouve-t-elle, à propos de Hitler et du nazisme, entre le romancier Georges Bernanos, déjà cité, qui, en 1940, dans *Les Enfants humiliés*, voyait dans l'humiliation et le ressentiment de Hitler, face aux juifs, l'exemple de cette «colère des imbéciles» qui «remplit le monde», et l'historien Philippe Burrin, qui, soixante ans plus tard, dans *Ressentiment et apocalypse*, trouve la clé de l'antisémitisme nazi dans cette déclaration de Hitler en 1939: «J'ai souvent été prophète au cours de ma vie et, la plupart du temps, on s'est moqué de moi. Au temps de ma lutte pour le pouvoir, ce sont surtout les juifs qui ont ri de la prophétie selon laquelle je prendrais la tête de l'État et du peuple tout entier et, entre autres, mènerais à bien les solutions du problème juif. Je crois que ces rires retentissants d'alors restent depuis dans la gorge des juifs[28].»

---

24. Thomas J. Scheff, *Bloody Revenge: Emotions, Nationalism and War*, Westview Press, 1994.
25. Véronique Nahoum-Grappe, *Du désir de vengeance à la haine politique*, Buchet-Chastel, 2003.
26. Roger D. Petersen, *Understanding Ethnic Violence*, Cambridge University Press, 1992.
27. Avishai Margalit, *The Decent Society*, Harvard University Press, 1996.
28. Philippe Burrin, *Ressentiment et apocalypse*, Seuil, 2003.

Sans confondre les formes, les degrés et les expressions du ressentiment, comment ne pas voir sa marque dans le fait que de
l'Asie à l'Afrique, sans parler de l'Amérique latine, à travers
tout le sud de la planète, l'attentat du 11 Septembre a suscité
(quelle que fût la désapprobation pour la méthode employée,
voire la compassion pour le sort des victimes) une certaine dose
de satisfaction devant le fait que la toute-puissante Amérique
soit frappée à son tour ?

De la *Schadenfreude* au sentiment d'un équilibre rétabli, du ressentiment et de l'esprit de vengeance à l'idée de l'*hubris* punie,
la frustration des exclus fondée sur le spectacle permanent d'une
puissance et d'une richesse auxquelles ils n'ont pas accès s'est
fait sentir un peu partout. Plus profondément et plus gravement,
si l'inégalité, l'exclusion et l'oppression ne sont pas les causes
directes de l'action d'Al-Qaïda dont la motivation est d'abord
religieuse (chasser les infidèles des lieux saints de l'islam),
politique (remplacer les gouvernements arabes actuels par
une contre-élite fondamentaliste), avec des éléments de nihilisme métaphysique (détruire un monde moderne corrompu
et impie), elles sont à l'origine de l'adhésion que Ben Laden
recueille à des degrés divers chez les jeunes exclus ou déshérités
et de la profusion de candidats à l'assassinat suicide chez qui
(certainement dans le cas de nombreux Palestiniens) le désespoir, l'humiliation et le sens de l'injustice occupent une place
dominante.

Le 11 Septembre et ses suites doivent donc être vus dans une
optique double, dont il ne faut à aucun prix perdre de vue l'une
des facettes. D'une part, la lutte du fanatisme, du «parti des
purs», d'un totalitarisme religieux et guerrier succédant aux
totalitarismes idéologiques, contre le même adversaire : le pluralisme, le relativisme, le règne de l'argent, la corruption des
mœurs et, plus généralement, contre la modernité et la démocratie à la fois. D'autre part, une réaction contre l'inégalité et
l'anarchie produites par cette même modernité et cette même
démocratie sous les espèces de la globalisation libérale, action
qui se nourrit, selon les interprétations, de l'envie et du ressentiment ou de la révolte contre l'injustice.

Dans les deux cas, les musulmans et plus particulièrement les Arabes se trouvent en première ligne. D'une part, ce que Hegel appelait le « fanatisme de l'Un », l'horreur devant l'évolution des mœurs, en particulier pour le statut de la femme, le refus de la distinction du spirituel et du temporel sont plus vivants que dans les autres religions monothéistes. De l'autre, les musulmans et plus particulièrement les Arabes sont rongés par l'humiliation et le ressentiment à l'idée du contraste entre leur grandeur passée – culturelle, politique et religieuse – et leur déchéance présente. Ce sentiment est exacerbé par l'existence même d'Israël et plus encore par l'occupation des Territoires palestiniens, qui est vécue comme un scandale, politique et religieux. Le terrorisme trouve alors des adeptes dans la mesure où il est présenté comme une arme contre les infidèles devant aboutir à une contre-mondialisation – celle de l'*umma* islamique – et comme une défense du territoire contre les occupants étrangers.

C'est là que la géopolitique et l'analyse des passions se rejoignent. Il y a une double interprétation de la scène mondiale en termes bipolaires, qui est résumée par le titre d'un article de Charles Krauthammer : « The Real New World Order. The American and the Islamic Challenge[29] ». Effectivement, la ligne de tension majeure, sur le plan mondial, oppose deux grandes forces dont chacune se voit comme défensive ou du moins mue par une volonté de revanche menant une contre-offensive contre une agression : le fondamentalisme islamique contre ce qu'il interprète comme une agression constante de l'Occident, allant des croisades à l'impérialisme américain en passant par la colonisation, la création d'Israël et la globalisation ; l'entreprise impériale américaine contre ce qu'elle interprète comme l'agression permanente du terrorisme et de l'« axe du mal » révélée par l'attentat du 11 Septembre. Mais on ne comprend pas cet affrontement si on ne tient pas compte des innombrables tiers qui en sont les arbitres involontaires : des populations et des États qui

---

29. Charles Krauthammer, « The Real New World Order. The American and the Islamic challenge », *The Weekly Standard*, 12 novembre 2001.

craignent la violence ou la répression des uns et des autres, qui sont souvent attirés par la promesse de liberté et de prospérité incarnée par les États-Unis et l'Occident mais hantés par leur arrogance, humiliés par leur supériorité ou soucieux avant tout de conserver leur identité ou d'utiliser les grands affrontements planétaires pour leurs propres ambitions et confrontations locales, nationales ou régionales.

Même à l'intérieur des deux camps, il y a conflit entre ceux qui font avant tout confiance au *hard power* de la force militaire ou des sanctions économiques et appliquent la maxime *oderint, dum metuant* («qu'ils nous haïssent pourvu qu'ils nous craignent») et ceux qui préfèrent mettre l'accent sur le *soft power*[30], sur l'influence par la séduction, par le prosélytisme, par la prédication et par l'argent, et qui craignent que la haine et la peur, loin de se contrebalancer, ne s'unissent dans l'alliance mortelle prophétisée par Bernanos.

L'autre conflit bipolaire, plus classique, souvent évoqué, qui risque d'opposer un jour une Chine montante et l'empire américain, peut également être interprété en termes de dialectique des passions. Sur le plan des intérêts, il y a entre les États-Unis et la Chine une relation complexe faite d'interdépendance portant à la coopération (les États-Unis ayant besoin des investissements financiers chinois pour soutenir le dollar, la Chine ayant besoin du commerce avec les États-Unis), mais aussi peut-être au conflit pour le pétrole ou au partage. Mais la logique de l'acquisition et de la prospérité peut être mise à mal par celle du ressentiment et de la vengeance à laquelle aspirent bien des Chinois pour les avanies et les humiliations subies de la part de l'Occident et du Japon, et par la crainte américaine du défi chinois à l'hégémonie des États-Unis. Comment ces deux logiques se combattront ou se compenseront-elles?

On touche ici au problème fondamental de la politique: comment aboutir, devant la multiplicité des passions

---

30. Distinction due à Joseph Nye in *Bound to lead: the Changing Nature of American Power*, Basic Books, 1990, reprise dans *The Paradox of American Power*, Oxford University Press, 2002.

contradictoires, à un équilibre ou à une hiérarchie stable, plutôt qu'à une escalade et à des combinaisons explosives ? La philosophie classique et la religion chrétienne parlent de domination des passions par la raison, ou de leur sublimation dans un amour supérieur ou dans la révolte contre l'injustice : l'*eros* et le *thumos* trouveraient là un rôle d'éclaireur et d'entraîneur par rapport à la raison. La philosophie moderne parle de la substitution des intérêts aux passions ou de celle des passions calmes et consensuelles de l'économie aux passions violentes et conflictuelles de la religion et de la politique. Les deux voies ont montré à la fois leur force et leurs limites respectives. Notre époque peut-elle trouver une autre formule qui permettrait d'éviter une polarisation et une alternance désastreuses entre embourgeoisement et barbarisation ?

Passions et institutions

Pour commencer non à résoudre ce problème mais à réfléchir à la manière de l'approcher, nous devons retourner aux questions posées en commençant : celle du rapport entre psychologie et éthique individuelles et collectives, et celle de l'impact des technologies de la destruction et de la communication sur les rapports de l'État et de la globalisation.

De Spinoza à Freud, nous avons appris que la manière de ne pas être esclave de nos passions est d'en prendre conscience. La question est de savoir si cela s'applique aux passions collectives comme aux passions individuelles et, en ce cas, quelles sont les médiations sociales et politiques indispensables. Les auteurs comme Thomas Scheff, qui mettent le ressentiment et l'humiliation au centre de leur interprétation de la violence, mettent le concept de reconnaissance (*acknowledgment*) de ce ressentiment et de cette humiliation au centre de leur prescription pour leur dépassement. On pourrait dire que la reconnaissance de ses propres passions est la condition de la reconnaissance des autres, ou mieux que, dans un renversement lévinasien de la lutte hégélienne pour la reconnaissance, la reconnaissance réciproque de l'autre comme autre et la reconnaissance de soi se conditionnent mutuellement.

D'où la prolifération, aujourd'hui, des commissions «Justice et Réconciliation» qui essayent de recréer une communauté divisée par la haine, le crime et le ressentiment en substituant le cercle vertueux de l'aveu et du pardon au cycle infernal de la vengeance. Il est frappant de constater combien, dans un monde en voie de sécularisation, le recours à des notions à la fois religieuses et thérapeutiques tend à envahir ou à remplacer la politique.

Mais un triple problème se pose. Premièrement cette reconnaissance réciproque est-elle purement bilatérale ou horizontale, ou suppose-t-elle un cadre, celui d'une communauté et d'une autorité qui joue le rôle du prêtre, du médecin, de l'arbitre ou du médiateur? Deuxièmement, les acteurs peuvent-ils en être non seulement des individus mais des groupes ethniques sociaux et nationaux, voire des entités abstraites ou bureaucratiques comme des personnes morales, États, entreprises ou banques? Dans ce dernier cas, on se demande où passe la frontière entre le compromis des intérêts, dicté par l'équilibre des forces, et la réconciliation des consciences menant à l'apaisement des passions. Et, troisièmement, dans une synthèse des deux interrogations précédentes, y a-t-il un cadre ou une autorité, juridique, morale ou politique, qui légitime, organise et garantit ce rituel de la repentance et de la réconciliation quand il transcende les frontières d'une communauté nationale?

La gestion des passions collectives a, traditionnellement, été exercée par l'alliance ou le conflit de l'État et de la religion, qui procédaient tant bien que mal sur le plan collectif aux trois opérations classiques sur le plan individuel: déviation ou canalisation, sublimation ou dépassement, refoulement ou répression. Ce dispositif théologico ou idéologico-politique, tout à la fois juridique, policier et mythique, a fait place pour un temps, nous l'avons vu, à une socialisation horizontale par l'économie et le travail ou, si l'on préfère, par la société civile et le marché. Mais, parfois à l'arrière-plan, l'État territorial-national conservait ses trois dimensions – celle de la fonction, administrative ou bureaucratique, celle du pouvoir, politique et policier, et celle de la légitimité, élective ou traditionnelle. Aujourd'hui

ces dimensions tendent à se séparer, la société tend à se mondia-
liser en même temps qu'à se fragmenter, les frontières sont à la
fois transcendées par la circulation des images et des messages
qui transmettent, pêle-mêle, des modèles de consommation ren-
forcés par des sollicitations directes ou indirectes aux passions
les plus opposées – de la pitié à la haine –, et aucune synthèse ne
s'annonce à un niveau supérieur.

Ce qui est en cause, avant tout, c'est la dialectique, thé-
matisée déjà par Bergson dans *Les Deux Sources de la morale
et de la religion*, et reprise par Karl Popper, de la société ouverte
et de la société fermée. À la fois les passions collectives et leur
gestion ont partie liée avec la société fermée. Comme le dit
Cornelius Castoriadis : « La haine a deux sources qui se
renforcent mutuellement l'une l'autre : 1) la tendance fondamentale de la psyché à rejeter (et ainsi à haïr) ce qui n'est pas
elle-même, 2) la quasi-nécessité de la clôture de l'institution
sociale et des significations imaginaires qu'elle porte[31]. » C'est
cette clôture qui permet au pouvoir de détourner les passions
violentes soit vers un bouc émissaire intérieur, soit vers l'extérieur. « Les hommes peuvent s'aimer entre eux à l'intérieur
d'une communauté », dit Freud, mais « à condition qu'il y en
ait une autre qu'ils puissent haïr[32] ». De Platon à Rousseau,
on retrouve la même analyse sur le patriotisme, élargissement
de l'amour de soi mais fondé sur l'exclusion des étrangers.
Pour Rousseau, la « commisération naturelle, perdant de
société à société presque toute la force qu'elle avait d'homme à
homme, ne réside plus que dans quelques grandes âmes cosmopolites qui franchissent les barrières imaginaires qui séparent
les peuples et, à l'exemple de l'être souverain qui les a créés,
embrassent tout le genre humain dans leur bienveillance[33] ».

---

31. Cornelius Castoriadis, « Les racines psychiques et sociales de la haine »,
in Rada Ivekovic et Jacques Poulain (dir.), *Guérir de la guerre et juger la paix*,
L'Harmattan, 1998, p. 257-258.
32. Sigmund Freud, *Malaise dans la civilisation*.
33. Jean-Jacques Rousseau, *Discours sur l'origine et les fondements de l'inégalité parmi
les hommes*.

Aujourd'hui, l'opposition entre l'intérieur et l'extérieur, et donc entre l'homme et le citoyen, est mise en question par la crise de l'État et par la révolution des communications. Cependant, le tableau qui en résulte, pour l'instant, n'est pas tellement différent de la dualité décrite par Rousseau. Il y a les cosmopolites par choix ou par nécessité : d'une part, les *french doctors* « embrassent tout le genre humain dans leur bien-veillance » et prennent le parti des victimes sans reconnaître de frontières ; d'autre part, les sans-État, les « réfugiés sur orbite » que la peur ou la faim chasse de chez eux. Mais il y a aussi les sédentaires, que la peur de perdre leur identité ou leur travail et la méfiance envers l'étranger amènent au repli et au refus d'accueillir ceux qui cherchent un asile et une nouvelle communauté.

De plus en plus, cependant, des communautés transnationales et nomades, fondées sur des réseaux souvent mafieux ou fana-tiques, s'organisent, notamment grâce à Internet. Par ailleurs, les communautés qui voudraient se replier sur elles-mêmes, notamment au nom de l'ethnicité ou de la tradition, ne peuvent éviter la multiplicité des socialisations sauvages, notamment par les médias, qui introduisent en leur sein des conflits qu'elles ne peuvent plus contrôler, même si elles peuvent les manipuler.

Entre des institutions défaillantes ou en crise au niveau des États et des institutions embryonnaires ou incohérentes au niveau mondial, les passions peuvent se donner libre cours. Le droit international et les organisations, gouvernementales ou non gouvernementales, à travers lesquelles une communauté mondiale tente de s'esquisser, peuvent fournir des îlots de paix et de tolérance mais non une autorité capable d'encadrer, de diriger ou de réprimer les passions violentes.

Au contraire, celles-ci épousent ce que le sociologue néer-landais Abram de Swaan appelle des « cercles croissants d'identification et de désidentification collective[34] », ou encore des processus concomitants de civilisation et de dyscivilisa-

---

34. Abram de Swaan, articles dans *Theory, Culture and Society*, avril-juin 1994, janvier 1995, mai 1997, avril-juin 2000.

tion, de solidarités et de haines à distance, d'inclusion globale ou d'exclusion par la cruauté d'autant plus acharnée à déshumaniser l'adversaire qu'il est plus proche ou plus familier. Les deux types de processus peuvent coexister discrètement, ou, brusquement, révéler à la fois leurs liens occultes et leur contradiction insurmontable. C'est qu'ils sont à la rencontre de deux réalités : celle, éternelle, des guerres et des révolutions et celle, nouvelle, des techniques de communication, des cassettes à Internet, de la télévision à la photo numérique. Rien ne peut plus garantir que les fragmentations géopolitiques et sociales et les ignorances volontaires sur lesquelles reposent l'harmonie et la bonne conscience des sociétés ne soient de plus en plus fréquemment révélées et remises en cause par des confrontations inopinées et traumatisantes. La combinaison de l'hyperterrorisme fanatique, du conflit palestino-israélien, de la guerre d'Irak et des génocides qui se relaient de l'Afrique au Caucase produit une situation globale qui rappelle les descriptions de Thucydide sur la peste à Athènes et surtout sur la *stasis*, la guerre civile commencée à Corcyre puis diffusée à l'ensemble de la Grèce : « À la faveur des troubles, on vit s'abattre sur les cités bien des maux, comme il s'en produit et s'en produira toujours tant que la nature humaine restera la même, mais qui s'accroissent ou s'apaisent et changent de forme selon chaque variation qui intervient dans les conjonctures. En temps de paix et de prospérité, les cités et les particuliers ont un esprit meilleur parce qu'ils ne se heurtent pas à des nécessités contraignantes ; la guerre, qui retranche les facilités de la vie quotidienne, est un maître aux façons violentes et elle modèle sur la situation les passions de la majorité[35]. »

En même temps cette majorité vit dans la société globalisée, celle où l'aspiration à la liberté des modernes, c'est-à-dire à leurs jouissances mais aussi au respect de leur individualité, peut produire des anticorps par rapport aux excès de la révolution et de la guerre, de la vertu et de la terreur, de la conquête et de la gloire. J'ai évoqué Thucydide dans ma recherche

35. Thucydide, *La Guerre du Péloponnèse*, Livre III, LXXXII, 2.

de modèles pour l'histoire philosophique illustrée par François Furet. Je voudrais évoquer également Benjamin Constant. Albert Thibaudet avait fait, avec Thucydide, la campagne de 14-18. On pourrait, de même, reparcourir l'après-guerre froide, de 1989 à 2004, avec Thucydide, mais aussi avec Constant. François Furet, après la chute du communisme, avait analysé le «passé d'une illusion». Mais l'humanité a connu, depuis, plusieurs illusions dont nous pouvons déjà parler au passé. Certaines, comme le désordre et la montée actuelle des affrontements sans loi (qui, eux, n'appartiennent, hélas, pas au passé), se prêtent davantage à l'analyse thucydidienne. D'autres relèvent peut-être plus d'une interprétation inspirée de Constant.

La plus récente, dans cette hécatombe de plus en plus accélérée des illusions, est celle de l'empire américain, du moins en tant qu'empire à la fois militairement conquérant, éclairé et bienveillant. Sa brève trajectoire reproduit de manière presque hallucinante celle de l'impérialisme athénien selon Thucydide. Comment ne pas penser à l'avertissement de Périclès dans son *Oraison funèbre*: «Il s'agit de la perte d'un empire et du risque attaché aux haines que vous y avez contractées. Or cet empire, vous ne pouvez plus vous en démettre, au cas où la crainte, à l'heure actuelle, pousserait vraiment certains de vous à faire, par goût de la tranquillité, ces vertueux projets. D'ores et déjà, il constitue entre vos mains une tyrannie, dont l'acquisition semble injuste, mais l'abandon dangereux[36].» Mais, surtout, c'est tout le déroulement récent qui est anticipé par le bilan triomphal de l'*Oraison funèbre* suivi aussitôt par la peste, par la proclamation face aux Méliens fondée sur l'arrogance de la puissance, par l'*hubris* qui consiste à préférer Alcibiade à Nicias, enfin par le désastre de l'expédition de Sicile.

Impossible de savoir si les suites en seront un retrait des États-Unis dans un isolationnisme étroit, un durcissement de leur empire aux dépens de leurs libertés et de celles des autres ou un retour au *soft power* des globalistes par rapport au *hard power*

---

36. *Ibid.*, Livre II, LXIII.

des hégémonistes. Peut-être une synthèse ou un moyen terme sont-ils en train de s'esquisser. Mais il est utile de se souvenir que l'effondrement du triomphalisme impérial américain a été précédé par un effondrement tout aussi spectaculaire et presque aussi rapide, celui de l'empire soviétique.

Dans le cas de celui-ci, comme dans le cas américain, il ne s'agit pas d'une défaite militaire classique. Il ne s'agit même pas d'une guerre. Mais il s'agit, pour la chute de l'URSS, d'une perte de confiance ou d'assurance de la part des élites, de la conscience surprenante d'un déficit de légitimité, ou, en tout cas, d'une absence d'énergie, qu'on attribuera au manque de passion ou au manque de volonté, dans la défense de son pouvoir, et dans l'exercice de la violence terroriste sur laquelle, en dernière analyse, ce pouvoir était fondé. S'y ajoutait l'aspiration, partagée par les populations, au modèle occidental, à la sécurité et aux jouissances privées promises par celui-ci. Toutes explications qui confirment les idées de Benjamin Constant sur l'esprit des modernes, propre de Moscou à Pékin, en passant par Téhéran, à miner l'esprit de conquête comme le fanatisme. On peut penser qu'à long terme cela vaudrait à plus forte raison pour tempérer les tentations autoritaires, militaristes ou répressives de ce qui reste la démocratie américaine.

Rien n'est dit, cependant, comme la violence de la guerre contre la Tchétchénie et la volonté de puissance de Vladimir Poutine, à l'intérieur comme à l'extérieur, et la volonté d'ordre du peuple soviétique et sa nostalgie impériale le montrent de jour en jour. Aux États-Unis, les tendances profondes, démocratiques et bourgeoises, légalistes et pacifistes, d'une moitié de l'Amérique peuvent certes s'affirmer victorieusement si le syndrome post-irakien vient rejoindre le syndrome post-vietnamien, mais elles peuvent aussi se heurter plus que jamais à l'autre Amérique, celle qui s'affirme au grand jour depuis le 11 Septembre et que l'humiliation irakienne peut, comme ce dernier, renforcer dans son esprit de revanche par rapport à ses ennemis et dans sa rancune envers ses alliés infidèles.

Surtout que, entre les deux empires, nous avons eu le temps d'assister à la défaite, confirmée pour l'une, annoncée pour l'autre, de deux autres illusions, de sens inverse. La première est celle d'un monde pacifié gouverné par la sécurité collective et la mondialisation heureuse, le monde de l'ONU, de la paix par le droit, du nouvel ordre mondial et de la fin de l'histoire. La seconde est celle d'une construction européenne qui, prenant le contre-pied des guerres et des révolutions du passé, bâtirait l'Europe de la mesure et de la tolérance, fondée sur le mariage de l'interdépendance, du pluralisme et du droit. L'une et l'autre ont du mal à affronter la violence, intérieure et extérieure, à s'affirmer politiquement face aux égoïsmes nationaux, et surtout à susciter les passions, les sacrifices, l'acceptation du risque, à la mesure des idées qui les inspirent.

Le nouvel ordre, pour réussir, devrait soit être précédé d'une improbable réforme intérieure de tous les États, soit se transformer en gouvernement mondial, ce qui, comme le dit Kant, risque de ne se faire que par la violence et d'aboutir à une tyrannie. L'Europe politique peut encore se faire, mais elle risque de ne trouver l'énergie qui l'aiderait à surmonter les nombreux obstacles qui la bloquent qu'en faisant appel aux passions négatives, en se construisant contre les États-Unis, contre les immigrés, contre la Turquie ou contre l'islam. Pour l'instant, les expériences du siècle passé et du début de celui-ci montrent que, si les passions sans modération deviennent criminelles et suicidaires, la modération sans passion est impuissante et risque au mieux d'aboutir au monde décrit par Nietzsche dans son texte sur le *Dernier Homme*.

Comment combiner passion et modération ? Des passions modérées ne sont pas des passions et en tout cas risquent d'être impuissantes et fades. Une modération passionnée risque d'être aussi utopique ou du moins aussi rare que les philosophes-rois ou les rois-philosophes. Et, pourtant, n'est-ce pas la vocation de la philosophie ? N'est-ce pas aussi ce qui inspirait les pères fondateurs de l'Union européenne comme ceux des États-Unis, le Camus de *L'Homme révolté* comme la lignée de penseurs libéraux que nous avons évoqués à propos de François Furet ? En tout cas, à l'heure où nous sommes menacés par l'escalade de la peur et de la haine, du mépris et du ressentiment, mais aussi par la paralysie impuissante, où il nous faut combattre à la fois le fanatisme et le scepticisme, à la fois l'aventurisme et la passivité, il n'y a pas d'autre voie que l'alliance rare, fragile et souvent conflictuelle de la modération et de la passion.

Chapitre 2

La philosophie moderne et les passions politiques

À Pierre Manent, ce texte qui lui doit beaucoup, en souvenir de nos maîtres et amis communs, et en particulier de notre voyage à Chicago pour les obsèques d'Allan Bloom.

Passions apprivoisées ou déchaînées ? Ce dilemme ou plutôt cette dialectique qui hante la politique et l'histoire modernes semble se présenter avec plus de force que jamais à l'aube du XXIe siècle. Comme la guerre, tantôt limitée, ritualisée ou humanisée, tantôt totale et barbare, recherchant tantôt l'usure et tantôt l'anéantissement de l'adversaire, les passions violentes, conquérantes ou révolutionnaires semblent s'opposer aux passions calmes et calculatrices, ou alterner avec elles. L'histoire de la philosophie nous offre-t-elle à cet égard une voie vers la compréhension de celle des peuples et des nations ?

Adressons-nous d'abord à deux guides précieux en ce domaine : le livre de Leo Strauss, *Droit naturel et histoire*, et celui d'Albert Hirschman, *Les Passions et les Intérêts*. Le premier décrit avec force, chez Machiavel, Hobbes et Locke, et chez leurs critiques, Rousseau et Nietzsche, une évolution fondée sur la libération des passions, qui opposerait la philosophie politique moderne à celle des Anciens. Le second décrit, au contraire, la tentative du XVIIe siècle de remplacer les passions par les intérêts, c'est-à-dire le fanatisme et la guerre par le calcul, la prospérité et la paix.

S'agit-il donc, de manière successive ou contradictoire, de lâcher la bride aux passions ou de s'en débarrasser ?

Comme nous le verrons, les deux formules, prises à la lettre, sont trompeuses. Entre les Anciens et les Modernes, comme entre Machiavel et Montesquieu, la différence se situe plutôt dans le mode de manipulation réciproque entre la raison et les passions, dans la hiérarchie de ces dernières, à la fois au niveau de l'âme et à celui du corps social, dans la prédominance soit des passions guerrières dites viriles, comme le courage et la gloire, ou le désir de domination, soit des passions pacifiques, comme le désir de sécurité, du bien-être et des richesses d'une part, la sympathie ou la compassion de l'autre. Comme nous le verrons aussi, l'opposition entre passions finit par être surmontée de manières elles-mêmes différentes et opposées, chez Rousseau et chez Nietzsche. Au profit de l'amour-propre, de la vanité ou du désir de reconnaissance chez l'un, de la volonté de puissance chez l'autre. Les faces opposées des mêmes passions finiront par s'affronter, sous les espèces de la soif forcenée d'égalité et de l'attachement non moins forcené à la différence dans les révolutions et les guerres contemporaines.

Notre propos s'efforcera de couvrir à grands traits le champ de la modernité occidentale, en vue de contribuer à la compréhension du XXe siècle et à celle du XXIe siècle naissant. Il ne prétend pas à une vérité anthropologique universelle, ni à une compréhension en profondeur des cultures non occidentales, ni même à celle de la philosophie grecque et romaine. Cependant, dans la mesure où la philosophie politique moderne, à partir de Machiavel, de Hobbes et de Spinoza se pose explicitement par son opposition à la philosophie politique classique comme le réel s'oppose à l'idéal, il importe d'esquisser sommairement cette opposition en ce qui concerne le problème des passions.

Les sociétés anciennes n'étaient pas moins exposées aux passions, celles du *demos* ou de la plèbe, celles des riches ou des oligarques, ou celles des tyrans, que les sociétés modernes, au contraire. La différence tient au caractère hiérarchique des conceptions classiques : entre les désirs corporels ou matériels, le *thumos* ou la partie colérique de l'âme, siège du courage et de l'honneur, et la partie intellectuelle ou contemplative, il y a chez Platon une hiérarchie très nette, dont le sommet est la philosophie. De même, chez Aristote, entre la justice, la magnanimité caractéristique du guerrier et du gentilhomme et la contemplation théorique, il y a une hiérarchie évidente, à la fois anthropologique et sociale. Des passions comme la peur et la pitié sont bannies de *La République* de Platon, et avec elles les poètes qui les encouragent. Elles ont un usage positif mais seulement à travers la purification de la catharsis offerte par la tragédie, chez Aristote.

Jamais elles ne revêtent, aux yeux des philosophes grecs, la dignité des passions politiques. Au contraire, Hobbes, pour la peur, Rousseau, pour la pitié, les installent au fondement de la cité. Quant aux désirs matériels, ils occupent le bas de l'échelle platonicienne ou aristotélicienne. Ils n'acquièrent une dignité qu'en étant contrôlés par la raison. Au contraire, avec la naissance de l'économie, l'individualisme possessif ou libéral leur accorde une place centrale, éventuellement par l'intermédiaire du *thumos* ou en se transformant en *eros*, jusqu'à apparaître comme la passion universelle ou du moins la plus générale sous la forme du désir d'améliorer son sort chez Adam Smith ou du désir de bien-être chez Tocqueville. Reste le besoin de reconnaissance qui (sous la forme aristocratique ou héroïque de la gloire ou de l'honneur, ou sous la forme démocratique de la revendication de dignité ou de la consommation ostentatoire) et les passions négatives correspondantes – humiliation, ressentiment ou envie – finissent toujours par réapparaître et par faire éclater l'harmonie des intérêts sous les coups du *thumos* ressuscité.

Libération ou apprivoisement ?

Pour nous interroger sur la révolution introduite par la philosophie politique moderne concernant les passions, il faut commencer par noter une révolution non moins fondamentale que Leo Strauss ne mentionne pas publiquement bien qu'il la connaisse fort bien : c'est celle du christianisme. Comme l'a souligné, en particulier, Pierre Manent, les œuvres de Machiavel, de Hobbes, de Locke sont dirigées avant tout contre l'effet de la religion chrétienne ou l'action de l'Église. Machiavel lui reproche la perte des vertus héroïques ou guerrières, Hobbes la mise en cause de l'autorité temporelle et le fanatisme facteur de guerre civile, Locke l'intolérance. En même temps, ces auteurs sont tributaires du christianisme par l'abandon d'une vision hiérarchique de la société et la promotion de l'individu comme fondement du contrat social. Dans une phase ultérieure, l'insistance sur la pitié chez Rousseau ou sur la conscience individuelle chez Kant ou Hegel est directement ou indirectement tributaire de l'esprit du christianisme. La relation triangulaire entre philosophie classique, christianisme et philosophie moderne doit toujours être présente à l'esprit lorsqu'on étudie cette dernière, tout particulièrement au point de vue des passions.

Nulle part cette relation triangulaire n'est plus évidente que chez le fondateur de la philosophie politique moderne, c'est-à-dire Machiavel. Celui-ci et, à sa suite, Hobbes et Spinoza s'opposent aux philosophes classiques en refusant de se situer dans un devoir-être utopique pour prendre les hommes, non tels qu'ils devraient être, mais tels qu'ils sont, c'est-à-dire dominés par des passions et des désirs insatiables. Mais, en même temps, Machiavel présente sa démarche comme un retour aux vertus des Anciens (que saint Augustin appelait des vices splendides) par opposition au christianisme, coupable d'avoir condamné ou sacrifié la recherche de la gloire, de la grandeur, le courage, la virilité, le patriotisme, au profit de l'humilité et de la pitié. Toute la critique nietzschéenne de la morale de l'esclave est en germe chez Machiavel. De même, la conception de la politique comme guerre (ou le renversement de la formule clausewitzienne sur la guerre comme continuation de la politique par d'autres moyens) que l'on retrouvera chez Lénine et chez le maréchal Ludendorff, chez Michel Foucault et chez Carl Schmitt est en germe chez Machiavel. Sa philosophie elle-même peut être considérée comme une entreprise de guerre à la fois contre la philosophie ancienne et contre le christianisme. Non seulement il se délecte à démasquer la violence qui est à la racine des ordres les plus respectables, non seulement il part du cas extrême plutôt que du cas normal et de la guerre plutôt que de la paix, mais dans l'ordre intérieur lui-même, qui reste, chez lui, subordonné à l'ambition extérieure, il valorise le conflit par opposition à l'ordre hiérarchique et prend le parti du peuple contre celui des grands.

En tout cela, il s'oppose non seulement à Platon et Aristote, mais aussi à Thucydide, le plus moderne des classiques, dont on l'a souvent rapproché comme l'autre fondateur ou précurseur du réalisme en relations internationales. Il suffit de relire les deux magnifiques passages parallèles sur la peste à Athènes et la guerre civile à Corcyre, qui montrent les ravages destructeurs du déchaînement des passions une fois que les cadres moraux et politiques de la cité ont éclaté. Toute l'œuvre de Thucydide est pénétrée d'une profonde mélancolie fondée sur sa préférence pour la modération et pour la paix, et sur la constatation de leur fréquent échec face à l'*hubris* et au destin. Le discours des Athéniens laisse, pour lui, présager leur future défaite causée par l'*hubris*. Le dirigeant militaire auquel il manifeste le plus de sympathie est le modéré Nicias, malgré ses échecs, celui à qui il réserve ses flèches les plus directes est Cléon, démocrate ou démagogue et partisan de l'offensive. Tout cela forme un parfait contraste avec l'allégresse provocatrice de Machiavel, avec sa préférence pour la jeunesse, l'audace et le risque. Si l'Alcibiade que décrit Thucycide et le Cyrus que décrit Xénophon peuvent fort bien préfigurer le Prince de Machiavel, le jugement implicite ou explicite de leurs auteurs respectifs est aussi contrasté que possible.

Le paradoxe de Machiavel tient à ce que son effort pour faire coïncider l'intérêt du gouvernant est celui de la cité se fait sur le terrain classique de la gloire et de la conquête plutôt que sur celui, moderne, de la prospérité matérielle ou encore qu'il concilie la sympathie pour le prince sans scrupules et pour le peuple opprimé.

Ses successeurs sur la voie qu'il a ouverte s'efforceront, au contraire, de retrouver le primat de la modération, condition de la concorde civile et de la paix extérieure, mais d'une manière en quelque sorte horizontale plutôt que verticale. Il devrait résulter moins du primat de la raison ou de son autorité que du jeu des passions elles-mêmes, le rôle, parfois décisif, de la raison étant d'en favoriser certaines par rapport à d'autres.

Si l'on part des trois passions fondamentales identifiées par les discours des Athéniens dans Thucycide – l'honneur ou la recherche de la gloire, la peur ou la recherche de la sécurité, l'avidité ou la recherche des biens matériels – on trouve deux mises en scène symboliques et fondatrices de la lutte entre deux d'entre elles. La première est la description hobbesienne de l'état de nature, avec les deux passions fondamentales, l'honneur ou «*vainglory*» qui mène à la guerre, et la peur qui mène à la justice et à la paix. La deuxième qui s'en inspire peut-être, selon Leo Strauss et Alexandre Kojève, est la lutte du maître et de l'esclave qui a pour enjeu l'acceptation du risque de la mort violente : le maître, mû essentiellement par le courage et le désir de reconnaissance ou d'honneur, gagne, mais l'esclave, qui a préféré sa vie à son honneur, finira à long terme par gagner, car son travail sera à la base de la société moderne. La troisième passion, la recherche de biens matériels, n'est pas oubliée puisque la rareté est la donnée première de l'état de nature hobbesien et qu'elle est le fondement de l'économie bourgeoise, dont Hegel intègre l'avènement pour la société moderne.

Pour comprendre sa part décisive, il faut aller au-delà de Hobbes en passant par Locke. Le contrat hobbesien constitue la victoire de la peur sur la vanité, et donc un pas vers la paix par rapport à la guerre de tous contre tous, mais un pas seulement. «La quête insatiable du pouvoir qui ne s'arrête qu'à la mort» ne se réduit pas à la vanité, et il y a d'autres sources de mort violente, à commencer par le souverain lui-même et par la guerre entre États. Spinoza qui adopte, en gros, le contrat hobbesien, souligne, contrairement à Hobbes, que la dialectique des passions ne s'arrête pas avec la création du Léviathan. Hobbes lui-même considère que cette création ne met pas fin à l'état de nature entre nations, mais pense que le développement du commerce et de l'interdépendance en atténue les virtualités meurtrières. C'est à Locke qu'il appartient de développer l'apprivoisement des passions en assurant des protections et des recours contre celles des souverains et, surtout, en donnant une place centrale à la compétition par l'acquisition et le travail plutôt que par la guerre. C'est ce que McPherson appelle l'«individualisme

possessif » et qui permet à Leo Strauss de voir en Locke le philosophe du capitalisme et dans le capitalisme le « machiavélisme
parvenu à maturité ». Encore faut-il savoir si, par eux-mêmes, cet
« individualisme possessif » et ce capitalisme suffisent à assurer
la paix, sans parler de la justice, ou s'il y faut d'autres développements, psychologiques, moraux et institutionnels.

C'est là que, développant Locke en le dépassant, inter-
viennent les penseurs écossais du XVIIIe siècle, Shaftesbury et
Ferguson, et surtout Hume et Smith, ainsi que Montesquieu.
C'est la tentative analysée par Hirschman de substituer les intérêts aux passions, combinée avec celle d'ajouter la sympathie ou
l'humanité à l'égoïsme individuel, familial ou national. Le calcul
et le sentiment, voilà ce qui doit, avant tout, apprivoiser ou
remplacer la violence et la recherche de la gloire. L'institution
qui permettra leur alliance apparaît le plus clairement chez
Montesquieu : c'est le commerce, facteur de réciprocité dans
l'échange remplaçant la domination et la hiérarchie, et qui,
de surcroît, favorise l'adoucissement des mœurs et fait reculer
la barbarie.

Shaftesbury postule une « bienveillance universelle », sentiment qui, comme la *philia* d'Aristote, permet de fonder
la compréhension et la solidarité entre citoyens. De manière
plus originale, Hume considère que cette bienveillance naturelle qui s'applique d'abord au sujet lui-même, puis à ses
proches, peut, par l'éducation et la régulation morale, s'étendre
progressivement à toute la communauté politique et, finalement, à l'humanité tout entière. Il ne nie pas, par ailleurs, que
l'extension tende à diminuer l'intensité de cette bienveillance
ou de cette sympathie et que des conflits de priorité, pouvant
dégénérer en conflits tout courts, tendent inévitablement à se
produire. Mais il pense que le progrès des mœurs bourgeoises
diminuera leur probabilité et leur intensité. Il vaut mieux, dit
Hume, rechercher le gain que se battre. Et le docteur Johnson
de renchérir : « Gagner de l'argent est l'activité humaine la plus
innocente. »

C'est l'époque de la fable des abeilles, de Mandeville, avec
sa morale : « Vices privés, bénéfices publics » et de la « main

invisible» du marché selon Adam Smith. Mais il vaut la peine
de s'attarder un instant sur ce dernier. Comme l'a montré le troisième grand livre d'histoire des idées dont je m'inspire, *Economic
Sentiments* d'Emma Rothschild, ce serait une erreur de voir en lui
le théoricien d'un mécanisme objectif et impersonnel, ou d'un
homo œconomicus abstrait. Bien au contraire, pour lui comme, plus
tard, pour Max Weber et pour Keynes, il s'agit d'une théorie
des sentiments moraux, politiques et économiques, qui accorde
une place centrale à l'inquiétude et à l'avidité, à l'imagination
et à la peur, et avant tout à l'incertitude. Simplement, il fait le
pari que la libération du commerce a partie liée avec la liberté
tout court et avec la mise en cause d'un ordre hiérarchique et
guerrier, un peu comme Montesquieu pour qui l'invention de
la lettre de change, donc d'une richesse mobile et insaisissable,
a permis aux juifs d'échapper à la persécution prédatrice des
seigneurs et par là de faire reculer la barbarie.

Pour Smith comme pour Condorcet, la libération des
échanges, l'égalisation des conditions et la paix ont partie liée.
Mais aucun d'entre eux n'ignore qu'elles créent d'autres inégalités, qu'une société uniquement marchande risquerait de faire
dépérir des qualités humaines essentielles, à la fois au point de
vue moral et à celui de la défense comme le courage et la maîtrise de soi. De même, Ferguson, créateur du concept de société
civile, se demande si celle-ci ne sera pas exposée aux coups
des sociétés militaires. Surtout, et c'est le fameux paradoxe
de Smith, si dans *La Richesse des nations* ce dernier déclare que
«ce n'est pas par sympathie mais par intérêt que le boulan-
ger vous vend son pain», dans *La Théorie des sentiments moraux*
il déclare que cet intérêt n'est pas économique au sens étroit :
«C'est avant tout par égard aux sentiments de l'humanité que
nous poursuivons la richesse et évitons la pauvreté. Car quel
est le but de la poursuite de la richesse et du pouvoir ? Ce ne
sont pas les nécessités. D'où, donc, vient cette émulation qui
traverse tous les rangs de la société et quels sont les avantages
que nous recherchons par ce grand objectif de la vie humaine
que nous appelons "améliorer notre condition" ? C'est d'être
observés, c'est que l'on s'occupe de nous, qu'on nous regarde

avec sympathie, complaisance et approbation… C'est la vanité, non l'aisance ou le plaisir qui nous intéresse. Mais la vanité est toujours fondée sur la conscience d'être un objet d'attention et d'approbation.»

Nous voilà donc ramenés à Hobbes, autant qu'à Locke, à la vanité autant qu'à l'avidité, à toutes les contradictions des passions, mais incluses dans un principe unificateur, celui de la recherche par chacun du progrès de sa condition. Cette recherche transcende les distinctions des classiques entre les plaisirs contemplatifs du philosophe, les recherches guerrières de la domination et de la gloire et la soumission du peuple à la dure nécessité de la survie matérielle. Il s'agit avant tout d'une société mobile et ouverte, individualiste et concurrentielle avec ses rivalités, ses chances et ses risques. C'est précisément cette société que conteste Rousseau, s'opposant directement à Montesquieu et à tout le courant favorable au commerce et à la culture, et anticipant les arguments des adversaires du libéralisme et de la globalisation.

La phase qui résume la philosophie du libéralisme et qu'Albert Hirschman a placée en exergue de son livre est la fameuse conclusion du livre XXI, chapitre 16, de *De l'esprit des lois* (chapitre intitulé «Comment le commerce fait son chemin en émergeant de la barbarie»): «Il est heureux pour les hommes d'être dans une situation où, pendant que leurs passions leur inspire la pensée d'être méchants, ils ont pourtant intérêt de ne pas l'être.»

Rousseau s'oppose directement à cette idée en déclarant: «Nos besoins nous rapprochent à proportion que nos passions nous divisent et plus nous devenons les ennemis de nos semblables moins nous pouvons nous passer d'eux.» Il est clair que l'interdépendance objective ne supprime pas, pour lui, les passions antagonistes, bien au contraire. Il s'agit plutôt d'une lutte entre passions, et celles qui naissent du contact matériel ou surtout psychologique et moral par rapport aux autres sont précisément celles qui, sous le nom d'intérêt, nous poussent à être mauvais. Tout repose sur la distinction fondamentale entre l'amour de soi, proche de l'instinct de conservation, et l'«amour-propre» qui n'est autre que le désir de reconnaissance, le besoin de se comparer, la vanité ou le désir d'être considéré, approuvé ou admiré dont parlent Hobbes et Adam Smith. L'amour-propre ne peut que conduire au conflit, car il demande aux autres de nous préférer à eux-mêmes, ce qui est impossible. C'est ainsi que les «passions douces et affectueuses naissent de l'amour de soi et les passions haineuses et irascibles naissent de l'amour-propre». L'opposition est entre l'humanité et la douceur d'une part, la cruauté et la malveillance de l'autre.

Cette opposition nous éclaire sur la position de Rousseau par rapport à la fois à la société concurrentielle et commerciale et à la guerre. Ce qui permet à l'amour de soi d'être la source des passions douces, c'est qu'il a pour complément la pitié, ou la «répugnance à voir souffrir» qui rappelle la «sympathie» des Écossais et permet, même en société, d'éviter la guerre hobbesienne de tous contre tous. D'autre part, le *thumos*, la partie irascible de l'âme selon Platon, est condamné comme malfaisant. Rousseau n'aime ni le commerce et la culture, sources de vanités, de convoitises et de conformisme, ni la guerre, source de cruauté. Il prône une austérité frugale et pacifique, inspirée par l'instinct de conservation mais qui, pour vivre en société, doit permettre à celui-ci de s'élargir. Mais jusqu'où? Contrairement à Hume, pour lequel l'élargissement de l'individu à l'humanité, en passant par les différentes communautés nationales et sociales, peut se faire par la régulation morale et l'habitude, Rousseau tend à poser des dilemmes radicaux. On ne peut éduquer à la fois l'homme et le citoyen, sous peine de rater l'un et l'autre. Le mal suprême est la division de l'âme. Le citoyen s'identifie à la volonté générale «dans le silence des passions», le promeneur solitaire est entièrement mû par la passion de l'indépendance et de la contemplation. Le cosmopolite et le patriote ne sont pas conciliables politiquement. D'un autre côté, pour éviter à la fois la guerre et la perte de l'identité dans la société de l'amour-propre, Rousseau préconise, sans se dissimuler leur difficulté à subsister dans le monde moderne, de petites communautés capables de se défendre mais non d'attaquer qui que ce soit. L'éducation de leurs citoyens insisterait sur ce qui les sépare des autres et sur la nécessité des vertus militaires. D'où cette formule, paradoxale, mais qui rappelle la situation de la Suisse : il faudra qu'ils soient « martiaux mais sans ambition », un peu à la manière du *Rivage des Syrtes* ou du *Désert des Tartares*. Mais ces sortes de Robinson chauvin ne sont-ils pas contraires à la fois à la dynamique éternelle des passions et à celle de la société internationale, où selon Rousseau lui-même, les États sont forcés encore plus que les individus à se comparer et à rivaliser puisqu'ils n'ont pas de limites naturelles ?

On est tenté de penser que Rousseau a posé génialement tous les problèmes mais n'en a résolu aucun. L'unicité de l'individu et l'universalité abstraite, la promotion du sentiment, de l'authenticité, de la sincérité et l'idée de « dénaturer l'homme » par l'éducation en en faisant un citoyen, les passions individuelles et les passions nationalistes, les passions nostalgiques et les passions révolutionnaires ont été également exprimées et inspirées par Rousseau.

Et pourtant les siècles suivants ont vu ce qu'il détestait par-dessus tout, l'homogénéisation et la course à la richesse et aux honneurs s'épanouir. La liberté des modernes, selon Constant, soucieux du privé plutôt que de public, recherchant leurs jouissances plutôt que la participation politique, la recherche du bien-être selon Tocqueville, semblent prolonger l'« individualisme possessif et l'effort universel pour améliorer sa condition » plutôt que l'utopie rousseauiste. Et, pourtant, sur le plan philosophique comme sur le plan politique des renversements révolutionnaires allaient montrer, aux XIXe et XXe siècles, que la domestication des passions par le primat de la société économique ne cessait de susciter périodiquement des tensions et des conflits, sources de déchaînements passionnels.

Sur le plan philosophique, deux courants déplacent et dépassent la problématique des passions et, plus généralement, celle de la subjectivité. Ce sont la philosophie de l'histoire et la science réductionniste, biologique ou sociale, behavioriste, psychanalytique ou marxiste.

Dans tous les cas, la psyché, qu'il s'agisse de la conscience ou de l'affectivité, ne peut plus être comprise ni par elle-même ni par ceux qui l'étudient de manière autonome. Elle renvoie à des instances objectives au niveau de l'histoire ou de la société, ou de la biologie, qui la déterminent et la manipulent à son insu. Et l'intérêt philosophique et scientifique se déplace vers ces instances.

Pour Kant, les passions sont des maladies ou la manifestation du mal radical, c'est-à-dire de la perversion des maximes, elles sont condamnables au point de vue de la morale, universelle et rationaliste par essence. Mais, en même temps, ce sont elles qui font l'histoire. Ce sont l'ambition, la vanité, le goût du luxe, interdits à la personne morale, qui sont les instruments du plan caché de la nature pour unifier l'humanité, et pour la faire progresser dans la voie de la culture et de la paix, aboutissant à un « accord pathologiquement extorqué » qui peut aboutir, par une conversion à un « tout moral », à réhabiliter la passion au point de vue moral.

Pour Hegel, rien de grand ne se fait sans passions, et les critiques moralisantes qu'on leur oppose sont le fait d'une moralité abstraite qui se condamne à l'inaction, ou d'une mentalité de valet de chambre. Mais, en même temps, leur justification réside dans leur rôle dont elles sont inconscientes. Elles s'attachent à des objets particuliers, recherchent des satisfactions individuelles, mais en réalité, par la ruse de la raison, elles sont, à leur insu, au service de la grande entreprise de l'Esprit universel.

Chez Kant comme chez Hegel, il y a des cas où cette dualité de la subjectivité individuelle et de l'histoire ou de la raison universelles semble s'effacer. – comme le sentiment du beau et du sublime, chez Kant, ou la conscience de certains grands hommes comme Napoléon, « âme du monde » selon Hegel, de faire progresser l'universalité. La passion, alors, emprunte sa dignité équivalente à celle de son objet ou de sa visée, elle n'a pas en elle-même sa légitimité, ou sa valeur, ou encore moins son intelligibilité. Celle-ci est toujours du côté de l'objet ou de celui du développement historique qui fait agir les hommes « derrière leur dos », du moins jusqu'à ce que le sens de l'histoire se dévoile grâce à son accomplissement.

Le caractère second ou dérivé de la passion (inséparable de celui de la conscience ou de la subjectivité) est encore plus net dans les doctrines scientifiques (comme l'évolutionnisme) ou se prétendant telles (comme le socialisme scientifique, autre nom du matérialisme historique). Le primat est celui de la lutte pour la vie qui, dans le cas de l'évolution naturelle ou sociale, ne se sépare guère de la lutte pour la domination. Ce sont moins les passions que les pulsions qui font l'histoire, suivant la formule de Nietzsche : «Les morales sont le langage chiffré des passions et les passions sont le langage chiffré des instincts.» Curieusement, plus une doctrine est déterministe, que ce soit au nom de la vie ou de la matière, de l'histoire ou de la structure, plus elle semble porter ou à la libération des passions ou à l'action violente, dans la mesure même où celle-ci semble, comme dans les discours des Athéniens à Sparte, chez Thucydide, commandée par une nécessité irrésistible.

Ainsi le matérialisme semble converger avec son opposé, le romantisme, dans une justification de la lutte et de la domination et dans le désaveu de la morale bourgeoise issue de l'effort des trois siècles précédents pour apprivoiser ou domestiquer les passions en les rendant inoffensives.

Tout cela converge et culmine dans la pensée de Nietzsche, qui porte à leur plus haut degré à la fois la démarche démystificatrice ou réductionniste et la nostalgie de l'héroïsme, et le dégoût devant le philistinisme prosaïque du «dernier homme», dénué de passion et d'aspirations audacieuses, voué à la prudence et au confort. À la médiocrité de l'ordre bourgeois il oppose la nécessité d'avoir «un chaos en soi pour enfanter une étoile». Mais ce chaos des passions et des instincts obéit quand même à un principe unificateur, celui de la volonté de puissance. En un sens, Nietzsche donne un fondement cosmique à la *virtù* de Machiavel et à sa lutte pour conquérir la *fortuna*.

Ce n'est pas par hasard que nous associons ici les noms de Machiavel ou de Nietzsche. Tous les deux pensent que ce qu'il y a de grand ne se fait que *malgré*. Tous les deux prêchent le déchaînement des passions. Après trois siècles de recherche de la modération, la pensée revient à la libération des passions chaudes. Mais, entre-temps, il y aura eu un autre grand critique du prosaïsme bourgeois, c'est Rousseau, au nom de l'égalité et de la compassion. Le xixe et le xxe siècle connaîtront l'explosion des passions extrêmes mais la vivront non pas dans les termes de la lutte entre la raison ou les passions mais dans ceux de la trinité des intérêts, du sentiment et de la volonté.

Chapitre 3

François Furet et les passions du XXᵉ siècle

« Qu'une vie est belle qui commence par la politique et finit par la philosophie ! » Cette parodie d'une phrase célèbre du *Discours sur les passions de l'amour* pourrait s'appliquer à François Furet si le centre intellectuel et professionnel de sa vie n'avait, d'un bout à l'autre, été l'histoire. Mais, précisément, dès que sa personnalité scientifique s'est dégagée, il s'est agi d'une histoire avant tout politique et philosophique. Il n'est pas étonnant qu'avançant du XVIIIᵉ vers le XXᵉ siècle (puisque sa mort prématurée, en nous privant de son *Napoléon*, a fait de son livre sur notre époque son testament) ce caractère personnel et réflexif ait pris de plus en plus nettement le dessus.

Déjà ses derniers travaux sur la Révolution française, comme le *Dictionnaire critique* dirigé avec Mona Ozouf, sont orientés par des préoccupations actuelles. « Du passé en nous, écrivent-ils dans la préface, ce dictionnaire cherche à établir la présence en montrant comment travaille depuis deux cents ans l'idée d'universalité des hommes. C'est parce que le regard que nous portons sur elle s'est chargé des perplexités et des angoisses du parcours que nous interrogeons aujourd'hui autrement l'expérience démocratique qu'elle inaugure[1]. »

Dans *Le Passé d'une illusion*, c'est bien avant tout de cette interrogation qu'il s'agit. Le retour sur son engagement personnel

---

1. François Furet et Mona Ozouf (dir.), *Dictionnaire critique de la Révolution française*, Flammarion, 1988, Préface, p. 13.

au parti communiste, sur le succès du communisme à l'extérieur, en particulier chez les intellectuels français, sur l'expérience soviétique elle-même et le contraste qu'elle présente à la fois avec son inspiration de départ et avec l'image qu'elle a voulu donner d'elle-même, enfin la réflexion sur le XXᵉ siècle dans son ensemble et, finalement, sur la démocratie et la nature humaine sont évidemment inséparables. Rien n'est plus sot que de s'étonner que la même expression, l'«illusion communiste», caractérise la «croyance chimérique en une réalité et cette réalité elle-même[2]» : cette réalité n'était-elle pas elle-même fondée sur une croyance chimérique dont elle se réclamait avec insistance ? L'objet du livre est, précisément, de confronter ces deux illusions et de constater que l'illusion de l'extérieur a eu la vie plus dure que celle qui animait le régime soviétique lui-même. Cet aller et retour constant entre le subjectif et l'objectif, entre l'intérieur et l'extérieur, entre l'idéologie et la réalité, c'est ce qui fait du *Passé d'une illusion* une sorte d'odyssée de la conscience ou de fragment d'une *Phénoménologie de l'esprit* idéologique, plus proche de la philosophie de l'histoire que de l'histoire tout court.

Halévy, Aron, Furet

Furet rejoint ainsi les grands interprètes de la Révolution française qu'il a tant médités, de Michelet et Quinet à Guizot et Tocqueville, mais aussi, pour le XXᵉ siècle, deux prédécesseurs auxquels il rend hommage, Élie Halévy et Raymond Aron. Tous les deux, philosophes d'origine devenus historiens — surtout des idées — et interprètes de la politique contemporaine, ont pratiqué cette histoire interprétative, attentive, pour reprendre l'expression de Furet et d'Ozouf à propos de la Révolution française, au «surinvestissement des réalités sociales par les idées et les passions collectives[3]».

---

2. Moshe Lewin, «Illusion communiste ou réalité soviétique ?», *Le Monde diplomatique*, décembre 1996.
3. François Furet et Mona Ozouf, préface citée.

Il s'agit bien, dans les trois cas, de forces collectives, contrairement à l'idée absurde attribuée à Furet selon laquelle l'«histoire
ne serait faite que par les grands hommes[4]» et que hors de l'économie il y aurait seulement l'événementiel. La continuité entre
nos trois auteurs est, à cet égard, parfaite. Élie Halévy, dans
ses extraordinaires conférences d'Oxford sur l'«Interprétation
de la crise mondiale de 1914-1918[5]», annonce le programme:
«Nous avons concentré notre attention non sur les agissements
de tel ou tel homme d'État, non sur les incidents de l'histoire
diplomatique, mais sur les mouvements d'ensemble de l'opinion publique, sur ces forces collectives qui, avant que la crise
n'éclatât, travaillaient à la rupture [...].» Il oppose les émotions
nationales et guerrières et les émotions internationales et révolutionnaires. Et il s'efforce de donner «quelque idée d'une
méthode nouvelle pour aborder une telle histoire, par l'étude
de l'action et de l'interaction de ces forces collectives[6]». Il analyse les rapports entre les notions de guerre et de révolution et
la manière dont elles s'enchaînent concrètement pour produire
les bouleversements et les tyrannies du XXᵉ siècle. Et il conclut
à la puissance du fanatisme national, encore plus formidable
que le fanatisme de classe, à l'absence d'un «fanatisme de l'humanité» permettant de le contrebalancer et à l'impuissance
de l'esprit de compromis diplomatique devant les «émotions
fanatiques et désintéressées[7]». Plus tard, il esquissera, à partir
de la nature contradictoire du socialisme, ce que les deux grands
types de régime tyrannique, communiste et fasciste, ont en
commun, notamment l'«organisation de l'enthousiasme» et
la «prolongation du régime de guerre en temps de paix».

Raymond Aron reprend les deux thèmes. *Les Guerres en chaîne*,
livre trop peu connu, insiste sur l'importance de la guerre
de 1914-1918 pour la naissance de l'État total, sur l'enchaînement des guerres et des révolutions et sur la «dialectique

---

4. Moshe Lewin, art. cit.
5. Élie Halévy , *L'Ère des tyrannies, op. cit.*, p. 189-190.
6. *Ibid.*
7. *Ibid.*, p. 199.

des extrêmes ». Dans *L'Opium des intellectuels*, il s'efforcera de disséquer en profondeur, d'une part, les mythes et les contradictions internes de l'idéologie révolutionnaire et, d'autre part, la manière dont ils inspirent une représentation de la réalité soviétique opposée au précepte de Marx enseignant à juger les régimes non sur ce qu'ils prétendent, mais sur ce qu'ils font.

C'est chez François Furet, dans *Le Passé d'une illusion*, que l'on trouve la synthèse la plus ample des trois thèmes (rôle de la guerre de 1914, matrice du XXᵉ siècle comme la Révolution française le fut du XIXᵉ, rapports entre les deux frères ennemis, communisme et nazisme, mystère de la séduction du premier survivant, du moins pour quelque temps et sous des formes changeantes, aux démentis de la réalité et de la morale). Élie Halévy ramassait en quelques pages prophétiques des intuitions qui anticipaient sur les tragédies du siècle. Raymond Aron en a vécu toutes les vicissitudes en « spectateur engagé » ; ses livres des années 1950 sont indissolublement des livres de combat et de réflexion ; l'analyse diplomatique, stratégique et sociologique, objective et nuancée, y est inséparable d'une critique idéologique passionnée et longtemps solitaire.

Furet, comme l'oiseau de Minerve, s'envole au crépuscule. Il regarde le passé avec une sérénité sans hargne et sans nostalgie, rarissime chez les anciens communistes. Il connaît la fin de l'histoire du communisme et du « court XXᵉ siècle », de 1914 à 1989, même s'il ne songe pas un instant à y voir la fin de l'Histoire.

Il est frappant à cet égard que la conclusion du *Passé d'une illusion* ait donné lieu aux mêmes critiques et aux mêmes malentendus que celle de *L'Opium des intellectuels*. On a reproché à Aron d'avoir posé la question de la fin de l'âge idéologique et d'avoir écrit : « Souhaitons la venue des sceptiques s'ils doivent éteindre le fanatisme », oubliant que la phrase précédente rappelait : « Les hommes ne manqueront jamais d'occasions de s'entre-tuer[8]. » On reproche à Furet sa phrase : « Nous voici condamnés à vivre dans le monde où nous vivons », comme si

---

8. Raymond Aron, *L'Opium des intellectuels*, Calmann-Lévy, 1955.

la phrase suivante ne précisait pas : « C'est une condition trop austère et trop contraire à l'esprit des sociétés modernes pour qu'elle puisse durer » et comme si, après avoir enregistré la mort de l'idée communiste sous les différentes formes que nous avons connues, la dernière phrase du livre n'était pas : « Mais la disparition de ces figures familières à notre siècle ferme une époque, plutôt qu'elle ne clôt le répertoire de la démocratie[9]. »

Au contraire, c'est le grand mérite de Furet que d'avoir inscrit son analyse de l'« idée communiste au XXᵉ siècle » (sous-titre de son livre) dans le cadre d'une réflexion plus générale sur la démocratie, la bourgeoisie et les passions qu'elles suscitent, réflexion qui dépasse et le communisme et le XXᵉ siècle. Les analyses de ses derniers articles sur le multiculturalisme américain et sur « L'Amérique de Clinton II » sont précieuses précisément parce qu'elles poursuivent le même thème critique, dans le cas d'une démocratie libérale, en se plaçant, une fois de plus, au niveau des passions collectives. Il retrouve ainsi, à la fois pour le sujet précis (la démocratie en Amérique), pour le thème sous-jacent (l'inquiétude sur la viabilité et les conséquences de la démocratie) et pour le niveau ultime d'analyse (les passions de l'égalité et de la liberté, les conséquences politiques et sociales de l'individualisme moderne), l'inspirateur le plus important du courant dans lequel il s'inscrit, à savoir Tocqueville.

Par-delà ce dernier lui-même, il braque plus directement et plus clairement que ses prédécesseurs le projecteur sur le problème le plus permanent et le plus central de la politique, celui de l'articulation du particulier et de l'universel, et sur sa version moderne énoncée par Rousseau : la division de l'individu, ni homme ni citoyen, mais « bourgeois, c'est-à-dire rien », la difficulté de recréer une unité de l'âme et de la société dans un monde d'individus et d'intérêts.

Le grand mérite de Furet, c'est d'être parti d'un problème historique précis : comment l'espérance révolutionnaire

---

9. François Furet, *Le Passé d'une illusion*, Robert Laffont-Calmann-Lévy, 1995, p. 572.

a-t-elle pu se transformer en cauchemar et, pendant un certain temps et pour certains, rester une espérance ? Pour le traiter à la lumière d'un problème philosophique fondamental, celui du fait de la division et de l'aspiration à l'unité.

C'est ce problème même qui est au centre de la notion de totalitarisme. Mais, par sa généralité même, il rend Furet vulnérable comme tous les auteurs qui ont employé ce concept (encore que, comme Aron et Halévy, il le fasse de manière très prudente en en reconnaissant les limites empiriques et théoriques) au reproche de mettre dans le même sac des réalités très différentes. Et cela d'autant plus que le niveau choisi est moins celui des systèmes sociaux et politiques ou celui des décisions ou des actions que celui des représentations et, surtout, des passions.

« Mon but, dit-il en réponse à ses critiques, a été de comprendre les passions et les représentations imaginaires à travers lesquelles tant d'hommes ont vécu la politique révolutionnaire au XXᵉ siècle[10]. » Mais, précisément, il y a une interaction ou une dialectique entre la politique révolutionnaire, les représentations et les passions de ceux qui la mènent ou qui la subissent, qui l'applaudissent ou qui la combattent. Furet est le premier à souligner l'opposition des contenus utopiques et des origines intellectuelles du communisme et du fascisme. Il a tout à fait raison, par ailleurs, de considérer ce dernier comme aussi révolutionnaire que le communisme ou de souligner la parenté de leurs méthodes ou leur influence réciproque. Mais il sous-estime peut-être, en utilisant des concepts valables mais trop larges, la différenciation interne, au niveau des passions elles-mêmes, produite par les vicissitudes des représentations et des actions.

À un certain niveau d'abstraction, il est vrai et éclairant de dire que le « problème qu'ils prétendent tous deux résoudre est le même : détruire et dépasser l'individualisme bourgeois au nom d'une vraie communauté » (*ibid.*). Mais il faudrait ne pas s'en tenir là et comparer les deux types de communauté, au niveau du projet, à celui de la réalisation, à celui

---

10. François Furet, « Sur l'illusion communiste », *Le Débat*, n° 89, mars-avril 1996, p. 169.

de l'illusion et de la désillusion. L'affirmation suivante, elle aussi, n'est valable que comme un point de départ qui devrait être, selon les cas, confirmé ou relativisé par une analyse plus différenciée : « Et si l'on descend du ciel des idées à l'économie des sentiments, communisme et fascisme puisent largement aux mêmes sources : la haine de la démocratie bourgeoise dominée par l'argent et le ressentiment égalitaire qui s'alimente au contraste de l'égalité proclamée et de l'inégalité. » La critique du contraste entre égalité et inégalité peut évidemment se faire au nom d'une vision égalitaire ou, au contraire, inégalitaire. Certes, les « deux mouvements ont un même ennemi, ce qui n'est pas rien dans la lutte politique ; ils mobilisent des passions comparables, comme le mépris du droit, la haine de la démocratie libérale, l'assimilation de la politique à la guerre, l'exaltation de l'avenir, le culte du parti, l'adoration du chef, le rejet du christianisme » : mais tout est dans le sens que l'on donne au mot « comparable ». Les premiers traits cités sont effectivement communs et décrivent excellemment le syndrome totalitaire. Cependant, l'adoration du chef dont les cultes de Hitler, d'une part, de Staline et Mao, Ceaucescu et Kim Il-song, de l'autre, indiquent bien qu'elle doit correspondre à une pente non seulement du nazisme, mais aussi du communisme, ne semble pas consubstantielle à celui-ci, comme le montre sa relative absence pour Lénine et pour Brejnev ou pour les leaders hongrois, polonais ou tchécoslovaques. Quant au rejet du christianisme, ne prend-il pas un sens profondément différent dans les deux mouvements, sans lequel les illusions des chrétiens progressistes, ou de la théologie de la libération, seraient incompréhensibles ?

Reprenons ces questions de manière un peu plus systématique en partant chaque fois des concepts politiques ou de l'expérience historique pour remonter à la dimension privilégiée et éclairée par Furet, celle des passions révolutionnaires ou démocratiques. Nous dirons successivement un mot de la bourgeoisie et de la passion de l'égalité, de la guerre et de la passion de la violence, du totalitarisme et de la passion de l'unité ou de l'exclusion.

Les passions antibourgeoises

Sur la bourgeoisie, la mise en cause par Furet de la haine qu'elle suscite est particulièrement brillante et bien fondée aux deux bouts, pourrait-on dire, de sa démonstration. Au départ, il souligne la haine ou le mépris généraux dont elle était l'objet au XIXe siècle de la part de Marx et de Nietzsche, des aristocrates et des socialistes, des artistes et des intellectuels, et finalement d'elle-même ; à l'arrivée, en quelque sorte, il indique que la démocratie ne peut se passer du capitalisme, que la critique de ce dernier, poussée à ses dernières conséquences, ne peut pas ne pas entraîner celle des libertés individuelles et des institutions démocratiques, que l'importance des classes moyennes, plutôt que la société sans classes, est la structure sociale la plus favorable à la démocratie politique. Les deux constatations sont valables et importantes à condition cependant de nuancer chacune d'elles et surtout de les mettre en rapport pour faire surgir le dilemme que souligne, sans le développer, la dernière page mélancolique du *Passé d'une illusion* et qu'on pourrait résumer par la formule : bourgeoisie (ou capitalisme) indispensable et insupportable.

Les nuances d'abord : le point central, que Furet indique avec encore plus de force que Schumpeter dans *Capitalisme, socialisme et démocratie*[11], et Bell dans *Les Contradictions culturelles du capitalisme*[12], est que la bourgeoisie n'est pas porteuse d'une conception du bien commun, qu'elle est par essence antipolitique, ce qui lui rend difficile de faire accepter une légitimité fondée uniquement sur la réussite matérielle, en particulier par des classes ou des groupes qui, par définition, se réclament d'autres aspirations. Les réflexions de Werner Dannhauser à partir de Rousseau vont dans le même sens[13].

---

11. Joseph Schumpeter, *Capitalisme, socialisme et démocratie*, tr. fr. Gaël Fain, Payot, 1990, IIe partie, p. 89-223.
12. Daniel Bell, *Les Contradictions culturelles du capitalisme*, tr. fr. Marie Martignon, PUF, 1979.
13. « The Problem of the Bourgeois », chap. 2, p. 3-19, *in* Clifford Orwin et Nathan Tarcov (dir.), *The Legacy of Rousseau*, University of Chicago Press, 1996.

Il découle certainement de ces analyses qu'à chaque génération des fils de la bourgeoisie s'en détachent pour aspirer à la distinction aristocratique, ou à la gloire des armes ou des arts, ou retrouver une communauté dans la solidarité avec le prolétariat, et que d'autres, sans rompre les ponts avec leur classe, s'installent dans une attitude de mauvaise conscience ou de dérision. Mais Furet n'a-t-il pas tendance à gonfler ce dernier aspect, par rapport à une bonne conscience bourgeoise, conquérante ou installée, méprisante à l'égard des rêveurs comme des nostalgiques improductifs et prête, au moins au XIXᵉ siècle, à se défendre impitoyablement contre les révolutions plutôt plus que l'aristocratie à la fin du XVIIIᵉ siècle et la nomenklatura communiste à la fin du XXᵉ siècle ?

Surtout, du côté des passions égalitaires qu'elle provoque, ne faut-il pas distinguer une lecture post-totalitaire et prétotalitaire ? Aujourd'hui, la liaison du capitalisme et de la démocratie, voire de la bourgeoisie et de l'égalité, semble évidente sur le plan de la reconstruction (du *Manifeste communiste* à l'*Homo æqualis* de Louis Dumont), mais surtout sur celui du bilan laissé par la tentative de détruire la bourgeoisie en tant que classe ou de se passer de la propriété privée et du marché. Mais avant cette expérience il était légitime, voire inévitable, d'être surtout sensible à l'inégalité des richesses et au caractère antidémocratique du pouvoir de l'argent. Que la revendication absolue de l'égalité mène à l'inégalité absolue, certains comme Tocqueville le savaient déjà ; cela n'empêchait pas l'hostilité à la bourgeoisie de se nourrir d'un sentiment égalitaire authentique fondé sur une exigence de justice et sur la révolte contre les souffrances des démunis.

En outre, la crainte que le règne prosaïque de la bourgeoisie et des intérêts, ou que l'égalité par elle-même mènent au dépérissement de l'héroïsme et de la noblesse, de l'originalité et de la créativité humaines était une préoccupation qui, de Burke à Nietzsche en passant par Tocqueville, a dominé le XIXᵉ siècle et ne peut être réduite à une haine de la bourgeoisie conduisant au totalitarisme. Au contraire, pour Tocqueville, seule la liberté peut opposer d'autres passions à celles de la société bourgeoise où l'« envie de s'enrichir à tout prix, le goût des affaires, l'amour du gain, la recherche du bien-être et des jouissances matérielles sont les passions les plus communes qui arriveront bientôt à énerver et à dégrader la nation entière si rien ne venait les arrêter. Or il est de l'essence même du despotisme de les favoriser et de les étendre ». La liberté seule, au contraire, peut combattre efficacement dans ces sortes de sociétés les vices qui leur sont naturels et les retenir sur la pente où elles glissent. « Elle seule est capable de les arracher au culte de l'argent et aux petits tracas journaliers de leurs affaires particulières pour leur faire apercevoir et sentir à tout moment la patrie au-dessus et à côté d'eux ; seule elle substitue de temps à autre à l'amour du bien-être des passions plus énergiques et plus hautes, fournit à l'ambition des objets plus grands que l'acquisition des richesses et crée la lumière qui permet de voir et de juger les vices et les vertus des hommes[14]. »

Au fond, le diagnostic rétrospectif de Furet est l'inverse du diagnostic prospectif de Tocqueville : les « passions plus énergiques et plus hautes » qui ont fourni, au XXe siècle, des objets plus grands que l'acquisition des richesses, ce furent moins celle de la liberté que, comme l'avait déjà reconnu Halévy, celle de la classe et de la nation et, finalement, celle du totalitarisme. Au contraire, dans la mesure où la liberté a survécu aux guerres et aux révolutions totalitaires, c'est, certes, grâce à quelques individus pénétrés par le génie de la liberté, mais c'est au moins autant grâce à l'amour du bien-être et au triomphe du privé sur le public. Tocqueville avait admirablement, dans son chapitre sur les économistes, dressé le portrait de l'intellectuel totalitaire, décrit les « passions publiques déguisées en philosophie », la religion nouvelle révolutionnaire, appelant un État tout-puissant pour « faire des hommes ce qu'il veut » au nom de la passion de l'égalité[15], mais sa vision classique du despotisme le présentait comme encourageant l'individualisme et les passions matérielles. Il n'avait pas décrit le despotisme

---

14. Alexis de Tocqueville, *L'Ancien Régime et la Révolution*, Avant-propos, in *Œuvres complètes*, Gallimard, 1952, vol. 2, p. 74-75.
15. *Ibid.*, Livre III, chap. 1, p. 196, et chap. 2, p. 212-213.

naissant de la passion de la communauté ou de l'unité, du besoin de combat et de sacrifice. Furet a certainement raison de relever l'hostilité à la bourgeoisie comme un moteur commun, qu'on pourrait rapprocher de l'antisémitisme, de l'antiprotestantisme et de l'anticléricalisme, dénoncés par Leroy-Beaulieu sous le nom de «doctrines de haine[16]». Encore faut-il rechercher la nature de cette hostilité et son envers positif, qui semblent très différents dans le cas du fascisme et du communisme.

Dans le premier cas, on ne peut que donner raison à Emmanuel Terray pour qui la «passion fondamentale du fascisme c'est [...] le sentiment ou le désir d'appartenir à une élite – élite de l'énergie et du courage, élite du sang ou de la race – ainsi que la volonté obstinée de se distinguer du troupeau. Du coup, l'action politique n'obéit plus à des considérations éthiques valables pour tout un chacun, elle relève de critères esthétiques : ce qui importe, c'est d'accomplir des performances "hors du commun". Bref, le fasciste est avant tout un aventurier, et il ne déteste le bourgeois que dans la mesure où celui-ci prétend l'enfermer dans le carcan étouffant d'un ordre social et moral rigide[17]».

Ajoutons que si la haine du juif, si centrale dans le nazisme, va bien au-delà de la dérision ou du mépris que le fasciste voue au bourgeois, c'est précisément que, tout en lui empruntant des éléments évidents liés au rôle de l'argent, elle est d'un autre ordre moral et métaphysique dans sa transfiguration du juif en mal absolu et dans sa volonté de l'éliminer radicalement.

De l'autre côté, Furet mentionne certes le rôle de la compassion et de la solidarité, mais il ne fait pas vraiment la place qu'elles méritent à l'indignation morale et à la pitié pour les «malheureux» comme sources de l'égalitarisme et de la passion antibourgeoise. On peut certes en faire une critique de type nietzschéen et y voir l'expression soit du ressentiment, soit de l'autoflagellation, soit, enfin, d'une volonté inconsciente

---

16. Anatole Leroy-Beaulieu, *Les Doctrines de haine*, Calmann-Lévy, 1902.
17. Emmanuel Terray, «Le passé d'une illusion et l'avenir d'une espérance», *Critique*, n° 588, mai 1996, p. 335.

de supériorité par rapport aux victimes objets de compassion ; on peut surtout, avec Hannah Arendt, souligner que la «pitié, prise comme la source de la vertu, a montré qu'elle possédait une plus grande capacité de cruauté que la cruauté elle-même» et citer, à sa suite, la fameuse apostrophe : «Par pitié, par amour pour l'humanité, soyez inhumains[18] !»

La dynamique des passions peut aboutir à la même inhumanité, les ennemis comme les actions peuvent finir par converger, mais les sources sont plutôt opposées l'une à l'autre. Furet le sait bien, qui définit le fascisme comme une pathologie du particulier et le communisme comme une pathologie de l'universel, et qui remarque que, d'un côté, il s'agit d'une opposition à l'égalité et, de l'autre, d'une opposition à l'inégalité qui se cache derrière la prétendue égalité de la démocratie bourgeoise. Mais il ne développe pas l'idée que la morale et la vision du monde bourgeoises fondées sur le calcul et l'intérêt sont l'objet d'une double critique, l'une d'inspiration romantique ou aristocratique, au nom de la noblesse, de l'héroïsme ou du *thumos*, l'autre, d'inspiration chrétienne, au nom de la compassion et de la solidarité avec les pauvres, bref au nom du sentiment. Que, comme Kolakowski, on souligne que le fascisme est un bâtard du romantisme et le communisme un bâtard des Lumières[19], ou que, comme le père Fessard, on insiste sur l'aspect religieux et on fasse du fascisme une hérésie païenne et du communisme une hérésie chrétienne, de l'un une religion du maître et de l'autre une religion de l'esclave[20], cela ne fait qu'illustrer de façon plus puissante la dialectique des extrêmes et la manière dont la dynamique de la violence excelle à emporter ou à renverser les oppositions entre maîtres et esclaves ou à transformer les victimes en bourreaux. Mais cela devrait permettre d'étendre l'analyse des passions politiques, au-delà de l'opposition tocquevillienne entre égalité et liberté, à l'opposition

---

18. Hannah Arendt, *On Revolution*, Penguin, 1963, chap. 2 : «The Social Question», p. 89.
19. Leszek Kolakowski, «Note conjointe sur le communisme et le nazisme», *Commentaire*, n° 82, été 1998, p. 368.
20. Gaston Fessard, *De l'actualité historique*, Desclée de Brouwer, 1960.

inspirée de Rousseau et de Nietzsche, entre *thumos* et sentiment ou entre volonté de puissance et compassion[21].

Guerre et révolution

Pour un deuxième sujet, la guerre, on est également tenté de donner raison à Furet aux deux bouts de la chaîne, mais de donner raison à certains de ses critiques pour des distinctions intermédiaires indispensables. Il décrit admirablement le rôle de la Première Guerre mondiale, pour la radicalisation et la généralisation des passions collectives, pour la « brusque reprise du jeu révolutionnaire », pour la reprise de la révolution à droite, pour la brutalisation des comportements par les passions simples de la guerre. À l'autre bout, et plus généralement, l'auteur de ces lignes verrait volontiers l'essence du totalitarisme dans la conception de la politique comme guerre recherchant l'anéantissement de l'adversaire (« État total, ennemi total, guerre totale », disait Carl Schmitt[22]) et dans l'abolition des barrières traditionnelles, morales ou sociales à la violence. D'où une dynamique qui, sans avoir été créée par la Grande Guerre ni par la guerre civile, a été, comme le montre Nicolas Werth, grandement favorisée dans le cas soviétique par celles-ci[23].

Mais, entre les deux, on ne peut pas ne pas donner raison à des critiques comme Emmanuel Terray et Marc Lazar[24] lorsqu'ils soulignent que la crise de 1929 a eu un rôle au moins

---

21. On notera que, dans *La Complication* (Fayard, 1999), dont certaines critiques à l'égard de Furet ne me semblent guère justifiées, Claude Lefort accorde, avec raison, à la passion du contrôle absolu, avatar de la volonté de puissance, une place plus centrale parmi les passions totalitaires que *Le Passé d'une illusion*.

22. Carl Schmitt, « Totaler Feind, totaler Krieg, "totaler Staat" » [1937], in *Positionen und Begriffe in Kampf mit Weimar, Genf, Versailles 1923-1939*, Duncker und Humbolt, 1940, p. 235-239.

23. « Un État contre son peuple », in Stéphane Courtois *et al.*, *Le Livre noir du communisme. Crimes, terreur, répression*, Robert Laffont, 1997, p. 49-295 (en particulier la conclusion, p. 289-295).

24. Marc Lazar, « Le communisme en son siècle », *Critique*, n° 588, mars 1996, p. 368.

aussi grand que la guerre de 1914 dans la montée du nazisme, dans l'hostilité au capitalisme et dans la sympathie pour le communisme, et, surtout, que la « guerre, matrice commune, provoque de part et d'autre des passions aussi contraires que la haine et l'amour[25] », puisque, si elle constitue un objet de fascination et de nostalgie pour les fascistes, elle constitue un objet de scandale pour les communistes à qui le pacifisme et l'indignation contre l'acceptation de l'Union sacrée par les sociaux-démocrates fournissent une grande partie de leur capital de sympathie.

À nouveau, souligner cette opposition ne fait que mettre davantage en relief la manière spectaculaire dont, dans le cas communiste, le pacifisme se transforme en son contraire, dont l'opposition à la guerre impérialiste mène à une guerre civile impitoyable, puis à la guerre d'une élite contre son peuple ou contre le fantôme de l'ennemi extérieur. En même temps, elle attire notre attention sur une différence, qui se maintiendra et aura ses conséquences pour le sort final du nazisme et du communisme : la priorité de la guerre extérieure (ou contre un ennemi considéré comme l'étranger absolu, à savoir les juifs) et le maintien du romantisme militaire chez les nazis, la priorité de la menace intérieure et de la terreur, plutôt que de la guerre chez les communistes, ce qui, comme l'a fait remarquer Krzysztof Pomian[26], contribue peut-être à expliquer la plus longue survie de leur régime et sa fin relativement moins sanglante.

Communisme, nazisme, totalitarisme

On voit déjà se dessiner les éléments d'un bilan de la contribution de Furet sur le point central et le plus controversé de son livre, les rapports du communisme et du nazisme, et le problème du totalitarisme. Ici encore, Furet a raison sur l'essentiel. Contrairement à la fois à ce que certains critiques

---

25. Emmanuel Terray, « Le passé d'une illusion… », art. cit., p. 338.
26. Krzysztof Pomian, « Totalitarisme », *Vingtième Siècle*, n° 47, juillet-septembre 1995, p. 22.

lui reprochent et à ce qu'ils pensent eux-mêmes, il tient admirablement les deux bouts de la chaîne, si bien exprimés dans la citation de Carl Friedrich : « Les sociétés totalitaires sont fondamentalement comparables et chacune est historiquement unique : pourquoi elles sont ce qu'elles sont, nous ne le savons pas[27]. » L'une et l'autre posent par leur « absolue radicalité » le « mystère du mal dans la dynamique des idées politiques au XXᵉ siècle[28] ». Mais il ne s'agit pas d'en déduire une « équivalence dans le mal » ni de minimiser le « caractère inouï du crime nazi »[29] ni la différence fondamentale entre la séduction du messianisme communiste qui tient à son universalisme égalitaire, tandis que le fascisme « n'ouvre à la passion révolutionnaire qu'un espace étroit, privé d'horizon messianique[30] ». C'est pourquoi le concept de totalitarisme « désigne au mieux un certain état atteint par les régimes en question (et pas forcément tous) à des périodes différentes de leur évolution. Mais il ne dit rien sur les rapports entre leur nature et les circonstances de leur développement, ni sur ce qu'ils ont pu avoir d'engendrement mutuel et de réciprocité cachée[31] ».

Ce dernier point, c'est une des originalités du *Passé d'une illusion* que de l'avoir mis en lumière en montrant comment le fascisme et le communisme et, encore plus, l'antifascisme et l'anticommunisme s'étaient nourris l'un de l'autre ; mais, là aussi, tout en s'accordant avec Ernst Nolte pour considérer qu'on ne peut les étudier qu'ensemble et mettre leur dialectique au centre du XXᵉ siècle, il refuse judicieusement de le suivre lorsque l'historien allemand tente d'établir un lien causal entre communisme et fascisme et de présenter les crimes du second comme une réponse à ceux du premier.

Le seul reproche – inévitable pour un livre de cette ampleur – que l'on puisse légitimement adresser, à propos du rapport

---

27. François Furet, *Le Passé d'une illusion*, *op. cit.*, p. 502 (citant Carl Friedrich, *Totalitarianism*, Harvard University Press, 1954, p. 60).
28. *Ibid.*, p. 44.
29. *Ibid.*, p. 544.
30. François Furet, *Le Débat*, n° 89, mars-avril 1996, p. 174.
31. François Furet, *Le Passé d'une illusion*, *op. cit.*, p. 194.

entre fascisme (ou, plus précisément, nazisme), et communisme au *Passé d'une illusion*, c'est d'en avoir trop dit ou pas assez. À partir du moment où il débordait du thème central de l'illusion communiste pour esquisser une comparaison des deux totalitarismes et une analyse de leur interaction, il aurait été (et il resterait) intéressant de les pousser plus loin.

Deux idées, notamment, effleurées en passant, mériteraient d'être développées et mises en rapport: il s'agit de l'opposition entre particularisme et universalisme, et de la différence des phases, le nazisme ayant péri au sommet de sa phase aiguë alors que le communisme a connu la déstalinisation.

Premièrement, même si entre particularisme et nationalisme il s'est produit une dialectique, le racisme hitlérien dépassant le cadre national et le bolchevisme stalinien devenant nationaliste[32], il reste que le totalitarisme nazi était à la fois plus radical dans sa conception de l'ennemi total et de la guerre totale, puisqu'il s'agissait bien d'éliminer physiquement tout le peuple juif, et plus concentré ou moins complet, puisque la société allemande et la vie individuelle des citoyens ont été beaucoup moins transformées en profondeur que dans l'empire soviétique. Le totalitarisme soviétique, même s'il envisageait la liquidation des koulaks et de la bourgeoisie et s'il a effectivement causé un plus grand nombre de morts que le nazisme, n'avait pas un programme d'extermination physique et totale de millions d'êtres humains; en revanche, son action était à la fois beaucoup plus complète, plus systématique et plus diffuse, aucun individu n'échappant à l'insécurité de l'arbitraire et aucun domaine de l'activité humaine ne conservant son autonomie.

Il en résulte des conséquences importantes pour les hypothèses rétrospectives que l'on peut faire sur l'évolution des deux régimes et pour les conséquences que l'on peut en tirer quant à leurs dynamiques, voire à leur nature respective.

---

32. Cf. Kenneth Minogue et Beryl Williams, «Ethnic Conflict in the Soviet Union: The Revenge of Particularism», *in* Alexander J. Motyl (ed.), *Thinking Theoretically about Soviet Nationalities*, Columbia University Press, 1992, p. 239.

Les spécialistes du nazisme, en particulier ceux qui sont hostiles, comme Ian Kershaw, à la notion de totalitarisme, insistent sur l'anarchie régnant aux sommets du régime hitlérien et sur l'importance centrale du *Führerprinzip* ; ils en concluent que le régime ne pouvait se stabiliser et était voué à l'effondrement, en dehors même de la défaite militaire. Au contraire, ils insistent avec leurs collègues soviétologues qui partagent la même position, comme Moshe Lewin, sur le fait que le stalinisme n'a été qu'une phase de l'évolution soviétique et qu'il a fait place à la déstalinisation[33]. Il y a certainement une grande part de plausibilité dans leur position. La doctrine de la race élue, en dehors même de son penchant pour la guerre, ne pouvait pas ne pas se mettre à dos des forces puissantes et courir à sa perte. Mais il reste que celle-ci est venue de la défaite militaire, que cette dernière est intervenue en pleine phase paroxystique, et que, sur le plan intérieur, il est abusif de décréter qu'une stabilisation n'aurait pas pu intervenir, dans la direction d'un régime autoritaire, qu'un successeur de Hitler n'aurait pu être un Deng Xiaoping, sinon un Khrouchtchev ou un Gorbatchev. Au contraire, le fait même que la société allemande (sans parler de celle des autres régimes fascistes) ait été beaucoup moins transformée sur le plan économique et social, et que, de toute façon, elle fut bâtie sur une base capitaliste et bourgeoise, aurait rendu une réintégration dans l'environnement capitaliste, une fois le délire fanatique retombé, moins problématique que dans le cas du régime soviétique.

Dans le cas de ce dernier, il reste un problème central : celui de la présence ou de l'absence d'une société civile avant le stalinisme, de sa survie ou de sa disparition sous celui-ci, de sa renaissance et, sous les décombres de celui-ci, éventuellement de sa victoire. Moshe Lewin refuse d'identifier stalinisme et communisme au nom du régime léniniste et de la déstalinisation ; il reproche à Furet l'absence de la société soviétique

---

33. Cf. Ian Kershaw et Moshe Lewin, *Stalinism and Nazism. Dictatorships in Comparison*, Cambridge University Press, 1997.

de son analyse[34], un reproche que Nicolas Werth adresse, parallèlement, à des théoriciens du totalitarisme comme Martin
Malia.

À propos des années soviétiques préstaliniennes, les archives
récemment ouvertes et leur analyse, précisément par Nicolas
Werth, ont fait justice de la séparation radicale entre Lénine
et Staline et ont bien montré de manière incontestable
les tendances totalitaires du premier et sa pratique de la terreur
avant le stalinisme. Le même auteur, pourtant particulièrement attentif à tout ce qui émane de la société, conclut son
bilan en soulignant que, si les tenants rigides du schéma totalitaire ont sous-estimé à la fois la violence sociale diffuse des
premières années, la fragmentation de la société soviétique, les
règlements de comptes anarchiques aux différents niveaux, il
reste, contrairement à l'école révisionniste, que l'initiative de la
terreur et des purges est toujours venue du sommet, de l'idéologie communiste et de Staline lui-même[35].

Reste le problème de la déstalinisation. Peut-être Werth
lui-même majore-t-il excessivement les moindres signes d'une
dynamique retrouvée de la société, en particulier du mouvement
ouvrier, encore qu'il souligne lui-même que celle-ci se manifeste surtout sous une forme passive. Mais il reste que la perte
de confiance des élites dirigeantes dans leur légitimité, que
leur ouverture croissante au capitalisme occidental demandent
à être expliquées. Si les partisans dogmatiques de la notion
de totalitarisme ont du mal à expliquer la déstalinisation, ses
adversaires ont encore plus de mal à expliquer l'échec de celle-
ci et l'effondrement du système. Furet lui-même, qui s'arrête
pour l'essentiel à 1956, ne fournit pas de véritable analyse de
la déstalinisation. Il voit les révolutions de 1989-1991 comme
des restaurations plutôt que comme des révolutions, à la fois
parce que l'initiative (sauf en Pologne) est venue d'en haut et
parce qu'elles ne lui semblent pas apporter d'idées nouvelles.
Il s'agit, pour l'essentiel, d'une victoire de la démocratie libérale

---

34. Moshe Lewin, «Illusion communiste…», art. cit.
35. Nicolas Werth, in *Le Livre noir du communisme, op. cit.*

ou de la société bourgeoise, victoire qui reste dans une large mesure inexpliquée, par lui comme par ses critiques.

La nouvelle utopie

C'est précisément dans la mesure où, pour lui, la démocratie libérale est l'«horizon indépassable de notre temps», où nous n'avons plus d'idée de ce que pourrait être une société postbourgeoise, mais où, par ailleurs, la pente de la démocratie moderne la conduit vers la construction d'utopies et où non seulement la disparition, mais même l'affaiblissement de celles-ci ne sauraient être durables[36], que ses analyses des sociétés capitalistes, post ou non totalitaires, sont si intéressantes, en particulier celles qu'il consacre, dans quelques articles et interviews, aux États-Unis dont il fut un observateur direct et attentif[37]. Loin de se complaire dans un triomphalisme libéral, il observe, avec un mélange d'ironie amusée et de mélancolie inquiète, la naissance d'une nouvelle utopie démocratique avec «un peu de barbarie, comme toutes les utopies[38]» et dont il évoque à la fois les origines justifiées, profondes et émouvantes (à partir du problème de l'esclavage), et la «solidification idéologique» qui «se nourrit des passions politiques intolérantes, avec leur cortège habituel de langue de bois, d'interdits, de conformité imposée par des lobbys militants»[39]. Il s'agit, évidemment, de ce qu'il est convenu d'appeler le *politically correct*, c'est-à-dire l'absoluti-

---

36. Cf. «L'indépassable horizon de la démocratie libérale», *Politique internationale*, n° 72, été 1996, p. 332 (interview avec Frédéric Martel).

37. Il ne faudrait pas oublier non plus les analyses, admirables, de lucidité affectueuse et inquiète, qu'il consacre à Israël. Ce qui le fascine dans l'histoire juive, c'est ce qu'elle a de particulier, et qui seul peut éclairer ce qui la rend universelle. Comme pour les États-Unis, il n'y retrouve pas une bourgeoisie à l'européenne. Mais il craint que le refus d'un Israël bourgeois ne risque de déboucher sur un nationalisme populiste incompatible avec la démocratie. Cf. les textes réunis dans la Vᵉ partie de François Furet, *Un itinéraire intellectuel*, éd. établie et préfacée par Mona Ozouf, Calmann-Lévy, 1999, p. 451-504.

38. François Furet, «L'utopie démocratique à l'américaine», *Le Débat*, n° 69, mars-avril 1992, p. 84.

39. *Ibid.*, p. 81.

sation de la protection des minorités, en particulier les femmes et les Noirs, avec ses conséquences pratiques (la discrimination positive ou *affirmative action*) et ses présupposés philosophiques (le relativisme culturel absolu, la dénonciation de l'héritage des « mâles blancs morts » et de l'Europe).

Un autre aspect, à la fois distinct et lié, est celui de l'« universalisme des droits de l'homme, religion civile de l'époque ». Si la première direction concerne surtout la société américaine, la seconde est au moins aussi présente en Europe occidentale et notamment en France : Furet l'appelle d'ailleurs quelque part un « *politically correct* à la française[40] ».

Il soumet les deux tendances, surtout la première, à une analyse pénétrante qui aboutit à montrer à la fois leurs contradictions et leur source commune. Il voit dans le corps d'idées qui constitue la *political correctness* la « dernière en date des utopies de régénération de l'humanité », et « une version typiquement américaine des passions démocratiques »[41]. La passion antibourgeoise est absente de la société américaine mais non celle de l'égalité, ni la croyance prométhéenne selon laquelle rien n'est naturel, tout est affaire de culture et donc peut être transformé. Ce qui se présente comme un culte de la diversité et de l'individualité traduit de manière plus profonde et tocquevillienne la « tendance à l'uniformité de la démocratie. *Everybody is different* veut en réalité dire *everybody is the same*[42] ».

Furet indique la contradiction qui oppose à l'intérieur de cet universalisme « à l'américaine » le relativisme culturel et l'universalité des droits de l'homme. Il indique également des ponts, comme, d'une part, le contractualisme et la juridisation de tous les rapports humains, et, d'autre part, le « rôle grandissant joué par la compassion sur la scène publique comme passion dominante de la vie démocratique – contrepoint émotionnel de l'universalisme des droits[43] » et le sentiment de culpabilité

40. François Furet, « L'indépassable horizon… », art. cit., p. 334-335.
41. François Furet, « L'utopie démocratique », art. cit., p. 91.
42. François Furet, « L'Amérique de Clinton II », *Le Débat*, n° 94, mars-avril 1997, p. 9.
43. *Ibid.*, p. 7.

et la volonté de rachat sur lesquels elle se fonde[44]. Au fond, c'est au remplacement de la politique par le droit, la morale et une religion implicite qu'il en a.

Mais alors nous retrouvons une dimension essentielle de la problématique de la Révolution française telle qu'elle est magistralement exposée dans le dernier article de Furet[45], et de celle du totalitarisme, telle qu'on la trouve dans *Le Passé d'une illusion* : celle des rapports de la révolution avec l'idée religieuse en général et le christianisme en particulier. Tout part de ce que Furet appelle le «dilemme du libéralisme moderne, selon lequel la vie politique et sociale ne comporte plus aucune croyance commune au corps des citoyens, puisque chacun d'entre eux est maître de ce qui n'est plus que ses "opinions"[46]». Il va jusqu'à parler de ce «déficit spirituel collectif appelé à devenir le sort commun des sociétés modernes[47]». Or «l'esprit de la Révolution ne fait voir que du politique pur et simple, bien que ce politique, par la promesse qu'il offre à toute l'humanité, s'apparente au message évangélique». La France ne retrouve l'«esprit du christianisme qu'à travers la démocratie révolutionnaire». Celle-ci investit le politique de la «tâche proprement infinie de la régénération de l'homme». Cette «promesse universelle de salut terrestre, simplement reportée vers l'avenir» constitue justement le «lien» de la Révolution française «avec le bolchevisme». Mais, plus généralement, on retrouve la notion de «religion séculière» selon la formule d'Aron reprise dans *Le Passé d'une illusion* à propos des totalitarismes modernes.

Mais c'est là que l'absence de Furet nous prive douloureusement des réponses aux questions que l'on aimerait lui poser. Si la bourgeoisie et le libéralisme n'ont pas de conception du bien commun, si le vide spirituel est le lot des sociétés modernes et si, par ailleurs, la projection du salut dans l'avenir terrestre est une illusion meurtrière et dépassée, ne faut-il pas

---

44. François Furet, «L'utopie démocratique», art. cit., p. 81.
45. François Furet, «L'idée française de la Révolution», *Le Débat*, n° 96, septembre-octobre 1997, p. 13-33.
46. *Ibid.*, p. 28.
47. *Ibid.*, p. 30-31.

nuancer considérablement la critique de la recherche d'identité culturelle, celle de la compassion, celle de l'universalisme des droits de l'homme? Si Marx et Nietzsche sont morts, ne faut-il pas revenir à Kant et à Rousseau? Devant le déclin du religieux et du politique, le droit et la morale ne sont-ils pas le garde-fou indispensable à la fois face au jeu des intérêts et à la tentation totalitaire? La pitié, la «répugnance à voir souffrir» ne sont-elles pas, comme l'indique Rousseau, le contrepoids naturel à l'égoisme?

Certes, tout cela ne suffit pas à faire une politique, et Furet a parfaitement raison de ne faire confiance ni au sentiment ni à l'universalisme abstrait livrés à eux-mêmes. Mais il ne donne guère non plus l'impression de croire, comme Tocqueville, que la passion de la liberté, en rendant les hommes responsables d'eux-mêmes et de leurs communautés, peut constituer l'antidote à la fois aux passions égoïstes et mesquines de l'individualisme moderne et au despotisme de l'État. Certes, cette passion de la liberté réservée à quelques-uns, il l'admire chez les adversaires du totalitarisme dont il dresse, dans *Le Passé d'une illusion*, des portraits qui sont des chefs-d'œuvre de sympathie lucide, et il la partage comme le montrent toute son évolution politique et son entreprise intellectuelle. Mais dans son jugement sur les «révolutions» de 1989, qu'il refuse de considérer comme telles, ou sur l'évolution des sociétés post-totalitaires, on voit bien que, pour lui, ce n'est pas seulement dans la Russie de 1996 que la passion de la liberté paraît «de loin moins forte que celles du bien-être et de la nation». Aurait-il avec certains de ses amis milité pour «refonder la République[48]»? Aurait-il considéré avec Havel qu'il est permis d'espérer une réconciliation non totalitaire du spirituel et du politique[49]? Ou se serait-il résigné avec Louis Dumont à l'idée que l'«alternative entre la richesse comme fin et des formes forcées, pathologiques

48. Cf. «Républicains, n'ayons plus peur!», appel d'intellectuels français publié par *Le Monde*, 4 septembre 1998.
49. Václav Havel, *Il est permis d'espérer*, tr. fr. Barbora Faure, Calmann-Lévy, 1997.

de subordination est notre lot[50] » ? Gardons-nous, cependant, de préjuger des options qu'il aurait prises ou des actions qu'il aurait entreprises. Contentons-nous de revenir au rapprochement que nous suggérions en commençant entre *Le Passé d'une illusion* et la préface aux *Principes de la philosophie du droit*. Comme Hegel, Furet considère que sa fonction dans ce livre n'est ni de prophétiser ni de prêcher. Ce qu'il veut montrer, lui aussi, et qu'il montre admirablement, c'est qu'« une forme de la vie » (ou, pourrait-on ajouter à la lumière des horreurs totalitaires du XXᵉ siècle, une forme de la mort) « a vieilli ».

---

50. Louis Dumont, *Homo æqualis*, Gallimard, 1977, p. 134.

Deuxième partie

Y a-t-il encore un ordre international ?

Chapitre 4

Y a-t-il encore un système international ?

En septembre 2013, deux spécialistes familiers à la fois avec la pratique et l'étude des relations internationales prédisaient l'un un nouvel âge westphalien, par la victoire du nationalisme[1], l'autre la « fin de l'État-nation, surprise stratégique du XXIe siècle[2] ».

On peut certes concilier les deux visions, ce que faisait, dès 2010, une autre spécialiste américaine, Wendy Brown, dans *Walled States, Waning Sovereignty*[3]. On devine que Pillar voit dans la décolonisation, la fin de la guerre froide, voire l'échec de l'entreprise impériale américaine sous George W. Bush, l'accomplissement de la chute des empires, alors que Dandurain est sensible aux courants transnationaux et aux forces subnationales qui minent les États de l'intérieur.

Il reste qu'on ne peut guère réagir à leurs thèses respectives que par des « oui mais », des « en un sens », des « peut-être » et des « qui sait » ? Rarement, sans doute, la réalité internationale a été aussi ambiguë et contradictoire, rarement il a été aussi difficile de séparer le structurel du conjoncturel, l'action des « forces profondes » ou des « tendances lourdes »

1. Paul Pillar, « The Age of Nationalism », *The National Interest*, sept.-oct. 2013.
2. Jean-François Daguzan, « La fin de l'État-nation ? Surprise stratégique du XXIe siècle ? », *Diploweb.com*, 10 septembre 2013.
3. Wendy Brown, *Walled States, Warning Sovereignty*, Zone Books, 2010.

de celle des événements fondateurs ou révolutionnaires ou des grandes «illusions lyriques» pour citer *L'Espoir* de Malraux. On tentera d'approcher ces difficultés et ces paradoxes à l'aide de quatre notions : la diversification, le brouillage, la dialectique des contraires et la faiblesse des médiations.

La diversification

La diversification, à l'intérieur du monde qu'il est convenu d'appeler «international», concerne à la fois les dimensions et les domaines, les acteurs et les instruments de leur action, leurs causes et leurs répercussions. La géopolitique classique est fondée sur l'opposition de la terre et de la mer, de l'ours et de la baleine, théorisée en particulier par l'école géopolitique allemande, prolongée par la pensée politique de Carl Schmitt, notamment dans son *Nomos de la terre*[4] et, dans l'autre camp, par l'amiral Mahan et le primat de la mer.

Sont venus s'y ajouter et transformer le rôle de la géopolitique d'abord l'air, et la stratégie aérienne, ensuite l'espace et la géopolitique des fusées et des satellites, enfin le virtuel, les ordinateurs, producteurs d'espionnage et de sabotage. Mais, naturellement, l'effet le plus important de la révolution cybernétique et, plus généralement, des progrès spectaculaires des moyens de communication et de destruction, n'est pas le militaire au sens strict. En permettant à des groupes, voire à des individus, de produire des destructions qui semblaient réservées aux États, ils modifient les rapports de forces ; mais ils favorisent également la transformation de la politique et de l'économie internationales par la multiplication et l'instantanéité des transactions, licites ou illicites, par l'activité des réseaux et des cartels, en organisant la circulation de l'argent ou celle de la drogue, ou encore par l'apparition ou la réapparition de personnages tels que les pirates ou les mercenaires, par la globalisation des activités terroristes et celle de leur poursuite par les forces spéciales ou par les drones.

---

4. Carl Schmitt, *Le Nomos de la terre*, tr. fr. Lilyane Deroche-Gurcel, revue par Peter Haggenmacher, PUF, coll. «Quadrige», 2009.

Non moins importante, en liaison ou non avec ces activités, est la diffusion des idées et des passions par des canaux qui permettent un traitement géopolitique, mais avec chaque dimension immatérielle, la diffusion est de moins en moins fixe et limitée, ce qui permet de nouvelles combinaisons du global et du local. De la guerre en réseaux au rôle accru des opinions publiques, qu'il s'agisse de celles des grandes puissances ou de la «mobilisation politique globale» dont parle Zbigniew Brzezinski, le rôle spécifique de ce que Raymond Aron appelait la «conduite diplomatico-stratégique» est transformé, sinon dépassé, par des courants parfois souterrains mais qui, quelquefois (en des années privilégiées, de 1848 à 2011, en passant par 1968 ou 1981), produisent des ouragans politiques, dont la prévisibilité, la durabilité, les répercussions directes ou indirectes et la signification ultime sont rarement calculables.

Le brouillage

Peut-être la cause principale de cette illisibilité relative consiste-t-elle dans le brouillage des messages non seulement des frontières, mais des logiques et des fonctions qui structurent la société particulière et la société globale. L'intérieur et l'extérieur, le public et le privé, s'entremêlent et s'interpénètrent (sans se confondre vraiment, mais parfois en se paralysant mutuellement, parfois en produisant des effets inattendus et non maîtrisés).

Certes, la richesse, la force et l'influence n'ont jamais été ni totalement indépendantes ou séparées, ni inséparablement liées, mais elles obéissaient à des logiques et des dynamiques distinctes. Les deux grands mécanismes étaient, dans les temps modernes, l'équilibre des puissances pour les relations internationales, politiques et militaires, et le marché pour les relations économiques. Ils avaient leur logique propre, même si, de tout temps, les politiques des États ou les réactions des sociétés y contrevenaient parfois ou les bouleversaient. Mais aujourd'hui le social prend, comme le remarque Bertrand Badie, une dimension directement internationale par les phénomènes d'imitation, de contagion, de solidarité ou de réaction préventive.

Dans les conflits, les dimensions intérieure, locale, régionale et globale s'enchevêtrent de manière d'autant plus difficile à démêler qu'elle est souvent dissymétrique. Ainsi les différentes révolutions du printemps arabe, comme celles de 1848, s'influencent mutuellement mais ont des sorts différents selon les degrés de résistance des gouvernants en place et d'implication extérieure. C'est le cas de la Syrie aujourd'hui, comme de l'Espagne dans les années 1930.

Ensuite, les clivages religieux, ethniques et politiques, se recouvrent ou s'opposent : les rivalités entre l'Arabie saoudite, l'Iran ou la Turquie peuvent se lire en termes d'opposition entre sunnites et chiites ou en termes de rivalité entre puissances pour l'hégémonie régionale. Al-Qaïda se répand en Afrique en s'appuyant sur des rivalités ethniques ou des faillites étatiques qu'elle n'a pas créées.

De plus, deux dimensions ont pris une importance politique nouvelle par rapport aux rivalités sociales et nationales : ce sont l'individu (comme coupable, même s'il est chef d'État, ou comme victime, y compris de son propre gouvernement) et la planète. Mais ni l'un ni surtout l'autre ne sont des acteurs politiques autonomes, la politique est faite par des groupements collectifs. La priorité théorique de l'individu et de la planète est passagère et fragile. Les droits de l'homme n'ont guère occupé le devant de la scène que pendant une décennie : celle des années 1990. Le sort de la planète est objet de discussions et de désaccords plus que d'action collective des États. Mais le fait que ces deux dimensions, individuelle et planétaire, soient reconnues comme légitimes au moins en théorie fragilise encore un peu plus les identités collectives, attaquées de l'intérieur comme de l'extérieur.

La dialectique des contraires

La réponse au brouillage des frontières, à la vitesse des transformations, à la complexité des sociétés, à la combinaison d'hétérogénéité d'une part, et d'interpénétration et d'interdépendance des sociétés d'autre part, provoque la tentation du retour à une simplicité, à une fixité, à une homo-généité anciennes ou fantasmées. L'affrontement des nomades et des sédentaires se reproduit sous des formes nouvelles. La glo-balisation qui permet l'afflux de messages en temps réel et facilite les déplacements menace les sédentaires par la cacopho-nie de ces messages ou, au contraire, par leur standardisation négatrice de la pluralité des communautés, et par les vagues successives ou simultanées des différents types de nomades : les profiteurs de la globalisation, cosmopolites par métier ou par vocation, les fanatiques religieux, en particulier islamistes et fon-damentalistes protestants qui, surtout les premiers, s'efforcent d'étendre leur empire en combinant leur action avec celle des minorités ethniques locales, enfin les nomades malgré eux, chassés par la guerre, la faim ou la persécution, et qui se voient rejetés par les sédentaires aux yeux desquels ils représentent une menace, particulièrement en temps de crise, pour l'emploi, la sécurité et l'identité des autochtones. Si, pour Hannah Arendt, le personnage le plus symbolique du XXe siècle était l'apatride, celui du XXIe siècle est le « réfugié sur orbite », chassé de sa terre mais refusé partout ailleurs et que, faute de coordination et de solidarité, les États développés se renvoient quand ils ne les laissent pas se noyer en pleine mer.

La fragilité, la faiblesse ou la déliquescence de bien des États font que les guerres interétatiques sont plus rares, mais que la violence intérieure, faite d'une combinaison de vols à main armée, de rivalités entre gangs, d'attentats terroristes ou de conflits religieux, tend à augmenter. La solidarité et l'inter-vention pour protéger ou secourir des populations lointaines ou s'opposer à des atteintes criminelles, voire génocidaires, aux droits de l'homme diminuent. Il y a à la fois une globalisation de la violence et de l'insécurité à l'intérieur des sociétés et, selon la belle formule du pape François, une « mondialisation de l'in-différence » à l'égard des souffrances et des injustices lointaines ou qui frappent des catégories sociales, ethniques ou religieuses proches ou intérieures mais considérées comme des corps étrangers plutôt que comme des concitoyens présents ou futurs. Le résultat de cette dialectique est le caractère contradictoire des frontières, plutôt stables par rapport à d'autres époques mais dont la nature se transforme sans cesse, les barrières surmontées par la communication tendant à être recréées par des murs ou par des frontières économiques, sociales, culturelles ou psychologiques entre sociétés comme à l'intérieur de chacune d'elles.

La crise des médiations

Peut-être à la fois la clé et la conséquence de cette dialectique de l'ouvert et du clos qui ne fait que s'aggraver est-elle la crise des médiations, c'est-à-dire, avant tout, la crise du politique. La tâche du politique n'est-elle pas de gérer les contradictions ou de les surmonter, en conciliant la liberté et la sécurité de chacun avec la coexistence de tous, les inégalités fonctionnelles et l'égalité des droits, y compris économiques, sociaux, culturels ou religieux, de permettre à tous de s'exprimer mais de décider ensemble en vue du bien commun ? Cette fonction est assurée, à l'intérieur des États, par les autorités représentatives ou judiciaires. Entre les États et, à plus forte raison, à l'égard des forces et des réseaux transnationaux, cette même fonction n'a pas de véritable équivalent. Les États sont en crise, mais les organisations internationales comme l'Union européenne et l'ONU le sont encore plus. Les gouvernements sont pris entre la contrainte des marchés ou des créditeurs et les revendications ou les protestations de leurs propres citoyens. La complexité des problèmes et le choc des contraintes laissent peu de place à des programmes cohérents et lisibles, ce qui menace à chaque instant de laisser face à face une technocratie à bout de recettes et de discours et un populisme qui ne propose que des solutions mythiques et pour qui la dénonciation et l'exclusion tiennent lieu de politique. Sur le plan international, le pouvoir des grands États sur les petits ou les moins développés a autant décru par rapport au concert européen du XIXᵉ siècle, à la période coloniale ou à la guerre froide, que celui des États sur les sociétés. Mais la « république de républiques » dont rêvent les internationalistes est loin d'exister ou d'être en voie de réalisation. Les organisations internationales, en particulier celles qui remplissent des fonctions spécifiques dans des domaines précis, ont une action souvent efficace, mais la « gouvernance mondiale » n'existe que de manière partielle et balbutiante, et la notion de « communauté internationale » est une imposture. Il existe des communautés nationales, subnationales ou transnationales, il existe une société interétatique qui s'accorde plus ou moins sur certaines règles de fonctionnement, et les débuts d'une société civile internationale qui s'efforce d'influencer le jeu des États. On salue aussi les débuts d'institutions pénales internationales mais qui dépendent des États pour faire exécuter leurs décisions et sont parfois (pas toujours à tort) accusées de manquer non seulement de puissance mais d'impartialité.

En matière de sécurité, le Conseil de sécurité des Nations unies, par le pouvoir de veto de ses membres permanents, ressemble plus à un concert des grandes puissances qu'à un arbitre impartial capable de médiation constructive. Le sort de la Syrie, voire celui de la Palestine, est là pour le montrer. Des propositions comme la limitation du droit de veto des membres permanents aux questions qui les concernent directement (H. Védrine) ou sa levée pour les massacres de masse (L. Fabius) vont dans le bon sens mais ne font pas de cet organe une instance juridique, définissant la légalité internationale. L'aventure de la « responsabilité de protéger », aussi louable et bien intentionnée soit-elle, a montré ses limites par la manière dont elle a été appliquée en Libye et ignorée en Syrie.

Nous revenons aux incertitudes évoquées au début de cet article. Nul ne sait si la polarisation intérieure de la politique américaine et le blocage de ses institutions accéléreront le déclin relatif des États-Unis, ou si leur faculté d'innovation et leur future indépendance énergétique, grâce au gaz de schiste, leur redonneront des ailes, si la croissance de la Chine connaîtra ses limites par sa crise sociale intérieure ou si elle cherchera une issue par le nationalisme, si la Syrie survivra à sa catastrophe politique et humanitaire et si elle entraînera ses voisins dans le grand affrontement des sunnites et des chiites, si l'Inde saura utiliser son immense potentiel de manière plus égalitaire et plus efficace, si le Pakistan vaincra ses démons intérieurs et ses tentatives d'aventure extérieure, si le visage de la Russie sera celui d'un État défenseur du droit international ou celui d'un État en crise cherchant à redevenir une grande puissance militaire, menaçant ses voisins pour les empêcher de s'associer à l'Union européenne et réprimant sa propre société, si, *last but not least,* l'Union européenne, dont la vocation est justement la médiation entre ses membres et la cohérence face au reste du monde, ne sera pas paralysée par les rivalités nationales ou submergée par la concurrence mondiale, si l'Afrique sera le nouveau champion de l'expansion économique ou le principal théâtre des conflits ethniques et religieux et des guerres civiles prolongées comme au Congo.

Tout ce que l'on peut dire, c'est que nous n'allons ni vers un gouvernement mondial et un désarmement général, ni vers un retour à deux blocs dirigés par deux superpuissances, ni vers un système multipolaire entre puissances comparables où l'on pourra répéter avec Bismarck : «La politique internationale est très simple, dans un système à cinq puissances, il faut être parmi les trois plutôt que parmi les deux.» Ce qu'on est en droit d'espérer, en revanche, c'est que les forces démocratiques retrouvent une imagination, une solidarité et une énergie pour s'atteler ensemble à la grande tâche d'enrayer la dégradation physique, sociale et morale qui menace l'humanité.

Chapitre 5

Feu (sur) l'ordre international ?

La quête d'un ordre international

Quelqu'un demandait à Gandhi ce qu'il pensait de la civilisation occidentale : « Ce serait une bonne idée », répondit-il.

On serait tenté de réagir de manière similaire à la question posée sur l'ordre international. Certes l'ordre a régné pendant des siècles sur de vastes étendues impériales : la *pax romana*, les empires orientaux fondant leur légitimité sur le « mandat du ciel » mais non exempts de guerres et de révolutions, l'histoire chinoise conceptualisée par Toynbee en termes d'alternance entre « empire universel » et « royaumes batailleurs » sont présents dans tous les manuels. L'émergence des États-nations, surtout en Europe, amène un autre type d'ordre, celui de l'équilibre des puissances, à l'intérieur duquel la plus forte ou la plus ambitieuse était soupçonnée, comme la France de Louis XIV et, avec plus de justification, celle de Napoléon Ier, de prétendre à la « monarchie universelle ».

Le XIXe siècle européen présente un autre modèle, celui du concert européen, où de grandes puissances se concertent pour maintenir l'équilibre entre elles et régler les conflits des États plus faibles et des colonies, éventuellement en se partageant celles-ci ou en divisant ceux-là. L'idée que l'équilibre des puissances à lui seul n'assure pas l'ordre et la paix, que ceux-ci doivent être fondés à la fois sur une transformation des sociétés et de leur culture, par le « doux commerce » ou la société industrielle remplaçant l'ordre militaire, et, d'autre part, par des institutions juridiques évitant l'escalade de conflits et de la violence, fait son chemin.

Ô République universelle
Tu n'es encore que l'étincelle
Demain tu seras le soleil!
s'écrie Victor Hugo.

Cependant, après un siècle relativement pacifique (malgré les guerres de l'unité allemande et italienne, la guerre franco-allemande de 1870, la guerre de Crimée), la contestation des empires par les aspirations nationales et les ambitions des puissances montantes et les réactions des empires fragilisés amènent la guerre de 1914-1918. Celle-ci, à la fois par la «surprise technique» (Raymond Aron) sur le plan militaire et par la montée des idéologies révolutionnaires nationales et communistes détruit les éléments fondamentaux de l'ordre européen. Les guerres coloniales, la crise économique de 1929, la lutte triangulaire entre nazisme, communisme et libéralisme amènent une ère de rivalités violentes qui, malgré l'institution de la Société des Nations, fait régner l'imprévisibilité et la force plutôt que l'ordre et la conciliation par le droit prévus par le programme de Briand: «arbitrage, sécurité, désarmement».

Le résultat – la Seconde Guerre mondiale – combine les horreurs de la guerre et celles des massacres totalitaires. Mais son issue – l'élimination du nazisme et la prédominance des États-Unis en grande partie préservés des désastres européens – conduit à un monde divisé en trois: à l'ouest, où un ordre international pacifique et prospère est institué, en particulier par un ensemble institutionnel d'inspiration anglo-américaine (les accords de Bretton Woods, plan Marshall), la guerre est devenue inconcevable dans une aire correspondante. L'Europe de l'Est, y compris une partie de l'Europe centrale, est sous la coupe de l'hégémonie soviétique avec son idéologie imposée, ses procès et ses prisons. Une autre institution également promue à l'initiative des États-Unis se veut universelle, elle est destinée

à instaurer un ordre international par une version de l'organisation internationale plus efficace que la SDN : c'est l'ONU. Mais
les pouvoirs dévolus au Conseil de sécurité, et le droit de veto
à ses 5 membres permanents, en font un organe politique insti-
tutionnalisant un concert des grandes puissances aussitôt bloqué
par l'opposition Est-Ouest plus qu'une république des États.
Celle-ci, représentée par l'Assemblée générale, a joué cependant
un rôle symbolique important par l'accession des États nouvellement indépendants. Le système international est transformé par
l'ascension de grandes puissances asiatiques (la Chine, l'Inde et,
d'une autre manière, le Japon) et de nouveaux conflits, comme
la guerre de Corée.

Plus généralement, les tensions internationales s'ordonnent
sur deux axes, Est-Ouest et Nord-Sud, distincts mais parfois
convergents, en particulier en Asie et en Amérique latine.
L'axe Est-Ouest est dominé non seulement par l'opposition
des régimes politiques, mais aussi par la course aux armements
nucléaires et par un effort commun pour éviter que celle-ci
n'amène la catastrophe ultime. Il en résulte un dialogue sans
précédent entre les États-Unis et l'Union soviétique, entrecoupé
de crises, mais aboutissant à des négociations de limitation et
de maîtrise des armements et au traité de non-prolifération.
Ce dialogue et ces accords favorisés par la « nouvelle pensée »
de Gorbatchev et par l'accueil favorable des dirigeants occidentaux aboutissent à un progrès de la détente, lui aussi entrecoupé
de crises mais institutionnalisé avant Gorbatchev même par
la Conférence sur la sécurité et la coopération en Europe et les
accords d'Helsinki.

Cette nouvelle période libère, par l'ouverture à l'Occident
et les réformes de Gorbatchev, des forces sociales et nationales qui aboutissent à la dissolution du régime et de l'empire
soviétiques.

Nouvel espoir, nouvelles déceptions

Il semble alors que l'heure d'un « nouvel ordre international »
soit enfin arrivée. George H. Bush et François Mitterrand

la saluent chacun de son côté. L'ONU semble reprendre ses droits, le Conseil de sécurité se débloquer, la démocratie libérale se répandre au point que Francis Fukuyama annonce la fin de l'histoire. (Au même moment, cependant, Samuel Huntington annonce le choc des civilisations.)

L'entrée dans un nouveau millénaire leur donne à la fois raison et tort à l'un et à l'autre : la mondialisation est bien la réalité dominante, comme Fukuyama l'avait prédit, mais loin de sceller la victoire du capitalisme et de la démocratie, elle inaugure une crise et une contestation fondamentales de l'un et de l'autre. Les conflits identitaires occupent bien, comme Huntington le soulignait, une place de plus en plus centrale, mais ils n'opposent pas plusieurs civilisations compactes caractérisées par leurs religions respectives, qui se combattent ou s'allient, comme, selon lui, le confucianisme et l'islam, mais aussi, souvent, des versions d'une même religion, comme les sunnites et les chiites, ou des ethnies et, surtout, des nations. Si les États nationaux sont en crise, sous les coups de la mondialisation, de l'immigration et, parfois, du régionalisme, les nationalismes (négligés par les deux auteurs) n'en redeviennent que plus virulents, en se chargeant tantôt de xénophobie défensive, tantôt d'ambition impériale et parfois, comme en Russie, des deux à la fois.

Depuis les deux événements cruciaux de 2001 (l'attentat de Wall Street) et de 2007 (l'éclatement de la crise économique mondiale), la combinaison des différentes formes d'interaction, d'interdépendance et d'interpénétration entre des acteurs, des sociétés et des dimensions hétérogènes et antagonistes rend impossible toute analyse exclusivement interétatique. Raymond Aron distinguait les systèmes homogènes (les États reconnaissant réciproquement leur légitimité) et les systèmes hétérogènes, (où certains États se réclament d'une légitimité incompatible avec celle des autres). Aujourd'hui où l'hétérogénéité est bien plus grande, car elle touche la nature même des acteurs, leur caractère étatique ou non étatique, national, subnational ou transnational, leur culture fanatique, guerrière, ou, au contraire, tournée vers l'«individualisme possessif» ou la recherche du bien-être, les distinctions classiques entre grandes et petites puissances, entre public et privé, intérieur et extérieur, civil et militaire, ne disparaissent pas mais sont de plus en plus brouillées.

Le théoricien américain Arnold Wolfers distinguait dans chaque système international la « relation de tension majeure ». Aujourd'hui, il y a une pléthore de relations de tension, tantôt complémentaires, tantôt contradictoires. Les conflits connaissent de plus en plus un enchevêtrement des dimensions locale, régionale et globale. Des phénomènes de fragmentation et simultanément de contagion rendent inapplicables la paix par l'empire, et la paix par la loi. La paix par l'équilibre est compromise par le fait qu'il s'agit le plus souvent d'un équilibre global fait de déséquilibres soumis chacun à une dynamique propre, ce qui rend bien difficiles les partages ou les accords globaux. Le concert des puissances est bloqué par leur antagonisme ou la divergence de leurs intérêts. Un problème comme celui des armes nucléaires ne peut être résolu ni par leur abolition, ni par la généralisation de leur possession, ni par la perpétuation d'une opposition entre les possesseurs de ces armes qui veulent les interdire aux autres et ces derniers qui refusent que les premiers s'érigent à la fois en procureurs, en juges et en policiers pour conserver leur monopole. La situation est d'autant plus compliquée et l'évolution d'autant plus imprévisible qu'elles dépendent de l'évolution intérieure des pays et de celle des conflits régionaux, en particulier pour une région comme le Moyen-Orient, sans exclure, à long terme, la possibilité d'acteurs non étatiques accédant à l'arme nucléaire ou mêmes, servant, par exemple au Pakistan.

Avant de décrire plus concrètement le tableau actuel du désordre international, il nous faut indiquer les évolutions et révolutions politiques, sociales, culturelles, économiques et techniques qui sont à sa source.

La fin de la guerre froide et celle de la décolonisation ont mis un terme à certains conflits, mais en ont ranimé ou provoqué d'autres en créant, en particulier en Afrique, des États fragiles sujets aux conflits ethniques, aux coups d'État militaires, aux guerres civiles prolongées, voire aux génocides. La fragilité et les divisions internes de ces quasi-États, d'une part, l'essor d'un capitalisme non régulé, la mondialisation vécue comme une agression par les cultures non occidentales, provoquent des réactions fondamentalistes ou traditionalistes souvent mêlées de ressentiment et d'aspirations à la revanche et au retour d'une grandeur passée. D'autre part, la même mondialisation modernisatrice, tout en arrachant une proportion importante de la population des pays sous-développés ou en voie de développement à la pauvreté, en rejette une autre dans la marginalisation, voire dans la famine, et, inversement, crée de nouvelles classes moyennes diplômées, attirées par l'Occident et ses principes, qui, alternativement ou successivement, se révoltent pacifiquement contre les gouvernements despotiques, corrompus et (ou) intolérants, ou choisissent l'émigration à la recherche du travail et de la liberté. Elles suscitent, dans les métropoles occidentales, fermeture et rejet.

Autre catégorie mobile : les bandes, mafias et milices diverses qui combinent, dans des proportions variables, trafics, piraterie et terrorisme fanatiques.

Autre combinaison : les richesses des pays rentiers, notamment pétroliers, et les opérations d'un capitalisme sans règles, et le phénomène mondial de la corruption et de la violence qui lui est souvent liée.

Les révolutions techniques

Tous ces phénomènes sont sinon créés, du moins rendus possibles et amplifiés dans leurs conséquences par une double révolution : celle des moyens de communication et celle des moyens de destruction. La première est d'abord celle des images et des messages, de la télévision, du téléphone portable et, surtout, de la cybernétique. Les transactions financières en temps réel comme les communications entre terroristes aux deux bouts du monde sont considérablement facilitées. Les secrets d'État sont plus difficiles à protéger, les mouvements sociaux et politiques plus faciles à organiser et plus difficiles à éviter.

Certes, l'espionnage entre États et la contagion entre révolutions ont toujours existé, mais ils deviennent une dimension permanente et structurante du monde actuel.

L'évolution spectaculaire des moyens de destruction (réservons le terme de révolution proprement dite pour les armes nucléaires et les éventuels robots autodirigés qui sont en préparation) se combine remarquablement avec celle des moyens de communication. Cela apparaît en particulier pour les interventions des États occidentaux en terrain postcolonial.

Quel que soit leur objectif, humanitaire ou antiterroriste, ou lutte contre la prolifération des armes de destruction massive, ou simplement des motifs classiques politiques ou économiques, elles deviennent de plus en plus difficiles, pour une double raison : l'adversaire est plus organisé et équipé qu'au temps des guerres coloniales ; s'il ne dispose pas (encore) d'armes de destruction massive, il dispose de moyens de communication et de propagande modernes, et d'armes qui ne sont pas au-dessus de ses moyens, tels les voitures piégées et les fameux IED (*improvised explosive devices*). Surtout, l'attentat suicide (ou la «bombe humaine») est devenu une arme nouvelle et particulièrement efficace des terroristes.

Mais peut-être la nouveauté la plus importante concerne-t-elle le rapport des corps expéditionnaires et de l'opinion publique dans leur métropole.

Aujourd'hui, il est impossible de séparer les actions militaires lointaines d'un État démocratique occidental et sa vie politique intérieure. Les États-Unis n'avaient pas perdu militairement au Vietnam, mais ils durent s'avouer vaincus parce que le Congrès américain refusa de continuer à financer les opérations et cela parce que la population américaine ne supportait plus de voir ses fils se faire tuer dans une guerre dont on ne voyait pas la fin. Les États-Unis décidèrent de supprimer la conscription, décision prise parallèlement par tous les pays occidentaux. Du coup les effectifs nécessaires pour rendre plausibles des efforts pour pacifier et démocratiser une nation lointaine, voire pour y bâtir un État, n'étaient plus au rendez-vous.

Après avoir suivi George W. Bush dans l'aventure irakienne par réaction psychologique à l'attentat du 11 Septembre, le peuple américain s'est progressivement fatigué de ces guerres lointaines et sans issue. Il rejoignait ainsi, plus largement, l'évolution prédominante des pays européens, encore que, parmi ceux-ci, l'Angleterre et surtout la France continuent à ne pas exclure *a priori* l'envoi (du moins provisoire) de forces d'intervention dans des pays, notamment africains, en proie à des massacres ou à des guerres civiles.

Mais la réponse prédominante, en particulier aux États-Unis, à la difficulté des « *boots on the ground* » est la *guerre furtive à distance*. La stratégie actuelle des États-Unis repose sur la combinaison air-mer au détriment de l'armée de terre. Surtout, si la guerre classique est celle du risque partagé, même si chacun des combattants essaie de le réduire pour lui-même et de l'augmenter pour l'adversaire, on assiste aujourd'hui à un duel entre le kamikaze qui court au-devant d'une mort certaine et l'opérateur du drone qui ne court, dans l'immédiat, aucun risque.

Une autre version, plus importante encore, dans l'ordre de ce que Dominique Mongin a appelé les « armes de désorganisation massive » ou « armes de guerre en terres de paix », est la cyber-guerre. Les États-Unis viennent d'assigner la Chine en justice pour vol cybernétique : il semble que Pékin poursuive une guerre commerciale permanente en pénétrant les ordinateurs étrangers et se soit approprié les plans des futurs avions de combat américains. De son côté, la NSA (National Security Agency) des États-Unis espionne le monde entier, y compris les dirigeants de ses alliés, et il y a fort à parier qu'elle n'est pas en reste dans la pénétration des réseaux chinois. Les États-Unis ont en tout cas infecté des centrales nucléaires iraniennes à l'aide du virus Stuxnet qui a, du même coup, contaminé un certain nombre d'ordinateurs occidentaux. On vient d'apprendre que les Iraniens ripostaient depuis trois ans en infectant des ordinateurs américains. La Russie (ou des groupes nationalistes inspirés par elle) a bloqué pendant plusieurs jours tout le système informatique de l'Estonie pour la punir d'avoir déplacé un monument à la gloire de l'Armée rouge libératrice.

Bref, une guerre de l'ombre, préventive et permanente, se déroule en temps de paix, une paix qui n'est qu'une continuation de la guerre par des moyens à la fois plus discrets et plus précis.

Cela n'exclut pas l'escalade vers des moyens plus indiscriminés et plus brutaux. Paradoxalement, l'une des exceptions à la guerre furtive et discriminante est celle que mène Bachar el-Assad contre son peuple à l'aide d'avions, de chars et d'armes chimiques visant de préférence les hôpitaux, les écoles et les marchés avec l'aide de l'Iran et de la Russie, tandis que les États-Unis et l'Europe fournissent en réponse, avec parcimonie et hésitation, quelques « armes non létales » à la résistance démocratique et que des sources saoudiennes et quatari arment les djihadistes porteurs de bombes.

Crises nationales et désordre international : replis, répressions, ressentiments, revanches

L'évolution que nous avons esquissée vers un état de guerre furtive et hybride, mais pouvant parfois déclencher une vraie escalade de la violence, est à l'intersection des évolutions et révolutions objectives globales que nous avons mentionnées et des transformations politiques, sociales, culturelles et idéologiques, parfois convergentes, parfois divergentes, à l'intérieur des différents États.

Pendant l'après-guerre froide et jusqu'à une date récente, si la Russie et la Chine n'hésitèrent pas à intervenir brutalement contre les velléités d'indépendance des terres qu'elles avaient annexées, c'est l'Occident, et en particulier les États-Unis, qui avait la spécialité des interventions lointaines mais sans mandat des Nations unies, dans le cadre de l'Otan, de l'Union européenne, ou d'une « coalition de volontaires ». C'est en Occident que naquit l'idée, adoptée par quatre secrétaires généraux des Nations unies, que la souveraineté et la non-immixtion dans les affaires intérieures des États ne pouvaient constituer un blanc-seing pour les atteintes aux droits de l'homme, et les notions de droit d'ingérence et de « responsabilité de protéger ».

Cette dernière, stipulant que les États avaient la responsabilité de protéger leurs citoyens, y compris les minorités, mais que, lorsque c'étaient leurs gouvernements eux-mêmes qui violaient leurs droits, la communauté internationale devait intervenir et pouvait, en dernier recours, user de la force pour arrêter des génocides, des crimes contre l'humanité et des crimes de guerre. La difficulté est dans la notion de « communauté internationale » dont la traduction opérationnelle est le Conseil de sécurité. Or le veto de la Russie et de la Chine a toujours empêché l'application de la responsabilité de protéger le cas criant de la Syrie, sauf une abstention, vite regrettée, dans le cas de la Libye, avec d'autant plus de fondement que les lendemains de l'intervention se révèlent décourageants.

L'autre point important est que, si l'intervention en Libye avait l'appui, d'ailleurs hésitant, de la Ligue arabe, les États du Sud sont fort peu enthousiastes de la « responsabilité de protéger » : ils voient dans l'« interventionnisme libéral » un avatar du colonialisme et sont plein de méfiance envers les initiatives occidentales dans cette direction.

Il y avait donc une asymétrie entre l'Ouest, surtout américain, interventionniste, et le « reste », plutôt souverainiste, sauf pour des rivalités régionales ou confessionnelles comme dans le cas de l'Arabie saoudite par rapport à l'Iran.

Retour au XXe siècle ?

Cette asymétrie est en train de se modifier considérablement sous l'effet de plusieurs évolutions contradictoires.

L'appétit des États-Unis pour l'intervention au sol, qu'elle soit humanitaire, destinée à mettre fin à une oppression ou à une guerre civile, à entreprendre de bâtir un État, voire une nation (*state building* et *nation building*) dans des pays lointains, a non seulement décru mais est à l'opposé de l'*hubris* impériale (ou du wilsonisme botté) des années George W. Bush. Pour la première fois depuis que les sondages de Pew Research existent, 54 % des Américains considèrent que les États-Unis devraient s'occuper de leurs problèmes intérieurs, économiques et sociaux, et laisser le reste du monde à son sort ; 61 % considèrent que les États-Unis ne devraient pas se mêler du problème de l'Ukraine.

La principale raison de ce tournant est, bien sûr, le sentiment d'échec des longues interventions militaires au Vietnam, en Irak et en Afghanistan, et le sentiment que le seul véritable ennemi est le terrorisme. Le président Obama partage au fond ce sentiment, de manière plus nuancée. Il considère que sa mission première est d'extirper les États-Unis des aventures militaires passées, que son principal exploit en matière de conflits est d'avoir décapité Al-Qaïda. Il envoie des soldats des forces spéciales, troisième composante, avec les drones et la cybernétique, de la « guerre en temps de paix » combattre Boko Haram au Nigeria, mais il voit les rapports entre grandes puissances essentiellement en termes économiques et ne veut à aucun prix courir le risque de l'engrenage ou du *mission creep* inhérent à l'intervention au sol.

Surtout, les États-Unis sont, comme certains pays européens, en proie à une crise de confiance fondamentale qui, dans leur cas, concerne les rapports entre le Président, le Congrès et leurs électeurs. Un peu partout, en Occident, le vrai problème est le manque de communication entre dirigeants et dirigés, compliqué, aux États-Unis, par le rôle du Congrès, notamment pour le problème de la paix au Moyen-Orient, et par le rôle de l'argent. Comme un peu partout, il y a crise du politique, écartelé, d'une part, entre les contraintes internationales, parmi lesquelles celle de l'interdépendance économique est au premier rang, et le rôle des forces qui profitent de la mondialisation, et, d'autre part, une réaction populiste de catégories qui se sentent négligées et accusent pêle-mêle les institutions internationales (l'ONU dans le cas américain, Bruxelles dans le cas européen), et surtout les immigrants, d'être à la source de leurs maux.

La fonction de médiation, qui est celle de la classe politique, est absente sur le plan national comme sur le plan international. En son absence, l'opposition entre élites gouvernantes et populistes, et celle entre globalistes et particularistes ou entre nomades (du capitalisme international aux réfugiés en quête de travail, de sécurité ou de liberté) et sédentaires, qui se sentent assiégés, l'emportent sur les idéologies et les partis traditionnels.

Les États-Unis ont, traditionnellement, connu une alternance entre phases d'introversion (ou d'isolationnisme) et phases d'extraversion (ou d'activisme international ou impérial). Ils étaient dans une phase de relative introversion postvietnamienne lorsque le 11 Septembre, en leur faisant prendre conscience de leur vulnérabilité, a suscité un mouvement de réaffirmation de leur puissance et de volonté d'en découdre.

Il n'est pas exclu qu'un autre attentat ou une autre menace directe suscite une nouvelle réaction de ce type, vu certains aspects du caractère et de la tradition américains. C'est moins probable en Europe, d'abord, parce que celle-ci n'existe pas comme acteur militaire ou de politique extérieure en dehors du domaine économique, ensuite, parce que ses différents pays membres sont divisés non seulement à l'intérieur mais entre eux, sont pris à la gorge par la crise économique, et n'ont ni les ressources ni la disponibilité d'esprit pour s'engager en faveur de l'ordre international.

Même les deux pays qui ont montré, notamment lors de l'intervention en Libye, qu'ils pouvaient s'engager militairement à l'extérieur diminuent de manière considérable leur budget militaire. C'est le cas de tous les pays occidentaux, y compris dans une moindre mesure celui des États-Unis.

Certes, les élections européennes récentes ont montré la montée de partis d'extrême droite, d'orientation nationaliste. Mais leur nationalisme vise, dans la plupart des cas, l'Union européenne ou l'Allemagne, les États-Unis ou la « Troïka » qui décide du sort des pays endettés, et surtout les immigrés de plus en plus nombreux et des minorités comme les Roms.

Mais le grand changement structurel vient d'ailleurs. La Russie et la Chine, qui se présentaient comme les Gardiens du temple de la souveraineté et de l'intangibilité des frontières, sont entrées en conflit avec leurs voisins respectifs et ont entrepris des actions unilatérales pour s'approprier les territoires contestés. La Russie a organisé un référendum truqué en Crimée pour annexer cette province, en dépit des accords d'Helsinki et du mémorandum de Budapest par lequel, en compagnie des États-Unis, elle garantissait spécifiquement

l'intégrité des frontières avec l'Ukraine. Elle a émis des prétentions sur ce que M. Poutine, reprenant une vieille appellation
du temps des tsars, la « Nouvelle Russie » (sud de l'Ukraine) et
tente d'organiser la sécession de l'Ukraine de l'Est, à la fois par
une propagande d'une violence et d'une intensité sans précédent et par une intervention hybride : encouragement de milices
locales à la révolte, envoi de forces spéciales (Spetsnaz) mas-
quées ou déguisées, interventions suivies d'un bataillon dirigé
par des Russes et composé en partie de Tchétchènes censés être
des volontaires, enfin menace implicite d'occupation militaire.
Ses mouvements de troupes constituent également des menaces
implicites mais directes pour d'autres anciens membres de
l'URSS : la Moldavie, les États baltes, la Géorgie.

La Chine affirme son droit de contrôle aérien sur la mer
de Chine et vise explicitement une Asie sans présence américaine, elle a eu plusieurs incidents avec le Japon à propos
des îles disputées entre les deux pays, et des heurts militaires avec
le Vietnam. Celui-ci (ironie suprême !) appelle les États-Unis
à l'aide, ce que font également, de manière moins surprenante,
le Japon et les Philippines.

Tandis que les pays occidentaux réduisent leur budget militaire, la Russie et la Chine augmentent rapidement les leurs
(celui de la Russie a augmenté de 108 % en dix ans, et ses forces
militaires sont infiniment mieux organisées que lors de la guerre
de Géorgie). En Chine, aussi, l'armée joue un rôle croissant
et le style de politique étrangère remplace la volonté de rassurer
(l'« ascension silencieuse » chère à Deng Xiaoping) par des pro-
vocations et des manifestations de force.

En face, si le Premier ministre japonais, M. Abe, pratique lui
aussi la provocation et annonce un effort militaire, les États-
Unis et l'Union européenne, tout en dénonçant les actions
déstabilisatrices de la Russie et de la Chine, tiennent à continuer à les traiter en partenaires avec lesquels on doit finir par
trouver un accord. M. Poutine, lui, notamment dans son discours du 18 mars 2014 devant la Douma, rend responsables
les pays occidentaux de tous ses maux, les accuse d'avoir voulu
encercler et diviser la Russie depuis le XVIII⁰ siècle, d'avoir

divisé la Yougoslavie pour mieux en manipuler les fragments, d'avoir organisé les révolutions de couleur, etc., et reproche aux bolcheviks d'avoir toléré une Ukraine indépendante. Il se pose en héritier de tout le passé, tsariste et soviétique à la fois, et en rassembleur de tous les russophones.

Barack Obama l'accuse d'avoir recours aux méthodes du XIX⁰ siècle (conquête de territoires par la force) alors que, lui, Obama, répond par les méthodes du XXI⁰, à savoir l'économie. En réalité, il s'agit d'un double retour au XX⁰ siècle, qui refuse de mourir : une reconstitution de deux camps comme au temps de la guerre froide : les deux grands pays ex-communistes, alliés face aux États-Unis et à leurs partenaires, européens et asiatiques, de ceux-ci, et, plus généralement, face aux démocraties libérales. Mais, plus encore, il s'agit d'un retour à l'entre-deux-guerres. Comme l'Allemagne jadis pour les germanophones, la Russie de Poutine cherche à rassembler tous les russophones en un seul empire. Comme l'Allemagne dans les années 1930, elle cherche une revanche : l'une, c'était par rapport à sa défaite dans la Première Guerre mondiale ; pour la Russie aujourd'hui, c'est par rapport à sa défaite dans la guerre froide. Comme l'Allemagne jadis, elle procède à force de faits accomplis inattendus et entrecoupés de promesses de paix.

La Chine, aussi, a une revanche à prendre sur les humiliations du passé. Elle aussi a une ambition mondiale mais, au minimum, demande à dominer son voisinage, en excluant les États-Unis du continent asiatique. Comparaison n'est pas raison. La grande différence à la fois avec la guerre froide et avec l'entre-deux-guerres tient à l'interdépendance économique et aux intérêts communs qu'elle suscite. Mais, ici encore, une dialectique perverse s'instaure. L'interdépendance interdit la rupture complète et l'isolement autarcique. Mais, d'autre part, cette interdépendance entraîne une vulnérabilité qui peut être utilisée dans le cas de sanctions économiques. La richesse de la Russie dépend beaucoup de ses ventes de gaz et de pétrole, et de capitaux étrangers ou autochtones qui risquent de fuir ou d'être bloqués. Mais elle reprend l'avantage, du moins dans l'immédiat, car elle est un acteur unique, comme Horace devant les Curiaces, à la fois par son régime autocratique et par l'adhésion, du moins pour l'instant, d'un peuple russe lui aussi avide de revanche. En face, les États-Unis et l'Europe sont divisés entre eux et, à l'intérieur, entre les gouvernements et une partie de l'opinion comprenant les milieux économiques et les nouveaux amis de Poutine, la droite du nationalisme autoritaire et isolationniste. Enfin, d'autres conflits (Israël-pays arabes, chiites contre sunnites, éventuellement Inde-Pakistan) rendent très improbable un accord général, même si les deux camps actuels ne sont pas éternels, la Russie sachant bien que s'appuyer sur la Chine risque de la rendre prisonnière d'un partenaire plus puissant et dynamique au-delà des rêves passéistes.

La troisième guerre mondiale reste aussi improbable, pour reprendre la vieille formule de Raymond Aron, que la vraie paix reste impossible. Mais la période actuelle est, en un sens, plus dangereuse que la guerre froide d'antan, car celle-ci connaissait des frontières et des règles bien établies, alors que les actions et les rêves de Poutine et de quelques autres, et les différentes crises intérieures et globales accroissent la part d'imprévisibilité. Une prévision, cependant, est sans beaucoup de risques : un véritable ordre international n'est pas en vue[1].

---

1. Certaines des idées de cet article se retrouvent également dans le chapitre 4 du présent ouvrage et dans « Remarques sur quelques concepts », *Revue Défense nationale*, n° 771, juin 2014.

Chapitre 6

Autour de la guerre juste :
dilemmes et paradoxes moraux,
juridiques et politiques

La question du conflit violent et celle du partage équitable se posent inévitablement dès qu'apparaît la pluralité humaine, fût-elle réduite à celle de Caïn et d'Abel. Dès qu'il s'agit d'une communauté organisée, cette question se pose de manière différente entre les membres de cette communauté et par rapport aux autres. La question de la justice apparaît comme concernant l'organisation de la hiérarchie, celle de l'autorité ou du commandement, et celle du partage des biens. La définition de la guerre repose sur la distinction entre violence individuelle ou collective, spontanée ou organisée, unilatérale ou réciproque.

Quelle guerre juste ?

Ce qui est plus problématique encore, et moins universellement évident, c'est la réunion des termes de «guerre» et de «justice». Aux deux extrêmes de la discussion et de la pratique, ce rapprochement apparaît comme vide de sens ou blasphématoire. Pour les pacifistes intégraux, la guerre, quelle qu'elle soit, est contraire à la morale et au droit, elle ne saurait être juste ; la Raison pratique, selon Kant, déclare impérativement qu'il «ne doit pas y avoir de guerre», et les auteurs qui essaient d'établir un droit de la guerre sont de « misérables consolateurs »[1]. Pour Nietzsche, au contraire, toute guerre est juste puisqu'une « bonne guerre justifie n'importe quelle cause[2] ». Pour Nietzsche aussi, sous un autre angle, et pour toutes les doctrines, idéologies, et cultures guerrières, c'est dans le combat et la domination que s'exprime la grandeur humaine, et seule la morale des esclaves s'emploie à lui donner mauvaise conscience pour la neutraliser. Machiavel, comme plus tard Carl Schmitt, n'est pas loin de ce primat du combat et de la puissance comme définissant l'essence de la politique mais, au minimum, il déclare : « La force est juste quand elle est nécessaire. » Mais nécessaire à quoi ? Quand Caton finit tous ses discours par la phrase : « Par ailleurs je pense que Carthage doit être détruite », est-ce au nom d'une essence malfaisante de Carthage, de la prévention d'une guerre que celle-ci est censée vouloir infliger à Rome, d'un droit supérieur de Rome dû à ses institutions, ou simplement de sa volonté de puissance déguisée en recherche de sécurité, ce qu'on a appelé un « impérialisme défensif[3] » ?

Bref, la légitimité de la guerre, à supposer qu'elle existe, repose-t-elle sur la justice, ou, au contraire, la recherche de celle-ci entre-t-elle en contradiction avec celle de la paix ? Pour Pascal, la « justice est ce qui est établi[4] », car si l'on décidait que c'est le plus sage et le plus vertueux qui gouverne, les hommes se battraient pour décider lequel méritait ce titre, d'où la « guerre civile qui », comme pour Hobbes, est le plus grand des maux : « Il faut que le peuple obéisse aux lois parce qu'il les croit justes, mais en réalité il faut leur obéir parce qu'elles sont lois[5]. » « Ne pouvant faire que ce qui est juste soit fort on a fait que

---

1. Emmanuel Kant, *Vers la paix perpétuelle* (1795), tr. fr. Jean-François Poirier et Françoise Proust, Flammarion, coll. « GF », 1991, 2ᵉ section, 2ᵉ article définitif en vue de la paix perpétuelle, p. 89-93.
2. Friedrich Nietzsche, *Ainsi parlait Zarathoustra*, in *Œuvres*, Robert Laffont, coll. « Bouquins », 1993, vol. 2, p. 319.
3. Hugo Castignani, « L'impérialisme défensif existe-t-il ? Sur la théorie romaine de la guerre juste et sa postérité », *Raisons politiques*, n° 45, février 2012.
4. Blaise Pascal, *Pensées (1657-1662)*, Léon Brunschvicg (éd.), *op. cit.*, section V, p. 294.
5. *Ibid.*, p. 326.

ce qui est fort soit juste », c'est-à-dire passe pour juste[6]. Pour Rousseau, au contraire, le « plus fort n'est jamais assez fort pour être toujours le maître, s'il ne transforme la force en droit et l'obéissance en devoir[7] ». La question est évidemment de savoir s'il s'agit d'une transformation réelle qui, dès lors, rendrait l'autorité et la conquête légitimes, donc l'obéissance obligatoire ou si, comme pour Pascal, il ne s'agit que d'un mythe destiné à assurer l'ordre et la paix. C'est toute la question du droit, positif ou naturel, destiné à maintenir une situation dictée par la puissance, ou à la modifier au nom de la justice ou au nom de la volonté populaire et de l'évolution des mœurs.

On retrouve les mêmes désaccords pour la définition et la nature de la guerre : pour Hobbes, l'état de nature est un état de guerre de tous contre tous, provoqué par la rareté, la vanité ou le désir de reconnaissance, et engendrant le dilemme de la sécurité ou de l'attaque préventive.

Pour Rousseau, au contraire, l'état de guerre « n'existe pas d'homme à homme mais d'État à État[8] » : la conquête est toujours le fait des ambitions dominatrices des princes, mais les petites communautés, ou unions de communautés, incapables d'attaquer quiconque, doivent toujours être prêtes à combattre pour défendre leur liberté et leur identité.

Inversement, pour Hobbes, comme l'homme entre en société (acceptant ainsi d'aliéner sa liberté) pour éviter la mort violente, il y a deux cas où la société elle-même l'envoie à la mort (la guerre et la peine de mort), et dans ces deux cas la fuite n'est pas honorable, mais elle n'est pas injuste. Or, pour Hobbes, l'honneur est la source de la guerre et la peur celle de la paix, donc de la justice.

On voit la complexité des rapports entre morale, droit et politique, qui se retrouvent dans les différentes conceptions ou négations de la guerre juste. Mais, comme nous le verrons,

---

6. *Ibid.*, p. 298.
7. Jean-Jacques Rousseau, *Du contrat social* (1762), Flammarion, coll. « GF », 1992, Livre I, chap. 3, « Du droit du plus fort », p. 32.
8. *Ibid.*, Livre I, chap. 4, p. 35.

la complexité et l'ambiguïté concernent non seulement les rapports entre ces dimensions, mais aussi les rapports entre les différentes conceptions de ces dernières elles-mêmes.

Droit, morale et politique

Dans le premier appendice de son projet de paix perpétuelle, Kant déclare qu'il ne saurait y avoir de conflit entre la politique et la morale, l'une étant l'application pratique du droit et l'autre son fondement théorique. Mais il ajoute aussitôt que, dans le cas contraire, la morale devrait se plier à la politique et perdrait donc tout sens. Le moraliste politique est banni, le politique moraliste est admis, mais dans la mesure où sa politique, en cas de doute ou de conflit, s'inclinera devant la morale[9].

On peut en conclure, comme l'auteur de ces lignes l'a fait jadis, que la philosophie de Kant est une philosophie politique sans politique (ou, plus précisément, une philosophie juridique fondée sur une philosophie morale et confortée par une philosophie de l'histoire), ou qu'elle s'appuie sur une règle universelle et formelle juridique dans sa forme et morale dans son fondement, mais qui ne laisse de place propre ni à la communauté ni à l'action politique. Elle les concerne, mais au nom d'une légitimité supérieure. Une autre conception est possible, celle que Leo Strauss, dans *Droit naturel et histoire*, attribue à Aristote, pour laquelle il n'y a pas de loi universelle, mais une hiérarchie des fins. La fin la plus morale prévaut dans les cas normaux, alors que, dans les cas extrêmes, il arrive que la hiérarchie des fins soit provisoirement bouleversée, l'urgence prenant le dessus sur celle-ci. C'est alors la marque du véritable homme d'État que de revenir le plus rapidement possible au cas normal à la hiérarchie des fins, alors que, de Machiavel à Carl Schmitt, le prétendu réaliste s'oriente avant tout sur le cas exceptionnel

---

9. Emmanuel Kant, *Vers la paix perpétuelle*, *op. cit.*, Appendice I : «De la discordance entre la morale et la politique eu égard au dessein de la paix perpétuelle», p. 110-123.

et l'idéaliste sur la loi générale qui, à l'entendre, ne souffrirait pas d'exception[10].

La guerre juste, dans sa première acception, énoncée par Augustin et Thomas, se fonde évidemment sur la morale – une morale de l'assistance à la victime et de punition de l'agresseur – et est fondée sur une intention droite, mais elle obéit à des conditions institutionnelles — de nature juridique, comme l'autorité légitime, et politique, comme la proportionnalité et la discrimination. Contrairement à la maxime : « Que justice soit faite, dût le ciel s'écrouler », elle prévoit que les chances de succès doivent être raisonnables. De plus, elle s'adresse clairement à une certaine classe de sujets (en particulier chrétiens) et non aux autres (par exemple à ceux qui combattent les brigands et les pirates).

La deuxième conception, celle du droit public européen postérieur à Grotius, ne fait pratiquement aucune place à la morale pour ce qui est des intentions et des objectifs de la guerre ; le critère de la justice est plutôt celui de la légitimité des gouvernements : elle peut être juste du point de vue des deux adversaires, s'ils reconnaissent réciproquement leur légitimité. Elle rend possibles des règles de limitation de la guerre, réciproques et négociées, entre États reconnus, mais elle ne connaît pas de règles ou de limites dans la lutte contre les peuples non civilisés.

Certaines versions se dégagent, du moins entre grandes puissances, des négociations pour la paix et le désarmement. Mais l'assaut conjugué de la technique (en particulier celle des bombardements aériens) et des idéologies (en particulier totalitaires) a fait table rase des limitations et des accords humanitaires, en particulier de la protection des civils. Aussi l'idée d'abolition de la guerre elle-même, et donc la disqualification de l'idée de guerre juste, a-t-elle semblé l'emporter. La Charte de l'ONU introduit l'idée que l'emploi légitime de la force est réservé au Conseil de sécurité plutôt qu'aux États, sauf quand ceux-ci sont

---

10. Leo Strauss, *Droit naturel et histoire* [1953], tr. fr. Monique Nathan et Éric de Dampierre, Flammarion, coll. « Champs », 1986, chapitre 4 : « Le droit naturel classique », p. 115-151.

en état de légitime défense, et cela seulement en attendant que ce Conseil se soit réuni. L'Église catholique aussi a infléchi son langage de la guerre juste à la guerre défensive.

Il faut noter cependant que la Convention contre le génocide (1948) introduisait une exception de taille, en exigeant l'intervention des États contre celui d'entre eux qui exercerait sa violence meurtrière contre un certain groupe, y compris à l'intérieur de ses frontières.

Progressivement, d'autres exceptions se sont fait jour, encore que le terme même de « guerre juste » ne soit pas le plus employé. Ce furent d'abord les guerres de libération nationale des peuples colonisés et les guerres de « solidarité socialiste » de la « doctrine Brejnev ». Ce furent, d'autre part, les stratèges civils de l'administration Kennedy, annonçant que les progrès de la précision et du contrôle permettaient de ressusciter les critères du *jus in bello*, ciblant exclusivement les objectifs militaires, en protégeant les populations civiles et en proportionnant l'action guerrière à la dimension des attaques et des enjeux. D'où une discussion entre écoles stratégiques et, dans une certaine mesure, entre Américains et Français, qui portait à la fois sur l'efficacité dissuasive et sur la légitimité morale respective de la dissuasion anticités et de la dissuasion antiforces, les tenants de la seconde accusant les premiers d'envisager le massacre des civils, les premiers rétorquant qu'en espérant rendre la guerre moins meurtrière et plus rationnelle, on pouvait être davantage tenté d'y avoir recours.

Mais le principal retour de la guerre juste avait trois formes : tout d'abord « celle de l'intervention humanitaire et du droit d'ingérence », ensuite celle du djihad, de la guerre sainte et du terrorisme, enfin celle de la guerre contre la terreur et pour la démocratie.

La première, qui avait des antécédents historiques, sous le nom d'« intervention d'humanité » et de protection des minorités religieuses menacées, était formulée par les fondateurs de Médecins sans frontières, se réclamant de l'assistance aux victimes (celles de la guerre ou des massacres aussi bien que celles de la maladie ou de la famine) par-delà les frontières et les États.

Elle était fondée sur une «morale de l'extrême urgence», formulée par Bernard Kouchner et André Glucksmann et traduite en termes juridiques (droits d'accès aux victimes, corridors humanitaires) par Mario Bettati, qui l'avait fait avaliser en partie par l'ONU, notamment par des résolutions en faveur des corridors humanitaires adoptées par le Conseil de sécurité.

Mais l'inspiration de la doctrine restait incontestablement avant tout morale, d'où l'accusation soit d'angélisme, soit d'hypocrisie, et en tout cas d'imprécision juridique et politique. Une autre formule, avalisée par Kofi Annan comme secrétaire général des Nations unies, et adoptée par l'Assemblée générale, est celle de la «responsabilité de protéger». Elle part d'une notion juridique, celle de la souveraineté comme responsabilité, le dogme de la «non-ingérence dans les affaires intérieures» ne suffisant plus à empêcher que les atteintes graves aux droits de l'homme ne suscitent légitimement des réactions internationales. La résolution précise la base juridique de ces réactions: le devoir de tout État étant de protéger la sécurité de ses citoyens, y compris celle des minorités placées sous sa juridiction, la communauté internationale est fondée à intervenir lorsqu'il n'assume pas cette protection ou, à plus forte raison, quand il met gravement en danger cette sécurité par le nettoyage ethnique, le crime contre l'humanité ou le génocide. Mais cette intervention doit d'abord être pacifique, sous forme de remontrances, de conseils et d'efforts de persuasion et d'éducation, l'emploi de la force n'étant envisagé qu'en dernier recours.

Toutes ces précisions rendent la formule beaucoup plus acceptable juridiquement que le «droit d'ingérence», mais se heurtent à une grande faiblesse: celle de l'imprécision du concept de «communauté internationale», et du postulat selon lequel celle-ci serait un acteur ou un juge unique et cohérent, alors que les désaccords provoqués par l'interprétation extensive qu'en ont donnée la France et la Grande-Bretagne en Libye, et l'impossibilité d'y avoir recours pour la Syrie (pourtant le cas était beaucoup plus clair que celui de la Libye) par suite des veto russe et chinois, en marquent les limites. Les figures (nouvelles ou récurrentes) qui dominent la scène sont plutôt, depuis le 11 septembre 2001, celle du terrorisme globalisé à laquelle se mêle et se combine dans des proportions variables le djihadisme (ou guerre sainte islamique), visant à la fois à rétablir le califat, à se venger des croisades et à répondre à une immense conspiration occidentale contre l'islam qui irait de celle-ci aux interventions en Irak, en Afghanistan, au Mali, en passant par la colonisation et la création d'Israël. Réciproquement, la « guerre contre la terreur » proclamée par George Bush à la suite du 11 Septembre a servi à justifier non seulement la lutte contre Al-Qaïda et l'invasion de l'Afghanistan, mais aussi celle de l'Irak, et s'est muée en guerre contre les « États-voyous », pour la démocratie et pour la construction de nations (*nation building*).

Si le droit n'était la préoccupation principale ni de la politique américaine ni de ses adversaires terroristes, la conviction d'incarner le bien et d'avoir la mission – religieuse ou quasi religieuse – d'éliminer le mal se mêlait inextricablement à une volonté politique de domination.

Essayons pourtant de démêler quelque peu ces nœuds inextricables, en nous attachant séparément aux conceptions et aux rôles respectifs du droit, de la morale et de la politique dans les conceptions de la guerre juste.

Quel droit ?

Il paraît nécessaire, surtout actuellement, de distinguer le droit comme tel des institutions qui prétendent l'incarner ou le proclamer. Les institutions avaient un rôle fondamental dans la conception romaine de la guerre, mais on ne peut y voir le fondement de la pratique de Rome ni pour le *jus ad bellum* ni pour le *jus in bello*. Elles servaient de fondement à la légitimité de ses entreprises et à l'incorporation des vaincus finissant par aller jusqu'à la citoyenneté pour tous (édit de Caracalla).

Dans le système du droit public européen, tel qu'il est conceptualisé par Vattel et Pufendorf, et interprété rétrospectivement par Carl Schmitt, ce qui domine c'est un droit interétatique fondé sur la négociation et la réciprocité entre États reconnus mutuellement comme légitimes. La guerre peut être dite « juste » du côté des deux adversaires, du moment qu'elle est déclarée et conclue selon les règles. Le *jus ad bellum* disparaît, et avec lui les considérations morales. D'autre part, il n'y a pas d'universalité du droit public, les esclaves ou les peuples colonisés n'étant pas des sujets de droit. Le concert européen du XIXe siècle s'efforce d'introduire un ordre plus coopératif, mais il s'agit d'un concert des grandes puissances, disposant du sort des petites ou se partageant les colonies.

L'ordre international actuel a gardé quelque chose de cette dimension hiérarchique, en même temps qu'il a fait un pas vers l'universalisation juridique. La SDN et l'ONU sont des organisations universelles, mais il est difficile de leur reconnaître, comme on le fait couramment, une véritable compétence pour définir le droit.

La justice internationale (tribunaux spécialisés portant sur la Yougoslavie et le Rwanda, Cour pénale internationale), malgré ses limites (financement par le Conseil de sécurité, absence d'instruments de contrainte propre, non-adhésion des puissances les plus importantes, doutes semés par le fait que la plupart des inculpés serbes sont condamnés et la plupart des inculpés croates et bosniaques acquittés par le TPIY, ou que tous les condamnés par le TPIR soient africains), n'en a pas moins une légitimité certaine, et une relative efficacité. On ne peut pas en dire autant du Conseil de sécurité, qui s'apparente plus au concert européen du XIXe siècle par le rôle des grandes puissances et le blocage par le droit de veto des membres permanents, illustrés par l'attitude des États-Unis sur Israël, et de la Russie et de la Chine sur la Syrie.

L'existence du Conseil de sécurité a des avantages incontestables, pour freiner les tentations d'action unilatérale des grandes puissances, et pour le règlement de conflits qui ne touchent pas directement aux intérêts de l'un des membres permanents. Mais il est faux de lui attribuer une autorité juridique ou morale permettant de déterminer si une guerre est juste ou non.

Le juriste américain Michael Glennon a proposé que la Charte des Nations unies soit déclarée comme tombée en désuétude, terme technique pour une loi qui n'est jamais appliquée[11]. Il se fonde sur le fait qu'aucun État n'a en réalité abandonné son privilège de recours à la force, et que presque tous l'ont exercé une fois ou l'autre au lieu de s'en remettre au Conseil de sécurité. La majorité des juristes, tout en reconnaissant le fait, refusent la conclusion qu'en tire Glennon. Ils considèrent que l'existence, voire la fréquence, des meurtres n'invalide pas pour autant la loi qui les interdit. Glennon rétorque que le cas est différent lorsque les violateurs de lois, unanimes, sont précisément ceux qui en sont les auteurs. Le seul moyen de lui répondre est de lui renvoyer la balle en arguant qu'il a tort de se placer sur le plan juridique, que l'interdiction du recours à la force est avant tout morale et que le Conseil de sécurité est une institution importante, mais politique plutôt que juridique.

Quelle morale ?

Il est clair que la dimension essentielle de la notion de « guerre juste » est d'ordre moral. Des guerres peuvent être justifiées par l'impératif de la survie, une guerre juste est celle qui cherche à aboutir à une paix moralement juste, par des moyens moralement justes. En même temps, il suffit d'énoncer cette définition pour être obligé de reconnaître qu'aucune guerre n'est parfaitement juste, que dans ses buts il est légitime qu'un État cherche à défendre ou à promouvoir ses intérêts en même temps que ceux de l'humanité ou des victimes de l'injustice, et que, puisque toute guerre comporte la menace et, le plus souvent, la réalité de la violence, elle ne peut pas éviter totalement de faire des victimes innocentes. Il y a des guerres contre l'inhumanité, il n'y a pas de guerres humanitaires.

Celui qui s'engage et donc engage ses concitoyens et leurs adversaires dans une guerre, même défensive, sait que les meilleures intentions ne lui éviteront pas totalement le risque de mentir ou de tuer, donc de commettre des actions immorales.

---

11. Cf. sa contribution *in* Gilles Andréani et Pierre Hassner (dir.), *Justifier la guerre ? De l'humanitaire au contre-terrorisme*, Presses de Sciences Po, 2013 (2ᵉ éd.).

À moins que les principes et les impératifs de la morale ne soient suspendus ou ne changent de nature quand l'action est commise au nom d'une entité collective comme la patrie ?

C'est là que la question se pose : la morale collective est-elle différente de la morale individuelle ? La morale individuelle se pose la question de la fin et des moyens. La morale collective doit, en outre, se poser la question de l'identité du sujet moral (est-il une addition d'individus ou une entité abstraite, l'État ou le peuple, représentée par ses dirigeants ?) et celle du cadre institutionnel et social dans lequel elle s'insère.

Il faut penser ici au « noble mensonge » de *La République* de Platon[12], selon lequel il faut enseigner aux enfants qu'ils sont nés de la terre de leur cité, qui est donc leur véritable mère, et que par conséquent ils sont fondamentalement différents de ceux des autres cités, tout cela pour leur permettre de ne pas hésiter à défendre leur mère-cité contre les autres, et éventuellement à mourir pour elle. L'idée est que tous les hommes sont frères aux yeux des philosophes, mais que la politique exige un élément de mythe particulariste.

La question posée a au moins deux aspects : d'une part, les préceptes de la morale individuelle, comme, d'ailleurs, l'instinct de conservation, doivent-ils être abolis ou surmontés au service de concepts, d'idéaux ou d'entités transcendantes comme Dieu, la Patrie ou la Révolution ? D'autre part, nos devoirs moraux, notre respect, notre solidarité ou notre compassion s'adressent-ils à tous les êtres humains, voire vivants, ou varient-ils selon nos liens particuliers de famille, de genre, de race, de communauté, de nation, de classe ou de civilisation avec certains d'entre eux ?

Là encore, Montesquieu et Rousseau s'opposent plus qu'ils ne se rapprochent, malgré le caractère variable des déclarations de ce dernier. Montesquieu proclame : « Si je savais une chose utile à ma famille et préjudiciable à une autre, je ne la proposerais pas à mon prince parce que je suis homme avant d'être

---

12. Cf. Luc Brisson (dir.), *Platon : Œuvres complètes*, Flammarion, 2011, p. 1543-1544 (*La République*, II, 382), p. 1549-1550 (*La République*, III, 389).

français, parce que je suis nécessairement homme et ne suis français que par hasard[13]. » Plus précisément encore :

Si je savais quelque chose qui me fût utile, et qui fut préjudiciable à ma famille, je la rejetterais de mon esprit. Si je savais quelque chose utile à ma famille, et qui ne le fût pas à ma patrie, je chercherais à l'oublier. Si je savais quelque chose utile à ma patrie et qui fût préjudiciable à l'Europe, ou bien qui fût utile à l'Europe et préjudiciable au genre humain, je la regarderais comme un crime[14].

Rousseau, au contraire, déclare au Livre I de l'*Émile* :

Toute société partielle, quand elle est étroite et bien unie, s'aliène de la grande. Tout patriote est dur aux étrangers, ils ne sont qu'hommes, ils ne sont rien à ses yeux. Cet inconvénient est indéniable, mais il est faible. L'essentiel est d'être bon aux gens avec lesquels on vit. Au-dehors, le Spartiate était avare, ambitieux, inique, mais le désintéressement, l'équité, la concorde régnaient dans ses murs. Défiez-vous de ces cosmopolites qui vont chercher au loin dans leurs livres des devoirs qu'ils dédaignent de remplir autour d'eux. Tel philosophe aime les Tartares pour être dispensé d'aimer ses voisins[15].

Il est vrai qu'ailleurs, dans le même ouvrage, il déclare : « Pour empêcher la pitié de dégénérer en faiblesse, il faut donc la généraliser et l'étendre sur tout le genre humain [...] et l'amour du genre humain n'est autre chose en nous que l'amour de la justice[16]. »

La clé de cette apparente contradiction est sans doute dans *Le Discours sur l'inégalité*, selon lequel

l'établissement d'une seule société rendit indispensable celui de toutes les autres ; celles-ci se multipliant et s'étendant rapidement couvrirent

---

13. Montesquieu, « Mes Pensées », in *Œuvres complètes*, Gallimard, coll. « Bibliothèque de la Pléiade », vol. 1, p. 980.
14. *Ibid.*, p. 981.
15. Jean-Jacques Rousseau, *Émile ou de l'éducation* [1762], Gallimard, coll. « Folio essais », 1969, Livre I, p. 84-85.
16. *Ibid.*, Livre IV, p. 384.

bientôt toute la surface de la terre[…]. Le Droit Civil étant ainsi devenu la règle commune des citoyens, la Loi de Nature n'eut donc plus lieu qu'entre diverses sociétés où, sous le nom de Droit des Gens, elle fut tempérée par quelques conventions tacites pour rendre le commerce possible et suppléer à la commisération naturelle, qui, perdant de société à société presque toute la force qu'elle avait d'homme à homme, ne réside plus que dans quelques grandes âmes cosmopolites, qui franchissent les barrières imaginaires qui séparent les peuples, et qui, à l'exemple de l'être souverain qui les a créés, embrassent tout le genre humain dans leur bienveillance[17].

On retrouve ainsi la distinction, voire l'opposition, entre l'homme et le citoyen, celui-ci, comme dans le « noble mensonge » de Platon, ne pouvant s'accomplir qu'en cultivant la différence de sa cité par rapport aux autres et en réservant sa sympathie à ses concitoyens.

Peut-être le traitement le plus approfondi des rapports entre morale et politique sous l'angle du particularisme et de l'universalisme se trouve-t-il dans un livre récent de Michel Meyer, bâti autour de la notion de « distance[18] ». Il souligne que notre pitié naturelle aussi bien que le respect moral dépendent de la distance établie entre nous-mêmes, notre corps et les êtres avec lesquels nous entrons en relation.

Il distingue les trois grands types de morale sous le nom d'Ethos, de Logos et de Pathos. La morale de l'*ethos* correspondait à celle de Platon et d'Aristote, et concerne avant tout notre perfection et notre hiérarchie intérieure, au niveau de l'individu ou à celui de la communauté. La relation à autrui n'est que dérivée du degré auquel elle vient influencer, positivement ou négativement, cet *ethos*. La morale du *logos* correspond à celle de Kant, c'est-à-dire à l'universalisation par une loi formelle commune à tous les sujets moraux, à savoir à toutes les personnes rationnelles. La morale du *pathos*, enfin, est celle des sentiments et des passions, allant de la sympathie et de la pitié à l'indignation ou

---

17. Jean-Jacques Rousseau, *Discours sur l'origine de l'inégalité parmi les hommes* [1754], in *Œuvres complètes*, Bernard Gagnebin et Marcel Raymond (dir.), Gallimard, coll. « Bibliothèque de la Pléiade », 1959-1995, vol. 3, 2ᵉ partie, p. 178.
18. Cf. Michel Meyer, *Principia Moralia*, Fayard, 2013.

au ressentiment. C'est elle dont la nature et l'intensité dépendent de la distance perçue ou absolue entre son sujet et son objet.

En prolongeant librement la pensée de Meyer, qui ne traite pas de la « guerre juste », on pourrait dire que, pour la première conception, celle-ci n'est concevable que comme défense d'un *ethos* menacé, à moins d'être l'expression d'un *ethos* guerrier. Pour la deuxième, il ne peut y avoir de « guerre juste » (encore que Kant lui-même, dont toute la philosophie mène à la proclamation : « Il ne doit pas y avoir de guerre ! », semble avoir défendu les guerres de la Révolution et, dans le paragraphe 60 de sa « Doctrine du droit », avoir admis l'emploi de la force contre un État « ennemi de l'humanité », c'est-à-dire dont les maximes rendraient impossible le passage à la paix[19]). La troisième, enfin, est la source principale des « guerres justes », inspirées par la compassion ou la solidarité envers les victimes, et l'indignation ou la colère envers leurs persécuteurs.

Quelle politique ?

Et la politique, dans tout cela ? Elle se situe inévitablement à la fois au début et à la fin. Loin de n'être que l'application de la morale et du droit, comme le voulait Kant, elle est l'art du compromis, l'organisation de la coexistence entre la liberté et les intérêts des individus, des groupes et des nations et de l'humanité elle-même (ce que Kant reconnaît lui-même quand il dit, dans *Le Projet de paix perpétuelle*, que cette coexistence pourrait être organisée même pour un peuple de démons, pourvu que la république soit bien organisée[20]). Lorsque cette conciliation éclate, lorsque les compromis sont impossibles, la politique comme telle perd ses droits devant un pari moral sans caractère objectif. C'est ce que dit Jaspers, pour l'alternative entre la bombe atomique, qui menace l'existence physique de l'humanité, et la barbarie

---

19. Cf. Emmanuel Kant, *Métaphysique des mœurs* (1797), Flammarion, coll. « GF », 1994, 2ᵉ partie : « Doctrine du droit », 2ᵉ sect, § 60.
20. Cf. Emmanuel Kant, *Vers la paix perpétuelle*, *op. cit.*, 2ᵉ article définitif, p. 89-93.

totalitaire, qui menace son existence morale[21]. Tout ce que peut la politique, c'est de faire de son mieux pour arriver à empêcher que l'alternative ne se pose en ces termes radicaux. C'est alors qu'un pari moral, mais impossible à justifier objectivement, reprend ses droits. Après tout, Max Weber, dont l'opposition entre l'éthique de la conviction et celle de la responsabilité est sans doute trop simple ou trop radicale, conclut lui-même que ce qui est le plus respectable, c'est la position d'un homme d'action qui, conscient de ses responsabilités et des conséquences de ses actes, s'arrête à un certain point et déclare, comme Luther : « *Hier stehe ich, ich kann nicht anders !* » (« C'est là ma position, je ne peux pas faire autrement[22] ! ») La politique, faite pour des conditions normales, n'a pas de solutions propres pour les cas extrêmes. Quant à la morale, quelle que soit la voie choisie *in extremis*, il lui reste quelques principes, qu'on pourrait, à titre d'exemple, énoncer comme suit :

1) Le mal existe, nous l'avons rencontré. Mais le fait de le combattre ne fait pas de nous l'incarnation du bien (inspiré de Reinhold Niebuhr).

2) Combattre l'inhumanité, y compris son incarnation en un « ennemi du genre humain », ne nous autorise pas à devenir inhumains à son égard, et à oublier que potentiellement ou virtuellement cet ennemi était une personne ou une communauté morale (inspiré de Kant).

3) « On ne peut être bon et juste que si l'on connaît l'empire de la force et si on le méprise » (emprunté à Simone Weil)[23].

---

21. Cf. Karl Jaspers, *La Bombe atomique et l'avenir de l'homme* (1958), tr. fr. Jeanne Hersch, Buchet-Chastel, 1963.

22. Max Weber, « La politique comme vocation » (1919), in *Le Savant et le Politique*, tr. fr. Julien Freund, Plon, coll. « 10-18 », 1963, p. 219.

23. Simone Weil, « *L'Iliade* ou le poème de la force » (1940-1941), in *Œuvres*, Gallimard, coll. « Quarto », 1999, p. 551.

Chapitre 7

Souveraineté, morale et histoire : le problème de la légitimation de la force chez Rousseau, Kant et Hegel

Comme nombre de penseurs classiques dont il est question dans ce volume, nous sommes toujours concernés par le problème de la légitimité, et donc par le monopole étatique de l'usage légitime de la violence. Nous nous débattons nous aussi avec les mêmes dilemmes moraux entre les impératifs de paix et de justice, ou entre le souhait de ne pas infliger la mort ou des souffrances à des êtres humains, et le devoir d'assister les victimes d'un crime et d'une injustice. Enfin, il nous arrive encore, à l'occasion, d'être confrontés à l'argument selon lequel, au nom du progrès et de la civilisation, il est indispensable que disparaissent certains régimes arriérés ou barbares.

La souveraineté, la morale et le progrès historique peuvent être considérés comme trois critères en concurrence pour l'usage de la force. Tous trois sont présents dans la pensée de Jean-Jacques Rousseau, d'Emmanuel Kant et de Georg Wilhelm Friedrich Hegel, quoique avec des accents différents qui expliquent leur dialogue. Même s'il est resté sans conclusion, il me semble qu'il n'y a pas de guide plus éclairant que ce dialogue sur les dilemmes conceptuels et pratiques actuels liés à l'intervention militaire.

Plus qu'un philosophe ou un historien, je suis un spécialiste des relations internationales, notamment des dimensions

politiques et morales du recours à la force, et tout particulièrement du problème de l'intervention militaire. Ma formation
philosophique et mes premiers travaux ont porté sur Kant
et Hegel[1]. J'ai également écrit plus récemment sur la pensée
internationale de Rousseau[2]. Réfléchir aux débats actuels sur
l'intervention m'a souvent ramené indirectement aux propos
respectifs de ces auteurs sur l'usage de la force qui, je crois,
restent utiles aujourd'hui.

Le chapitre se présente de la manière suivante : je commen-
cerai par montrer brièvement que les trois auteurs en question
ont été profondément influencés par les écrits les uns des autres
dans leur réflexion sur la liberté de l'homme, l'usage de la force
et les relations internationales : Kant a été fortement influencé
par Rousseau et, à son tour, Hegel a subi l'influence des deux
précédents ; ce qui, à mon avis, justifie une analyse compara-
tive des arguments des trois penseurs. La partie centrale du
chapitre examine de manière plus détaillée ceux que chaque
auteur a développés sur la légitimité de la guerre en soulignant
certaines tensions et contradictions inhérentes. Je conclurai par
quelques remarques générales sur l'intérêt qu'il y a encore à lire
et à relire ces auteurs classiques pour penser la guerre et l'intervention aujourd'hui.

Trois penseurs engagés dans un dialogue

Rousseau est le prophète à la fois de la conscience individuelle
et de l'unité d'une communauté fondée sur l'égalité et la liberté,
telle que définie par la volonté générale. Cette communauté doit
être capable de se défendre et de préserver son identité en usant
de la force en cas de nécessité, mais elle doit aussi être dépourvue
de la cupidité, la vanité, l'ambition et l'esprit de concurrence qui
caractérisent l'homme moderne. L'histoire est le récit de la corruption et de la division qui ne peuvent être surmontées que par

---

1. Cf. mes chapitres sur ces deux auteurs *in* Leo Strauss et Joseph Cropsey,
Histoire de la philosophie politique, tr. fr. Olivier Berrichon-Sedeyn, PUF, coll.
« Quadrige », 2013, 3ᵉ éd.
2. Cf. *infra*, chapitre 8 : « Rousseau et les relations internationales ».

un retour à la simplicité et à l'unité de l'homme à l'état de nature ou par la création de petites républiques isolées qui, à l'échelon de la communauté, retrouvent l'unité et la liberté dont l'homme a été privé par l'histoire.

Kant est d'accord avec Rousseau sur le rôle de la conscience morale et l'idéal d'une république reposant sur la réciprocité et sur l'obéissance à une loi générale, fondée sur l'autonomie ou «obéissance à sa propre loi». Il reformule le concept rousseauiste d'une manière plus abstraite et universaliste, mais continue à considérer Rousseau comme le «Newton du monde moral» et en fait l'éloge pour lui avoir enseigné la valeur de l'homme et l'impératif de défendre sa dignité et ses droits. Kant est aussi d'accord avec Rousseau sur l'idée que la civilisation s'est développée à travers les vices, l'inégalité et la guerre. Mais, par un renversement dialectique de la pensée de Rousseau, que l'on trouvera aussi chez Hegel (Kant parle de la «ruse de la nature», alors que Hegel utilise la formule «ruse de la raison»), toutes ces évolutions moralement répréhensibles suivent un plan secret conduisant au progrès vers un ordre universel, fondé sur la reconnaissance mutuelle et la paix[3].

Enfin, Hegel reconnaît la valeur des idées de Rousseau et de Kant sur la conscience, l'autonomie et l'universalité, mais il ne les considère que comme des moments partiels dans le développement de l'Esprit du monde, qui coïncide avec l'histoire mondiale. Selon Hegel, pour être efficaces, la conscience rousseauiste et la morale universelle kantienne doivent trouver une expression concrète et, de la même façon, une limite dans les us et coutumes des nations (*Sittlichkeit*), la structure des États et les actions des hommes d'État et des guerriers. Si elle est vue comme un absolu et prise isolément, la «vision morale de l'histoire» représentée par Kant conduit au suicide, par recherche de la pureté, ou à la terreur[4]. Inversement, si, pour lui comme pour Kant, la mission historique de la guerre tend

---

3. Emmanuel Kant, *Idée d'une histoire universelle d'un point de vue cosmopolitique*, 5ᵉ proposition.
4. G.W.F. Hegel, *Principes de la philosophie du droit*, tr. fr. Robert Dérathé, Vrin, 1982, § 135-210.

à s'étioler, une fois toute la planète « civilisée », pour Hegel, la guerre continue à remplir une fonction morale : c'est-à-dire à contrecarrer le souci égoïste des biens matériels qui domine la société moderne en ressuscitant le sens du risque, du sacrifice et, par-dessus tout, le sens de la communauté au sein des citoyens d'un État[5].

Bref, Rousseau, Kant et Hegel sont d'accord sur le fait que la guerre a joué et continuera probablement à jouer un rôle essentiel dans l'élaboration de l'histoire. Mais, pour Rousseau, ce rôle est négatif, comme plus généralement celui de l'évolution historique qu'elle a contribué à façonner. Si des vertus martiales sont indispensables pour distinguer le patriote ou le citoyen du « bourgeois », la guerre elle-même demeure une horrible boucherie et n'est légitime que lorsqu'elle est pratiquée en légitime défense par un peuple en armes. Pour Kant, le rôle historique de la guerre est positif, mais, en même temps, la guerre est absolument interdite par la loi morale : « La raison moralement pratique énonce en nous son veto irrésistible : il ne doit y avoir aucune guerre[6]. » Cette dualité entre le càractère positif de la guerre en tant qu'instrument de la « ruse de la nature » et son caractère totalement inacceptable du point de vue du sujet moral (le sale travail étant transféré à un mécanisme providentiel) crée une tension permanente dans la philosophie de Kant.

Pour Hegel, la tension entre histoire et morale n'existe pratiquement pas. Le critère ultime est historique. De plus, la guerre remplit une fonction morale en soi, même pour l'État civilisé. Une autre tension apparaît toutefois dans la pensée de Hegel : dans un monde prosaïque, rationnel, dominé par l'économie, la guerre a peu d'occasions de se manifester. Les seules guerres significatives sont celles menées contre des nations périphériques qui n'ont pas encore atteint le stade d'État civilisé et rationnel. Le problème est ici qu'il s'agit, par définition, d'adversaires appartenant à une espèce en voie de disparition et que, la guerre

---

5. *Ibid.*, § 324.
6. Emmanuel Kant, *Métaphysique des mœurs*, tr. fr. Victor Delbos, Vrin, 1971, p. 237.

étant de plus en plus impersonnelle, elle est de moins en moins de nature à encourager l'héroïsme individuel. Bref, pour Hegel, il continuera à y avoir des guerres, mais il devient de plus en plus difficile de les justifier historiquement et moralement.

Des questions utiles et des contradictions éclairantes, mais peu de réponses définitives

J'ai adopté le terme plus large de « force » comme titre de ce chapitre et j'ai commencé par donner un aperçu des positions des trois auteurs sur la guerre plutôt que sur l'intervention. Il me semble en effet qu'aucun d'eux n'a de doctrine de l'intervention à proprement parler – si nous conservons l'implication suggérée par les analogies médicale et légale, c'est-à-dire l'intervention en tant qu'usage de la force limité dans le temps et non suscité par une rivalité entre États, mais qui est plutôt un acte délibéré, provoqué au moins en partie par le désir de mettre fin à un type de mal (physique ou moral) et/ou de protéger une population en danger – souvent au nom d'une autorité supérieure.

Ces trois auteurs ont tous soulevé la question de la relation entre intérêts et perspectives particuliers ou nationaux d'une part, et intérêts et perspectives universels ou cosmopolitiques de l'autre. Ils sont tous trois concernés par le problème de la guerre et de sa légitimité, mais aucun d'eux ne reconnaît une autorité internationale ou une *civitas maxima* au nom de laquelle une intervention militaire pourrait être ordonnée ou justifiée. Tous trois ont un même mépris pour la tentative de donner un caractère juridique à la guerre et pour la tradition du droit international de Grotius, Pufendorf et Vattel. Pour Rousseau, Grotius n'est un qu'un « enfant et, qui pis est, un enfant de mauvaise foi[7] ». Kant qualifie Grotius et Pufendorf de « tristes consolateurs[8] ». Pour Rousseau et Kant, le droit international est une contradiction dans les termes, à moins qu'il ne conduise les États à renon-

---

7. Jean-Jacques Rousseau, *Émile*, Livre V.
8. Emmanuel Kant, *Vers la paix perpétuelle*, tr. fr. Max Marcuzzi, Vrin, 2007, p. 30.

cer à la guerre et à se soumettre à une autorité impartiale. Hegel déclare que le droit international n'est pas un vrai droit parce qu'il n'y a ni préteur ni contraintes[9] ; que la critique juridique ou morale du comportement des grands hommes trahit une mentalité de valet[10] ; et que le seul vrai professeur de droit international est Napoléon[11]. Pourtant, tous trois, à un moment ou un autre, à travers le problème de l'usage, juste ou injuste, de la force, abordent bel et bien le problème de l'intervention, fût-ce en passant, et proposent des règles provisoires qui ne sont pas exemptes d'ambiguïtés et de contradictions. Elles sont pourtant, j'essaierai de le montrer, plus éclairantes que toute doctrine totale et cohérente.

Rousseau : unité patriotique et cohésion contre solidarité cosmopolitique

La position (ou les positions) de Rousseau peu(ven)t être présentée(s) sous forme d'une série d'oppositions. La première, et probablement la plus fondamentale, est entre l'homme naturel et l'homme social. Ce dernier a perdu l'unité et la paix du premier. Le bourgeois est marqué par une division de l'âme, une tyrannie de l'« amour-propre » et un manque d'identité qui, pour Rousseau, sont le mal suprême. On peut retrouver son unité soit sous la forme asociale du « promeneur solitaire », soit sous la forme politique du citoyen « dé-naturé » par sa participation à la volonté générale d'une communauté. C'est le sujet de son œuvre politique majeure, *Du contrat social*.

Mais quelle communauté ? C'est probablement la question la plus pertinente pour le problème de l'intervention militaire, celle aussi où la réponse de Rousseau est peut-être la plus variable et certainement la plus complexe. Il y a au moins trois possibilités : 1) des États modernes, dirigés par des rois et des princes ; 2) de petites républiques nationales, plus ou

---

9. G.W.F. Hegel, *Principes de la philosophie du droit, op. cit.*, § 333.
10. G.W.F. Hegel, *Phénoménologie de l'esprit*, tr. fr. Jean Hyppolite, Aubier, 1998, chap. VI, § 665.
11. G.W.F. Hegel, « Lettre à Niethammer », datée du 29 août 1807.

moins sur le modèle de la *polis* grecque ; et 3) la communauté mondiale de l'humanité.

Rousseau est très négatif sur la première catégorie : les princes manquent de légitimité et ne sont mus que par l'amour du gain et de la conquête ; leurs sujets ne sont pas de vrais citoyens. L'état de guerre, dans ce cas, est une « relation d'État à État » et non une « relation d'homme à homme » (ce dont Rousseau tire quelques principes provisionnels sur le droit de la guerre, comme l'immunité des non-combattants). Une solution, dans le cas de ces États, serait celle proposée par l'abbé de Saint-Pierre : une fédération européenne, que Rousseau trouve séduisante, mais irréaliste, en particulier parce qu'elle ne pourrait être réalisée que par la force[12]. Toutefois, *Le Contrat social* était censé s'achever par une section sur les fédérations que Rousseau n'écrivit jamais.

Les deux alternatives positives sont la patriotique et la cosmopolitique. Sur ce point, la position de Rousseau commence à sembler incroyablement contradictoire d'un texte à l'autre. Dans le livre IV d'*Émile*, il écrit :

> *Pour empêcher la pitié de dégénérer en faiblesse, il faut donc la généraliser et l'étendre sur tout le genre humain. [...] Il faut par raison, par amour pour nous, avoir pitié de notre espèce encore plus que de notre prochain [...] Moins l'objet de nos soins tient immédiatement à nous-mêmes, moins l'illusion de l'intérêt particulier est à craindre ; plus on généralise cet intérêt, plus il devient équitable ; et l'amour du genre humain n'est autre chose en nous que l'amour de la justice*[13].

Dans le livre 1 de l'œuvre, on trouve inversement le même éloge du patriotisme et la même critique du cosmopolitisme figurant dans le *Discours sur l'économie politique* ou dans *Considérations sur le gouvernement de Pologne* :

---

12. Jean-Jacques Rousseau, *Écrits sur l'abbé de Saint-Pierre*, in *Œuvres politiques*, Gallimard, coll. « Bibliothèque de la Pléiade », vol. 3, p. 689-690.
13. Jean-Jacques Rousseau, *Émile*, Livre IV.

Toute société partielle, quand elle est étroite et bien unie, s'aliène de la grande. Tout patriote est dur aux étrangers : ils ne sont qu'hommes, ils ne sont rien à ses yeux. Cet inconvénient est inévitable, mais il est faible. L'essentiel est d'être bon aux gens avec qui l'on vit. Au-dehors le Spartiate était ambitieux, avare, inique ; mais le désintéressement, l'équité, la concorde régnaient dans ses murs. Défiez-vous de ces cosmopolites qui vont chercher loin dans leurs livres des devoirs qu'ils dédaignent de remplir autour d'eux. Tel philosophe aime les Tartares, pour être dispensé d'aimer ses voisins[14].

Dans le *Second Discours*, Rousseau juge les cosmopolites de manière plus favorable, mais les présente comme transcendant la politique dominée par le fait que diverses sociétés restent dans l'état de nature.

La commisération naturelle, qui, perdant de société à société presque toute la force qu'elle avait d'homme à homme, ne réside plus que dans quelques grandes âmes cosmopolites, qui franchissent les barrières imaginaires qui séparent les peuples, et qui, à l'exemple de l'être souverain qui les a créés, embrassent tout le genre humain dans leur bienveillance[15].

Le genre d'intervention que ces « grandes âmes » pourraient envisager semble plus proche de l'action de Médecins sans frontières que des expéditions militaires.

Lorsqu'il conseille les Polonais et les Corses, Rousseau recommande nettement de donner la priorité à l'unité, la cohésion et l'indépendance et, à cet effet, de mettre l'accent sur l'unicité et, autant que possible, la distance pour éviter les effets corrupteurs du commerce et des influences étrangères, ainsi que le risque d'être impliqué dans des alliances avec des puissances étrangères peu fiables. Il est préférable d'être envahi et divisé, tout en conservant son identité, que de risquer de la perdre en devenant trop grand ou en dépendant des autres. Une confédération de petites républiques, capable de se défendre,

---

14. *Ibid.*, Livre I.
15. Jean-Jacques Rousseau, *Discours sur l'origine et les fondements de l'inégalité parmi les hommes*, in *Œuvres complètes, op. cit.*, vol. 3, 2ᵉ partie, p. 178.

mais non d'attaquer, est le seul lien extérieur acceptable. Selon certains commentateurs, c'est la solution qu'il aurait proposée dans la dernière partie du *Contrat social*. Mais le fait est qu'il ne l'a pas écrite, et il est très possible qu'il ait eu des doutes sur ce point parce que cela aurait pu mettre en danger le sens de l'identité et de la citoyenneté des petites républiques. L'élément central de sa pensée semble avoir été que toute citoyenneté est locale (il dit aux Polonais : « Un Français, un Anglais, un Espagnol, un Italien, un Russe sont tous à peu près le même homme ; il sort du collège déjà tout façonné pour la licence, c'est-à-dire pour la servitude. À vingt ans un Polonais ne doit pas être un autre homme ; il doit être un Polonais[16] ») ; qu'une « société générale du genre humain » n'existe pas et que le cosmopolitisme est le privilège d'individus, penseurs, artistes ou bienfaiteurs du monde entier. Ce qui ne semble pas laisser beaucoup de place à une intervention humanitaire ou à la protection par les grandes puissances.

Apparaît alors une autre tension paradoxale dans la pensée de Rousseau : son attitude à l'égard de la guerre et du recours à la force. Il hait la guerre, la trouvant à la fois criminelle et sans intérêt (il se demande pourquoi Thucydide passe tellement de temps sur un sujet aussi ennuyeux[17]). Il pense que, par sa possibilité même, elle crée une « condition mixte » dans laquelle les citoyens perdent la sécurité à laquelle ils ont sacrifié leur liberté individuelle. Mais, d'un autre côté, il déteste les bourgeois et admire Sparte et les héros de Plutarque. Il supprimerait les armées permanentes au profit d'armées de citoyens républicains ou de « nations en armes », qui sembleraient invalider sa distinction entre État et peuple. Il est favorable à ce que le mouvement pacifiste Paix appelle aujourd'hui la « défense défensive » – c'est-à-dire une posture militaire permettant de défendre le territoire d'un pays, sans avoir pour autant la capacité de riposter et moins encore d'attaquer qui que ce

---

16. Jean-Jacques Rousseau, *Considérations sur le gouvernement de Pologne*, in *Œuvres complètes*, *op. cit.*, vol. 3, p. 966.
17. Jean-Jacques Rousseau, *Émile*, Livre IV.

soit. Sur le modèle de la neutralité suisse, il veut que les Polonais et les Corses aient «un esprit martial sans ambition[18]». Ce qui paraît un idéal impossible, sauf à vivre isolé, mais semble en tout cas exclure non seulement les ambitions de conquête et de domination, mais aussi celles de sauver des peuples opprimés ou de rendre le monde sûr pour la démocratie.

C'est, je pense, la conclusion la plus probable à laquelle nous pouvons parvenir. Il y a cependant deux objections, ou du moins deux interrogations, qu'il nous faut traiter brièvement. Premièrement, dans sa présentation du projet de Saint-Pierre, Rousseau mentionne (sans manifester de désapprobation) que la force devrait être utilisée par tous les participants au pacte contre celui d'entre eux qui tenterait de s'en retirer[19]. Plus important encore, dans son commentaire critique, il déclare que le projet lui-même est excellent, mais qu'il ne sera jamais adopté par accord volontaire de tous. Si un plan similaire eut jamais une chance de l'être, ce fut grâce à la stratégie politique (et probablement militaire) d'Henri IV. Un autre Henri IV ou la révolution, puisque de petits États républicains seraient exempts de l'ambition et des rivalités des princes et des rois, pourraient à l'avenir en concevoir un nouveau. Rousseau conclut cependant en se demandant si cette révolution ne risquerait pas en définitive de faire plus de mal que la situation qu'elle aurait renversée[20]. On ne peut entièrement exclure que l'objet de ces dernières remarques ne soit d'éviter que Rousseau soit soupçonné de conspiration, d'autant plus qu'il prédit ailleurs que l'Europe entre dans une ère de révolutions.

La seconde observation est plus importante et plus plausible, mais elle concerne moins les intentions explicites ou conscientes de Rousseau que les conséquences de son œuvre. Quand on lit le passage dans *Fragments sur la guerre* où il s'insurge contre le philosophe satisfait des institutions politiques de son régime et qui ne se soucie pas de la guerre ou de l'oppression autour

---

18. Jean-Jacques Rousseau, *Considérations sur le gouvernement de Pologne, op. cit.,* p. 359.
19. Jean-Jacques Rousseau, *Écrits sur l'abbé de Saint-Pierre, op. cit.,* p. 573.
20. *Ibid.,* p. 600.

de lui («Philosophe barbare viens nous lire ton livre sur un champ de bataille[21]!»), ou le paragraphe final du *Discours sur l'inégalité* («puisqu'il est manifestement contre la loi de nature, de quelque manière qu'on la définisse, qu'un enfant commande à un vieillard, qu'un imbécile conduise un homme sage et qu'une poignée de gens regorge de superfluités, tandis que la multitude affamée manque du nécessaire[22]»), ou la première phrase du premier chapitre du *Contrat social* («L'homme est né libre, et partout il est dans les fers[23]»), on se sent nécessairement appelé à combattre pour la paix et la justice partout où on le peut. Les guerres de la Révolution française n'ont pas été prônées à l'avance par Rousseau, mais ses idées et ses paroles charriaient assez de dynamite pour susciter révolutions et interventions.

Personne ne peut légitimement décider de quel côté aurait fini par pencher l'âme de Rousseau entre son exécration des guerres d'agression et d'oppression d'une part et, de l'autre, son pessimisme quant à leur élimination et ses soupçons à l'égard des libérateurs autoproclamés et de leurs motifs. Tout ce que nous pouvons dire avec certitude est qu'il prévoyait une période de révolutions contre l'ordre social et international de son temps, mais qu'il aurait continué à préférer les petites républiques et à s'opposer résolument aux guerres de conquête. Il aurait aussi très certainement été horrifié par le processus actuel de globalisation qui, pour lui, aurait signifié le triomphe de la cupidité, de la compétition, de l'«amour-propre» et la perte de l'identité individuelle et collective et de l'authenticité.

Kant : catégoriquement opposé à l'intervention et au changement de régime, à moins que... ?

Comme nous le verrons, nombre des problèmes et des contradictions (apparentes du moins) que nous avons trouvés chez

---

21. Jean-Jacques Rousseau, *L'État de guerre*, in *Œuvres complètes, op. cit.*, vol. 3, p. 609.
22. Jean-Jacques Rousseau, *Discours sur l'origine et les fondements de l'inégalité*, in *Œuvres complètes, op. cit.*, p. 194.
23. Jean-Jacques Rousseau, *Du contrat social, op. cit.*, Livre I, chap. 1.

Rousseau sont encore plus présents chez Kant. Ils sont compliqués par la nature de la philosophie politique de Kant qui est davantage une *philosophie du droit* fondée sur une *philosophie de la morale* et confirmée ou «garantie» par une *philosophie de l'histoire*.

La relation entre ces trois dimensions ne devrait pas, selon Kant, poser problème, puisque la plus importante est la morale, qui est *a priori* et universelle: «Il ne peut y avoir aucun conflit entre la politique, en tant que doctrine appliquée du droit, et la morale, en tant qu'elle en est une également, mais théorique (et de ce fait, pas de conflit de la pratique avec la théorie)[24].» Et pourtant, notamment en matière d'affaires internationales, les zones grises et les ambiguïtés abondent, de même que les variations entre les formulations de Kant et, probablement, ses opinions.

Je ne me lancerai pas dans un exposé détaillé de la pensée de Kant[25]. Je me contenterai d'indiquer brièvement le problème posé par le cadre général et d'indiquer les passages assez ambigus des œuvres de Kant qui sont directement liés à la question de l'intervention militaire.

Les oppositions kantiennes fondamentales entre le monde de la liberté et celui de la nécessité, entre *a priori* ou universalité transcendantale et dimension empirique, entre la loi morale et les passions, etc., ont toutes une incidence sur le problème de l'intervention militaire. La plus directement pertinente est l'opposition entre la morale et le monde naturel ou historique: d'après Kant, tous les États devraient être républicains et pratiquer l'État de droit; mais la morale, fondée sur l'universalité de la raison pratique et l'impératif catégorique, n'admet aucune exception à la prohibition de la guerre. À moins que…? La réponse de Kant n'est pas toujours la même[26].

---

24. Emmanuel Kant, *Vers la paix perpétuelle, op. cit.*, Appendice, p. 370. Cf. aussi Emmanuel Kant, *Sur l'expression courante: «Il se peut que cela soit juste en théorie, mais en pratique cela ne vaut rien»*, Vrin, 1967.
25. Voir l'article d'Andrew Hurrell *in* Stefano Recchia et Jennifer M. Welsh (ed.), *Just and Unjust Military Intervention*, Cambridge University Press, 2013.
26. Une autre opposition classique, qui n'est pas spécifiquement kantienne, mais qui, dans sa conception, possède un caractère moral autant que juridique, est celle entre l'état de nature et l'état civil.

Toutes ces distinctions convergent vers l'opposition entre la guerre et la paix. La paix n'est pas seulement préférable à la guerre, elle est un impératif moral et juridique absolu, et l'objectif ultime du droit, de la politique et même de cette force mystérieuse qu'il appelle généralement «nature» et parfois «providence» et que nous avons l'habitude, depuis Hegel, d'appeler «histoire». Dans la conclusion de ses «Éléments métaphysiques de la doctrine du droit», le veto irrésistible de la raison morale pratique est développé de la manière suivante:

> *Il ne doit y avoir aucune guerre; ni celle entre toi et moi dans l'état de nature, ni celle entre nous en tant qu'États, qui, bien qu'ils se trouvent intérieurement dans un état légal, sont cependant extérieurement (dans leur rapport réciproque) dans un état dépourvu de lois — car ce n'est pas ainsi que chacun doit chercher son droit [...]. On peut dire que ce pacte de paix universelle et durable ne constitue pas simplement une partie, mais la fin ultime tout entière de la Doctrine du droit dans les limites de la simple raison*[27].

Le chemin menant à cet objectif est cependant plein de paradoxes. Premièrement, Kant est au moins aussi critique que Rousseau sur l'immoralité de la guerre et du commerce; sur le luxe et la compétition; sur le développement des passions égoïstes et antagonistes qui accompagnent le progrès de la culture. Mais, contrairement à Rousseau, il les croit indispensables, non seulement à l'unification de la planète, donc à la création d'une «situation cosmopolitique», mais aussi à l'éducation de l'homme et, en ce sens, tous ces facteurs pourraient favoriser une conversion morale qui seule serait susceptible d'apporter une véritable paix:

> *Que la nature soit donc remerciée, pour cette incapacité à se supporter, pour cette vanité jalouse d'individus rivaux, pour l'appétit insatiable de possession mais aussi de domination! Sans cela, les excellentes dispositions sommeilleraient éternellement dans l'humanité à l'état de simples potentialités*[28].

---

27. Emmanuel Kant, *Métaphysique des mœurs, op. cit.*, p. 237-238.
28. Emmanuel Kant, *Idée d'une histoire universelle d'un point de vue cosmopolitique*, 4ᵉ proposition, tr. fr. Stéphane Piobetta, in *Opuscules sur l'histoire*, Flammarion, coll. «GF», préface de Philippe Raynaud, 2014, p. 75.

La question se pose alors de savoir ce que les êtres humains et les États devaient faire à l'époque de Kant et ultérieurement. La forte opposition entre la condamnation absolue par la morale de la guerre, de la cupidité et de la vanité, d'un côté, et leur nécessité ou utilité historique, de l'autre, n'a-t-elle plus de raison d'être? Existe-t-il une chance que convergent histoire et morale?

Cela semble être le cas pour la guerre, qui devient tellement coûteuse et suicidaire que Kant prédit que l'humanité devra de plus en plus l'abandonner. Le commerce et, de manière générale, l'interdépendance économique et culturelle sont favorables à la paix et aux droits de l'homme:

> *Dans notre partie du monde où les États sont très interdépendants du point de vue économique, tout ébranlement de l'un a une influence sur tous les autres, et cette influence est si évidente que ces États, pressés par le danger qui les concerne, s'offrent, bien que sans caution légale, comme arbitres et, ainsi, de loin, préparent tous un futur grand corps politique, dont le monde, dans le passé, n'a présenté aucun exemple*[29].

Il va encore plus loin ailleurs: «Désormais la communauté (plus ou moins restreinte ou large) des peuples de la terre s'est développée au point que la violation du droit en un endroit de la terre est ressentie en tous[30].» Mais cela n'implique pas pour autant un droit d'intervention militaire pour mettre fin à ces violations: «Le concept de droit des gens, pris comme droit à la guerre, n'a proprement aucun sens[31].» De nouveau, le commerce et la médiation diplomatique sont les forces salvatrices:

> *C'est l'esprit de commerce qui ne peut coexister avec la guerre et qui s'empare tôt ou tard de chaque peuple [...]. Les États se voient contraints (bien sûr pas précisément par les ressorts de la moralité) de promouvoir la noble paix et partout dans le monde où la guerre menace d'éclater, de l'en*

---

29. *Ibid.*, p. 85.
30. Emmanuel Kant, *Vers la paix perpétuelle, op. cit.*, p. 35.
31. *Ibid*, p. 31.

empêcher par des médiations, tout comme s'ils se trouvaient réunis pour cela
dans une alliance permanente[32].

En conséquence, l'« engrenage des penchants humains »
garantira la paix, bien qu'on ne puisse être certain de son succès ;
or on peut être sûr qu'au mieux il se bornera à ouvrir la voie
à la transformation véritable produite par la morale. Mais le
statut de cette période intermédiaire et ses conséquences sur ce
qui est permissible et ce qui ne l'est pas dans l'usage de la force
restent ambigus.

Il en va d'autant plus ainsi qu'apparaît un problème similaire
à propos de l'opposition fondamentale entre l'état de nature
et l'état civil ou constitutionnel (entendu comme une situation
dans laquelle se trouvent des êtres humains). L'état de paix n'est
pas naturel ; l'état naturel – l'état de nature – est l'état de guerre.

Cet état [de paix] doit donc être institué, car l'absence d'hostilités n'est
pas encore une assurance de paix, et tant que celle-ci n'est pas obtenue d'un
voisin à l'autre (ce qui ne peut se produire que dans un état de droit), celui
qui l'a réclamée peut traiter l'autre en ennemi[33].

Kant n'abandonne jamais cette distinction centrale, fondamentale et nette. Mais elle devient de plus en plus floue
et problématique à mesure qu'on passe de la relation entre les
individus à la relation entre États et donc, il faut le dire, à mesure
que Kant passe de ses premières à ses dernières œuvres.

C'est, en principe, un devoir inconditionnel pour les États,
comme pour les individus, d'entrer dans un état juridique qui,
nous l'avons vu, est aussi un état de paix. Pour Kant, dans l'*Idée*
d'une histoire universelle du point de vue cosmopolitique (1784), cela
signifie « l'union des forces en une seule force, par conséquent
instaurer un État cosmopolitique de sécurité publique des États »,
qui est l'accomplissement du dessein secret de la nature[34].
Mais dans *Vers la paix perpétuelle* (1795), si cet objectif est réaf-

32. *Ibid.*, p. 43.
33. *Ibid.*, p. 23.
34. Emmanuel Kant, *Idée d'une histoire universelle d'un point de vue cosmopolitique,*
op. cit., 8ᵉ proposition, p. 83-85.

firmé comme logique et désirable, il est aussi jugé irréaliste : les États existants n'accepteront pas l'instauration d'un État fédéral mondial (*Bundesstaat*), ni même une confédération plus lâche (*Staatenbund*). Ne reste donc qu'une alliance d'États républicains renonçant à se faire la guerre et espérant que leur exemple fera de plus en plus école[35]. Dans *Métaphysique des mœurs* (1797), l'espoir est encore moins assuré : la paix perpétuelle est peut-être une *Unding* – une chose qui ne deviendra jamais réalité ; mais le fait qu'on ne puisse démontrer qu'elle est impossible suffit à nous obliger à travailler en direction de cet objectif[36].

La question se pose une fois de plus : quelles sont les obligations des États en dehors de celle d'essayer de construire, sinon une fédération, au moins l'alliance pour la paix indiquée au second article définitif de la *Paix perpétuelle* ? Les États sont *stricto sensu* dans l'état de nature, état dans lequel les notions de bien et de justice n'ont aucun sens. Cependant, comme Rousseau (mais de manière bien plus surprenante, puisque Kant adopte le langage des impératifs juridiques et moraux), après avoir dénigré Grotius et toute l'école du droit de la guerre, il entreprend de formuler une doctrine similaire, sous forme de six « articles préliminaires » au traité de paix perpétuelle. Il les nomme « lois prohibitives ». Plusieurs d'entre elles autorisent une certaine latitude dans leurs conditions d'application : impossibilité d'acquérir un État existant indépendant ; suppression progressive des armées permanentes ; pas d'endettement national lié aux affaires extérieures de l'État. Mais trois sont d'application « stricte » et il devrait être mis fin immédiatement aux abus qu'elles interdisent. Selon la première, « aucun traité de paix ne doit valoir comme tel s'il a été conclu en réservant secrètement la matière d'une guerre future[37] ». La deuxième présente un intérêt particulier pour nous : « Aucun État ne doit s'immiscer par la violence dans la constitution et le gouvernement d'un autre État[38]. » Il interdit donc toute guerre visant à un changement de régime, en raison du « scandale

---

35. Emmanuel Kant, *Vers la paix perpétuelle, op. cit.*, p. 31.
36. Emmanuel Kant, *Métaphysique des mœurs, op. cit.*, p. 237-238.
37. Emmanuel Kant, *Vers la paix perpétuelle, op. cit.*, p. 17.
38. *Ibid.*, p. 19.

qu'il provoque chez les sujets d'un autre État». La dernière, le sixième article préliminaire, dispose qu'«aucun État en guerre contre un autre État ne doit se permettre d'actes hostiles qui dans la paix future rendraient impossible la confiance réciproque[39].» Les exemples que Kant mentionne sont l'usage d'assassins, la violation d'une capitulation et l'incitation à la trahison dans l'État ennemi. Le plus frappant pour nous est qu'«aucune des deux parties ne peut y être déclarée ennemi injuste» et qu'on ne peut «concevoir de guerres punitives».

À cet égard, la «Doctrine du droit» (première partie de *Métaphysique des mœurs*, publiée un an seulement après la *Paix perpétuelle*), offre au moins deux importantes surprises[40]. Elle s'applique à la situation existante, c'est-à-dire aux États dans l'état de nature, et est très proche d'une analyse classique du monde international, tenant bien plus compte de la guerre et de ses conséquences logiques. Kant y admet non seulement l'existence d'un droit des États à la légitime défense, à condition qu'ils n'utilisent que des «stratagèmes honorables», par opposition à ceux qui sont déshonorants[41]. (On aimerait savoir quels stratagèmes sont honorables pour un auteur qui, la même année, maintient contre Benjamin Constant que mentir est interdit, même dans des circonstances extrêmes.) Allant plus loin, il affirme aussi un droit à ce qu'on appellerait aujourd'hui «légitime défense anticipée», c'est-à-dire à la guerre préventive, ce qui est conforme à sa constante affirmation que, dans l'état de nature, tout autre État peut constituer une menace.

Bien plus surprenante est cependant l'affirmation paraissant impliquer que des États peuvent être obligés par d'autres à adhérer au pacte qui instaurera la paix et ce en totale contradiction avec ce qu'énonçait auparavant la *Paix perpétuelle*: «Le droit des gens, affirme Kant, comprend [...] le droit de se contraindre réciproquement à sortir de cet état de guerre, par conséquent

---

39. *Ibid.*, p. 20.
40. Cf. Susan M. Shell, *Kant and the Limits of Autonomy*, Harvard University Press, 2009, p. 212-247.
41. *Ibid.*, p. 243.

à établir une constitution qui fonde une paix durable[42]. »
Le plus surprenant de tout est l'apparition, au paragraphe
60, de la notion d'« ennemi injuste », que la paix perpétuelle
avait rejetée comme une contradiction dans les termes aussi
longtemps que persiste l'état de nature. L'ennemi injuste, dit
Kant, est « celui dont la volonté publiquement exprimée (que ce
soit en parole, ou en acte) trahit une maxime, suivant laquelle,
si elle était érigée en règle universelle, aucun état de paix ne
serait possible entre les peuples, tandis qu'au contraire l'état de
nature devrait être considéré comme éternel. Telle est la violation des contrats publics dont on peut supposer qu'elle intéresse
tous les peuples[43] ».

On trouve ici pour la première et, à ma connaissance, unique
fois dans les écrits de Kant, un soutien explicite à l'intervention militaire contre un État étranger constituant une menace
inhérente et auquel on ne peut se fier – ce qu'aujourd'hui on
appellerait un État-« voyou » ou « hors la loi »[44]. L'intervention et
le *regime change* sont justifiés par la notion kantienne selon laquelle
le comportement juste dans les relations internationales est
défini par le fait qu'il facilite l'avènement du « bien suprême »,
c'est-à-dire la paix cosmopolitique. Ce qui pourrait être vu,
de manière un peu injuste, comme n'étant pas si éloigné de la
doctrine hégélienne et marxiste, d'après laquelle la morale et la
légitimité sont définies par leur conformité au sens de l'histoire.

Il semble cependant nécessaire de poser une question de
fond sur laquelle repose en définitive la distinction entre l'état
de nature et l'état de droit : « *Quis judicabit ?* » – Qui doit en
juger ? Bien que je déteste être du côté de Carl Schmitt contre
Kant, on ne peut qu'être d'accord avec l'auteur du *Nomos de
la terre* : un opérationnalisme objectif ou juridique de la définition de Kant est impossible tant que les États se trouvent dans
l'état de nature, c'est-à-dire tant qu'ils ne sont pas soumis à une

---

42. Emmanuel Kant, *Métaphysique des mœurs, op. cit.*, p. 226-227.
43. *Ibid.*, p. 233.
44. Pour une justification similaire de la guerre contre des États « hors la loi »
d'un point de vue libéral contemporain, cf. John Rawls, *The Law of Peoples*,
Harvard University Press, 1999, p. 80-81, 90-93.

autorité commune institutionnalisée[45]. Et je ne peux qu'être d'accord avec la malicieuse question de Schmitt : entre les maximes des armées de la Révolution française (que Kant soutenait au point de changer l'heure de sa promenade quotidienne pour avoir les nouvelles de la bataille de Valmy) et celles de leurs adversaires, lesquelles étaient, à long terme, incompatibles avec la paix ?

Ce qui nous amène à la dernière surprise : celle produite deux ans plus tard, par l'œuvre de Kant *Le Conflit des facultés*. La sympathie, proche de l'enthousiasme, engendrée par la Révolution française chez des spectateurs non impliqués à travers le monde y est interprétée comme un signe éclatant des dispositions morales de l'espèce humaine ; point qui, sans être moral lui-même, justifie le « chiliasme philosophique » dans la conception de Kant, c'est-à-dire l'espoir que le progrès moral conduise à la paix.

Kant reste bien sûr hostile à la révolution et à la guerre en tant que telles. Il prit soin de souligner qu'il se référait à la sympathie des spectateurs plutôt qu'aux actes des révolutionnaires ; il semble avoir fortement désapprouvé certains d'entre eux (comme l'exécution de Louis XVI). Il admet que la révolution peut échouer, « peu importe si elle accumule misère et atrocités au point qu'un homme sensé qui la referait avec l'espoir de la mener à bien ne se résoudrait jamais néanmoins à tenter l'expérience à ce prix ». Mais, poursuit-il, « cette révolution trouve quand même dans les esprits de tous les spectateurs (qui ne sont pas eux-mêmes engagés dans ce jeu) une sympathie d'aspiration qui frise l'enthousiasme[46] ». Il montre en outre que cette sympathie est moralement fondée et peut être à la base d'un optimisme historique.

Cette cause morale qui intervient est double : d'abord, c'est celle du droit qu'a un peuple de ne pas être empêché par d'autres puissances de se donner une constitution politique à son gré ; deuxièmement, c'est celle de la fin (qui est aussi un

---

45. Carl Schmitt, *Le Nomos de la terre*, *op. cit.*, 2ᵉ partie, chap. 2, section B : « L'ennemi injuste de Kant ».
46. Emmanuel Kant, *Le Conflit des facultés*, in *Opuscules sur l'histoire*, *op. cit.*, p. 171.

devoir) : seule est en soi conforme au droit et moralement bonne la Constitution d'un peuple qui est propre par sa nature à éviter, selon des principes, la guerre offensive ; ce ne peut être que la Constitution républicaine, théoriquement du moins – par suite propre à se placer dans les conditions qui écartent la guerre (source de tous les maux et de toute corruption des mœurs)[47].

Cela ne peut-il être vu comme un moyen de défendre les guerres de la Révolution française, de les interpréter comme étant défensives et suscitées par la tentative de puissances extérieures d'empêcher le peuple français d'adopter la seule bonne Constitution ? Dans ce cas, on pourrait conclure que Kant, opposant par principe à l'intervention et au changement révolutionnaire, a fini par défendre (bien qu'avec une certaine hésitation) à la fois une révolution en train de se produire et un changement de régime par la force en présence d'États-« voyous », en les présentant comme le moyen de progresser le long du chemin vers l'état légitime de la paix perpétuelle.

Hegel : guerre et intervention comme instruments de civilisation de l'Esprit du monde

Je serai bien plus bref avec Hegel, car s'il peut être encore plus ambigu et mystérieux sur le sens ultime de son système, en revanche, sur la question de l'intervention militaire, il n'a ni les hésitations ni les contradictions de Rousseau et de Kant. Son enthousiasme pour Napoléon (« l'âme du monde », qu'il avait vu passer sous ses fenêtres à Iéna) correspondait à celui de Kant pour la Révolution française[48]. Cependant, à la différence de Kant, il n'avait pas à affronter le dilemme entre morale et his-

---

47. « Un événement de notre temps qui prouve cette tendance morale de l'humanité », *ibid.*, p. 108.
48. Voici ce qu'écrit exactement Hegel : « J'ai vu l'Empereur – cette âme du monde – sortir de la ville pour aller en reconnaissance ; c'est effectivement une sensation merveilleuse de voir un pareil individu qui, concentré ici sur un point, assis sur un cheval, s'étend sur le monde et le domine. » Cité dans « Lettre à Niethammer », datée du 13 octobre 1806.

toire ou entre état de nature et état de droit. Il affirme de la manière la plus catégorique la primauté de l'histoire, qui est le développement de l'Esprit. Ce développement intervient, en particulier, à travers les actions des Césars et des Napoléons de ce monde.

Ces grands hommes peuvent violer toutes les règles morales et juridiques existantes sans que leurs actions cessent de conduire à une réconciliation supérieure parce qu'ils ont été les instruments de l'histoire, et que, en dernière analyse, l'«histoire du monde est le tribunal du monde[49]». Hegel rejette la critique tradition-nelle, morale ou légaliste, de ces dirigeants en citant à plusieurs reprises le proverbe français: «Il n'y a pas de héros pour son valet de chambre», mais en ajoutant: «Non pas parce que le héros n'est pas un héros, mais parce que le valet de chambre est un valet de chambre[50]». Il insiste plus loin sur l'affirmation que les «blessures de l'esprit guérissent sans laisser de cicatrices[51]».

Hegel souligne que cette œuvre des grands hommes s'accom-plit, en un sens, sans qu'ils en aient conscience. Ils croient suivre leurs passions et leurs intérêts; or ils ne sont en fait que les ins-truments de la «ruse de la raison», du *grand dessein de l'Esprit* à la recherche de lui-même[52]. Ils ne font pas d'interventions, ils font des conquêtes et des actes héroïques: c'est l'Esprit qui intervient à travers eux: «L'intérêt particulier de la passion est donc inséparable de la mise en action du général[53].» D'un autre côté, dans certains passages, Hegel dit que les grands hommes savent, d'une manière semi-consciente, qu'ils incarnent leur temps et remplissent une mission[54].

---

49. G.W.F. Hegel, *Principes de la philosophie du droit, op. cit.*, § 341, p. 43-44.
50. G.W.F. Hegel, *Phénoménologie de l'esprit, op. cit.*, § 665.
51. *Ibid.*, § 669.
52. G.W.F. Hegel, *Leçons sur la philosophie de l'histoire*, tr. fr. Jean Gibelin, Vrin, 1979, p. 39.
53. *Ibid.*, p. 37.
54. «De tels individus n'avaient pas, en ce qui concerne leurs fins, conscience en général de l'Idée, mais ils étaient des hommes pratiques et politiques. C'étaient aussi des gens qui pensaient et qui savaient ce qui est nécessaire et ce dont le moment est venu.» *Ibid.*, p. 35.

Cette insistance mise sur la grandeur et les droits spéciaux devient encore plus claire quand on se rend compte que, autant que ces grands hommes, les acteurs de l'histoire sont, à chaque époque, les peuples particuliers, ou nations, dont le moment est venu parce qu'ils incarnent un principe universel. Cela leur donne un droit spécial à être le peuple dominant du monde à un moment précis, en tant qu'instruments passionnés de l'Esprit du monde. « Vis-à-vis de son droit absolu d'être le représentant et l'agent du stade actuel de développement de l'Esprit du monde, les esprits des autres peuples sont sans droits et, comme ceux dont l'époque est déjà passée, ils ne comptent plus dans l'histoire mondiale[55]. »

Ce statut supérieur, privilégié, paraît parfois s'appliquer non seulement à la nation particulière qui représente l'Esprit du monde à un moment donné, mais à *tout* État plus développé face à *tout* État moins développé :

La même détermination a pour conséquence que les nations civilisées considèrent et traitent comme des barbares les autres nations qui leur sont inférieures quant au moment substantiel de l'État (ainsi font les peuples pasteurs vis-à-vis des peuples chasseurs et les peuples agriculteurs vis-à-vis des deux autres), avec la conscience d'un droit inégal et du caractère formel de l'indépendance de ces peuples barbares[56].

L'Esprit du monde a toujours le dernier mot ; et « comme le rapport des États entre eux a pour principe leur souveraineté respective, ils se trouvent les uns par rapport aux autres dans l'état de nature[57] ». Néanmoins, parmi les États civilisés, constitutionnels – ce par quoi Hegel entend essentiellement les nations européennes développées, plus l'Amérique du Nord –, existent des liens et des barrières qui, quoique fragiles en l'absence d'une autorité commune, continuent à limiter l'usage de la force : ce sont l'équilibre des forces, divers engagements juridiques et l'interdé-

---

55. G.W.F. Hegel, *Principes de la philosophie du droit, op. cit.*, § 347.
56. *Ibid.*, § 351.
57. *Ibid.*, § 333.

pendance économique. Comme Rousseau et Kant, Hegel pense
que l'Europe est à certains égards devenue une république où la
guerre est impossible. Il cite de manière approbatrice la formule
de Napoléon : « Cette vieille Europe m'ennuie[58]. »

Hegel pense bien sûr qu'il continuera à y avoir des guerres,
mais qu'elles ont en grande partie perdu leur fonction historique – sauf dans le cas des États moins développés, comme
moyen de les coloniser et de les transformer en États rationnels (par exemple entre les Amériques du Nord et du Sud).
La guerre est nécessaire à la santé morale d'un peuple ; mais
les « vraies guerres ont besoin d'une autre justification », et, en
fait, leur mission historique est de contribuer à l'universalité
de l'État totalement développé. Lorsqu'un jour cette mission
sera complètement accomplie, le passage des individualités,
personnelles ou nationales, héroïques à la rationalité prosaïque
sera lui aussi achevé et il n'y aura plus d'autres grands actes
méritant d'être célébrés par des épopées[59]. Cependant, même
si l'histoire se termine au niveau conceptuel par l'achèvement
du système global de Hegel, l'État rationnel développé « réellement existant » esquissé dans sa *Philosophie du droit* reste miné
par les contradictions entre richesse et pauvreté qui l'obligent à
essayer de s'étendre à l'étranger[60].

Cependant, même auparavant, les grandes actions et les victoires militaires ne suffisaient pas – puisque les résistances locales
à un gouvernement étranger, et les préférences et dispositions
d'un peuple pouvaient en pratique rendre très difficile de le « civi-
liser » selon un principe général. Le changement de régime par
la force et la mission civilisatrice étaient peut-être désirables dans
l'abstrait, mais se révélaient d'application très difficile, même
pour les nations les plus puissantes. L'exemple du héros de Hegel,
Napoléon, constitue peut-être la leçon la plus importante pour
notre sujet :

---

58. GWF. Hegel, *Leçons sur la philosophie de l'histoire*, *op. cit.*, p. 71.
59. G. W. F. Hegel, *Cours d'esthétique*, Aubier, 1995, vol. 3.
60. G.W.F. Hegel, *Principes de la philosophie du droit* , *op. cit.*, § 245-248.

*[Napoléon] tourna ensuite vers l'extérieur l'immense puissance de son caractère, soumit toute l'Europe et répandit partout ses institutions libérales. On n'a jamais remporté de plus grandes victoires, jamais exécuté de plus grands coups de génie; toutefois, jamais l'impuissance de la victoire n'apparut plus clairement qu'alors. Les sentiments (*Gesinnung*) des peuples, c'est-à-dire leur sentiment religieux et celui de leur nationalité, ont enfin renversé ce colosse*[61].

Leçons pour notre temps

La dernière citation de Hegel pourrait fournir une réponse rapide et affirmative à la question évidente : en quoi les penseurs classiques examinés dans ce chapitre présentent-ils un intérêt pour les problèmes des XXe et XXIe siècles ? Toutefois, l'importance de Rousseau, Kant et Hegel pour notre époque va bien au-delà de l'utilité politique immédiate que peuvent présenter leurs raisonnements face à des événements actuels.

Comme nous l'avons vu, Rousseau était profondément préoccupé par les souffrances des hommes dans d'autres pays et par l'anarchie régnant à l'échelon international. Cependant, son souci majeur est l'identité, que l'on ne peut trouver au niveau politique que dans une petite communauté austère, démocratique et patriotique, conservant jalousement son unité, son originalité et son indépendance – et donc sa souveraineté – dans un monde dominé par la compétition, la conquête et le commerce.

La pensée de Kant est marquée par une autre contradiction : entre, d'un côté, l'impératif catégorique d'une morale universelle, qui prohibe la guerre et se méfie des passions ; et, de l'autre côté, sa vision de l'histoire, selon laquelle ce sont précisément la guerre, la cupidité et les passions qui, en unifiant le monde, amènent la paix. Son plan pour une paix perpétuelle repose sur une combinaison précaire de constitution républicaine d'États, d'organisation internationale (sous forme d'une alliance de républiques pacifiques) et d'un droit cosmopolitique

---

61. G.W.F. Hegel, *Leçons sur la philosophie de l'histoire, op. cit.*, p. 342-343.

protégeant la liberté de mouvement de tous les individus et celle de l'échange commercial[62].

Tout en reconnaissant la valeur de la souveraineté et de la morale, Hegel prétendait les intégrer (et ce faisant les surmonter) à travers la primauté de l'Esprit du monde qui n'est que l'autre nom du sens de l'histoire. L'Esprit du monde œuvre en particulier par la guerre, la conquête et les empires – mais aussi par le développement de l'économie moderne et de la société civile. On pourrait considérer que, pour l'essentiel, le XXᵉ siècle a confirmé cette vision, notamment si l'on accepte l'idée du commentateur le plus brillant et le plus controversé de Hegel, Alexandre Kojève. Selon celui-ci, les deux doctrines révolutionnaires qui ont dominé cette période étaient un hégélianisme de gauche (le communisme) et un autre de droite (le fascisme)[63]. Mais, bien sûr, tous deux manquaient (c'est un euphémisme) de ce qui, pour Hegel, était l'objectif de l'Esprit du monde et le centre de l'État rationnel, c'est-à-dire la liberté. Après les horreurs de deux guerres mondiales et de deux révolutions et régimes totalitaires, l'horloge n'a-t-elle pas tourné ou n'est-elle pas revenue au dialogue entre Rousseau et Kant en abandonnant la synthèse hégélienne ? En un sens, la politique d'identité et la souveraineté, d'une part, le cosmopolitisme et les droits de l'homme dans un monde globalisé, de l'autre, sont récemment passés au premier plan de la scène internationale.

Rousseau est bien entendu le précurseur et, dans une très large mesure, l'inspirateur des mouvements les plus radicaux et postmodernistes – qu'ils soient en faveur du développement autocentré, de l'identité culturelle, de la « défense défensive » (c'est-à-dire une posture défensive centrée sur la résistance populaire et l'incapacité de la conquête), de l'environnementalisme et de slogans comme « *small is beautiful* ». Mais l'expérience montre aussi combien il est difficile d'être à la fois révolutionnaire et pacifiste et, pour les petites communautés, d'échapper

---

62. Pour une présentation, cf. Michael W. Doyle, « Kant, Liberal Legacies, and Foreign Affairs », *Philosophy and Public Affairs* 12, n° 3, 1983, p. 205-235.
63. Cf. Alexandre Kojève, *Introduction à la lecture de Hegel*, Gallimard, 1947.

à l'influence des Grandes Puissances ou du monde de l'économie sans devenir répressives.

Kant est à maints égards l'inspirateur du wilsonisme,
de la Société des Nations, des Nations unies et des organisations internationales en général, tout autant que du combat
pour les droits de l'homme et de la « responsabilité de protéger », proclamée de manière solennelle par l'Assemblée
générale des Nations unies en 2005[64]. Mais, dans ce cas aussi,
l'expérience amène à penser que tout cela entraîne de graves
problèmes moraux et pratiques. Lorsque, anticipant la critique
réaliste moderne du wilsonisme libéral, Reinhold Niebuhr fait
une opposition entre « l'homme moral et la société immorale »
et met ensuite en garde contre le danger de diviser le monde
entre « les enfants de la lumière » et « les enfants des ténèbres »,
il montre que le moralisme peut aboutir à l'immoralité et au
fanatisme[65]. Les hésitations de Kant sur le recours à la force
contre des « ennemis injustes » semblent justifiées par diverses
expériences de notre époque.

Hegel est, bien sûr, sans égal dans sa critique de la « vision
morale du monde ». Il justifie la guerre et l'intervention militaire au nom de la « destinée manifeste », ou de la mission
civilisatrice d'empires qui, consciemment ou non, sont porteurs d'un message universel. Mais, là encore, des épisodes
récents de *nation building* et de *regime change* ou de « renforce-
ment de la démocratie » dans des cultures étrangères semblent
confirmer la difficulté, reconnue par Hegel et dont Napoléon fit
l'expérience, de surmonter la résistance du sentiment national
et de la religion, fût-ce avec l'intervention de l'Esprit du monde.
Bref, ces trois philosophes classiques sont encore très proches
de nous aujourd'hui, dans les institutions, les pratiques et

---

64. Cf. Michael W. Doyle, « International Ethics and the Responsibility to
Protect », *International Studies Review* 13, n° 1, 2011, p. 72-84.
65. Cf. Reinhold Niebuhr, *Moral Man and Immoral Society*, Scribner, 1932, et
Reinhold Niebuhr, *The Children of Light and the Children of Darkness*, Scribner,
1944. Pour une présentation, cf. aussi Stefano Recchia, « Restraining Imperial
Hubris: The Ethical Bases of Realist International Relations Theory »,
Constellations, 14, n° 4, 2007, p. 531-556.

les raisonnements qui façonnent les relations internationales modernes. Les questions qu'ils ont soulevées et certaines des réponses qu'ils ont données, quoique rarement concluantes et empreintes parfois de graves contradictions, peuvent aussi nous aider à mieux comprendre ce qui est en jeu, au moins en matière d'éthique, dans les interventions contemporaines.

Chapitre 8

Rousseau et les relations internationales

À la question de savoir ce que Rousseau pensait de la théorie et de la pratique des relations internationales, on peut répondre brièvement ceci : pas beaucoup de bien. Toutes deux devaient être évitées autant que possible – la théorie parce qu'elle était inutile, la pratique parce qu'elle était nuisible.

Rousseau pouvait être très méprisant à l'égard de la théorie des relations internationales. « Rien n'est plus frivole que la science politique des cours : comme elle n'a nul principe assuré, l'on n'en peut tirer aucune conséquence certaine ; et toute cette belle doctrine des intérêts des Princes est un jeu d'enfants qui fait rire les hommes sensés[1]. » On peut parier que Rousseau aurait trouvé nos théorisations sur l'« intérêt national » des États contemporains, conçus comme des « acteurs rationnels » tout aussi ridicules que la « science politique des cours ». Bien que ses idées sur l'égoïsme des dirigeants et sur la faiblesse des intérêts communs fassent de lui un précurseur du « réalisme », il se moquerait tout autant des présupposés rationalistes et des prétentions scientifiques des réalistes, des néoréalistes, des comportementalistes et des fonctionnalistes.

Plus importante pour ce qui nous occupe est l'attitude de Rousseau à l'égard de la pratique des relations internationales. Ici encore, il pourrait difficilement être plus négatif.

---

1. Jean-Jacques Rousseau, *Considérations sur le gouvernement de Pologne*, *op. cit.*, p. 1037-1038.

Aux Corses, nation qui, avec les Polonais, lui demanda conseil, il recommande de se méfier de toutes les puissances étrangères : «Quiconque dépend d'autrui, et n'a pas ses ressources en lui-même, ne saurait être libre. Des alliances, des traités, la foi des hommes, tout cela peut lier le faible au fort et ne lie jamais le fort au faible. Ainsi, laissez les négociations aux puissances et ne comptez que sur vous. [Il faut] ne songer pas plus aux puissances étrangères que s'il n'en existait aucune[2]. » Pour les nations comme pour les individus, les relations entraînent dépendance et division, alors que la liberté et l'unité exigent autonomie et isolement.

Quelque choquant que puisse être le conseil de Rousseau pour des oreilles habituées à la fois aux réalités de l'inter-dépendance et au culte de la coopération, il évoque l'une des recommandations antiques : pour avoir une cité saine, il convenait de chercher un emplacement imprenable, loin de la mer, et de prendre des lois limitant les voyages à l'étranger de ses citoyens. Plus près de nous, il rappelle l'isolationnisme américain ainsi que les idéologies tiers-mondistes contemporaines de l'autonomie et du développement autocentré. Ce qui rend cependant la position de Rousseau digne d'attention est qu'il avait conscience non seulement que son avis était totalement inapplicable dans le monde moderne, mais qu'encourager ainsi un esprit de clocher extrême était insatisfaisant au niveau théorique le plus élevé. En effet, Rousseau est le seul philosophe politique, en dehors de Kant, à affronter franchement le problème des relations internationales ou, plus précisément, celui de la nécessaire pluralité des communautés politiques et de la difficulté que pose celle-ci à l'édification d'une bonne société, que ce soit au niveau international ou local. Les penseurs précédents avaient ignoré ce qu'impliquait la multiplicité des sociétés indépendantes ou avaient au mieux traité ce point de manière accessoire. Les grands penseurs semblent aborder cette question dans des notes de bas de page, des post-scriptum ou dans le plan

---

2. Jean-Jacques Rousseau, *Projet de Constitution pour la Corse*, in *Œuvres complètes*, *op. cit.*, vol. 3, p. 903-904.

d'œuvres non écrites. Il est certain qu'on pourrait dire la même chose de Rousseau, puisqu'il n'écrivit jamais la partie du *Contrat social* consacrée aux relations internationales (qu'il annonçait dans cette œuvre ainsi que dans *Émile*[3]). Ce qui ne l'empêcha pas de proclamer fermement que l'inévitable pluralité des sociétés civilisées tout à la fois sape les bénéfices de leur civilisation commune et compromet la possibilité pour chacune de parvenir à un ordre politique satisfaisant à l'intérieur de ses propres frontières.

Il existe trois approches logiques du problème de la pluralité des sociétés humaines. Deux d'entre elles essaient de le contourner, la première en isolant la bonne communauté et la deuxième en l'étendant sous la forme d'un empire universel. La troisième approche consiste à juger inévitable la multiplicité des États et à l'accepter, mais à s'efforcer de la rendre plus tolérable que l'état de nature chez les individus. Même s'ils ne croient pas en la possibilité – voire en l'intérêt – d'un isolement total, Platon et Aristote donnent clairement priorité à l'ordre domestique de la cité sur ses relations étrangères, ce qui correspond à la priorité de la paix sur la guerre et du loisir sur le travail. Dante, Kant et Hegel croient, chacun à sa manière, en une sorte d'ordre universel. Hobbes et Locke admettent tous deux le paradoxe que, si les individus entrent dans la société civile pour protéger leur vie et leurs possessions, les États demeurent dans l'état de nature et donc de guerre et continuent ainsi à constituer une menace pour ces mêmes biens. Ils croient cependant que la violence est moins inévitable entre les États que parmi les individus, puisque les premiers peuvent imaginer des institutions, des accords et des règles pour maintenir une paix partiale et précaire. Ils espèrent qu'émergera une société mondiale, reposant sur un mode de vie plus commercial que martial, qui atténuera la pluralité et la rivalité persistantes des États.

---

3. Jean-Jacques Rousseau, *Du contrat social ou principes de droit politique*, in *Œuvres complètes, op. cit.*, vol. 3, Livre IV, chap. 9, p. 470 ; *Émile, ibid.*, vol. 4, p. 848-849.

Rousseau ne se borne pas à rejeter chacune de ces positions, il trouve en fin de compte qu'elles laissent toutes à désirer. Tout en refusant catégoriquement la monarchie universelle ou toute autre variante d'un ordre politique mondial, il admet qu'une « société générale du genre humain » puisse en partie se justifier. Il soutient cependant que ce type de société n'existe sous une forme pure que comme une abstraction des philosophes. Dans la vie politique, elle cède devant l'inévitable priorité de la multiplicité des communautés réelles. Le sentiment qui nous attache au genre humain dans son ensemble n'est qu'une extrapolation, faible au demeurant, de la solidarité qui fleurit au sein de certaines sociétés particulières, essentiellement dans les petites républiques. Il est vrai que « nos besoins nous rapprochent à mesure que nos passions nous divisent ; et plus nous devenons ennemis de nos semblables, moins nous pouvons nous passer d'eux[4] ». Cependant, Rousseau tire de cette contradiction une conclusion opposée à celle de Locke et de Montesquieu, dominante à son époque. La dépendance mutuelle engendre le conflit, non la coopération, et les besoins ne supplantent pas les passions, mais les exacerbent. C'est l'une des raisons qui expliquent pourquoi, contrairement à ce que soutiennent Hobbes et Locke, l'état de nature est plus violent entre les États qu'entre les individus. Une autre raison est que l'amour-propre règne à l'état endémique parmi les États : il n'y a pas d'égalité naturelle entre les nations comme il y en a entre les individus dans l'état de nature. Puisque la grandeur des nations est totalement relative, elles ne peuvent s'empêcher de se comparer les unes aux autres et leur besoin d'autoglorification est nécessairement illimité. Les États ne sont pas non plus retenus par la compassion ou l'humanité. Ce sont les individus qui éprouvent des sentiments, non les êtres collectifs, or la guerre est une relation non entre hommes, mais entre États[5].

---

4. Jean-Jacques Rousseau, Première version du *Contrat social*, chap. 2 : « De la société générale du genre humain », *ibid.*, vol. 3, p. 281-282.
5. Jean-Jacques Rousseau, *L'État de guerre, op. cit.*, vol. 3, p. 604-608.

Rousseau semble alors être attiré par la position classique – c'est-à-dire la recherche du meilleur régime au sein d'une communauté particulière et la préférence pour la petite république isolée. C'est en effet ce qu'il recommande aux Polonais et aux Corses. Par ailleurs, Rousseau sait premièrement que les conditions de la vie moderne ont rendu l'isolement et la vertu presque impossibles ; les Polonais et les Corses sont au mieux des exceptions rares à cette règle. Deuxièmement, l'horreur dans laquelle il tient à la fois la guerre et l'amour-propre le laisse dans un état d'ambivalence à l'égard des vertus martiales privilégiées par la position classique. Troisièmement, et c'est le plus important, le philosophe lui-même ne peut pas se satisfaire de la liberté et de la paix de la communauté vertueuse, non seulement à cause de leur fragilité dans un environnement corrompu et belliqueux, mais parce que sa compassion et son indignation personnelles ne peuvent accepter d'être confinées à l'intérieur des frontières de sa cité. Il ne peut pas totalement accepter que, pour jouir de la liberté et du bonheur, la fraction de l'humanité à laquelle il appartient doive abandonner le reste du genre humain à la tyrannie et à la guerre.

Rousseau exprime avec une très grande force le dernier de ces points dans un passage de *L'État de guerre*.

Pénétré [des] discours insinuants [des philosophes], je déplore les misères de la nature, j'admire la paix et la justice établies par l'ordre civil, je bénis la sagesse des institutions publiques et me console d'être homme en me voyant citoyen. Bien instruit de mes devoirs et de mon bonheur, je ferme le livre, sors de la classe et regarde autour de moi ; je vois des peuples infortunés gémissant sous un joug de fer, le genre humain écrasé par une poignée d'oppresseurs, une foule affamée, accablée de peine et de faim, dont le riche boit en paix le sang et les larmes et partout le fort armé contre le faible du redoutable pouvoir des lois.

Tout cela se fait paisiblement et sans résistance. C'est la tranquillité des compagnons d'Ulysse enfermés dans la caverne du Cyclope, en attendant qu'ils soient dévorés. Il faut gémir et se taire. Tirons un voile éternel sur ces objets d'horreur. J'élève les yeux et regarde au loin. J'aperçois des feux et des flammes, des campagnes désertes, des villes au pillage. Hommes farouches où traînez-vous ces infortunés ? J'entends un bruit affreux ; quel tumulte ! Quels cris ! J'approche ; je vois un théâtre de meurtres, dix mille hommes égorgés, les morts entassés par monceaux, les mourants foulés au pied des chevaux, partout l'image de la mort et de l'agonie. C'est donc là le fruit de ces institutions pacifiques. La pitié, l'indignation s'élèvent au fond de mon cœur. Ah, philosophe barbare, viens nous lire ton livre sur un champ de bataille[6] !

Ce texte semble impliquer que tous les efforts pour aller vers une société bonne et légitime, y compris celle de Rousseau dans *Le Contrat social*, sont vains et indécents aussi longtemps que la guerre et l'oppression n'ont pas été partout éradiquées. En tout cas, ce qui se produit au sein d'une communauté ne peut ignorer l'obstacle fondamental posé par la pluralité des États.

La première chose que je remarque en considérant la position du genre humain, c'est une contradiction manifeste dans sa constitution, qui la rend toujours vacillante. D'homme à homme, nous vivons dans l'état civil et soumis aux lois ; de peuple à peuple, chacun jouit de la liberté naturelle : ce qui rend au fond notre situation pire que si ces distinctions étaient inconnues. Car vivant à la fois dans l'ordre social et dans l'état de nature, nous sommes assujettis aux inconvénients de l'un et de l'autre, sans trouver la sûreté dans aucun des deux. [...] Dans la condition mixte où nous nous trouvons, auquel des deux systèmes qu'on donne la préférence, en faisant trop ou trop peu, nous n'avons rien fait et nous sommes mis dans le pire état où nous puissions nous trouver. Voilà, ce me semble, la véritable origine des calamités publiques[7].

Dans *Émile*, où l'on trouve presque la même constatation, Rousseau insiste sur le fait que cette «action et réaction continuelles» des États fait «plus de misérables et [coûte] la vie à plus d'hommes que s'ils avaient tous gardé leur première liberté», et dénonce à nouveau cette «association partielle et imparfaite qui produit la tyrannie et la guerre[8]».

---

6. *Ibid.*, p. 609.
7. *Ibid.*, p. 610.
8. Jean-Jacques Rousseau, *Émile*, in *Œuvres complètes, op. cit.*, p. 848.

Reste à savoir où cela mène Rousseau. Il a identifié la « condition mixte » de l'« association partielle et imparfaite » résultant
de la pluralité des États comme la cause principale des pires
fléaux de l'humanité : la tyrannie et la guerre. Certes, la portée centrale de cette doctrine positive est précisément d'éviter
à tout prix l'ambiguïté, l'ambivalence et la division à l'intérieur de la cité et au sein de l'âme, en éduquant les hommes
pour en faire soit des citoyens, soit des hommes complets, et
en échappant aux pressions contradictoires de l'amour-propre,
du patriotisme et du cosmopolitisme. Je soutiens pourtant que,
dans ses réponses pratiques sur les relations internationales,
Rousseau ne parvient pas à éviter ces mêmes contradictions et
ambiguïtés qu'il veut supprimer. Bien que ce fût précisément
cette ambivalence qui lui a permis d'inspirer à la fois le nationalisme et l'humanitarisme, d'accuser à la fois le commerce et
la guerre, d'encourager la nostalgie pour l'héroïsme civique et
pour l'isolement pacifique naturel, la diversité de son influence
s'est faite au prix de beaucoup d'hésitations et d'une incapacité finale à trancher le nœud gordien de la « condition mixte ».
Ces hésitations imprègnent sa position sur une variété de sujets,
qu'il s'agisse des plans pour la paix perpétuelle, de la limitation
des dégâts à l'intérieur de l'« état de guerre », de l'encouragement à l'unité et à l'identité des communautés politiques ou des
vertus respectives du citoyen et du penseur.

Paix perpétuelle ou politique de puissance ?

Pendant plusieurs années, tandis qu'il préparait Du contrat social
et Émile, à la demande de sa protectrice, Mme Dupin, Rousseau
travailla à un résumé des vingt-trois volumes posthumes laissés
par l'abbé de Saint-Pierre et, en particulier, au projet de paix
perpétuelle de ce dernier. Ces travaux donnèrent naissance à
deux textes. Le premier avait pour objectif de présenter le projet
de Saint-Pierre, mais dans les propres termes de Rousseau, et,
ainsi qu'il nous en avertit, sur la base de raisonnements qui, pour
certains, étaient les siens. La seconde œuvre, qui ne fut publiée
qu'après la mort de Rousseau, contient son jugement sur le

projet de l'abbé. Comme on l'a déjà laissé entendre, la séparation entre les deux textes est tout sauf nette. Le premier contient
déjà un certain nombre de remarques critiques et le second est
moins franchement critique qu'on ne l'aurait pensé. L'objectif
et le sens de l'entreprise globale restent ambigus. Au cours des
ans, nombre d'illustres lecteurs, dont Voltaire, Madison, Kant
et Kenneth Waltz ont assimilé Rousseau à Saint-Pierre et vu
en lui un pacifiste utopique. D'autres, notant à juste titre que
le pessimisme de Rousseau à l'égard des relations internationales et de la sagesse des dirigeants est à l'extrême opposé de
l'optimisme naïf de Saint-Pierre, voient dans toute l'affaire une
corvée accomplie pour faire plaisir à Mme Dupin. Bien qu'on
puisse légitimement penser que, laissé à lui-même, Rousseau
n'aurait pas choisi le brave abbé et ses vingt-trois volumes
pour véhiculer au mieux son propre message, il paraît également probable que le sujet traité par l'abbé lui tenait au moins
à cœur. Le caractère compliqué, ambigu, voire contradictoire
de ses commentaires paraît lié à ses propres hésitations et à cet
autre mystère de Rousseau qu'est son incapacité à achever ses
Institutions politiques en traitant des affaires internationales, sans
lesquelles, comme nous l'avons vu, il jugeait tout son système
politique dépourvu de valeur.

La preuve que l'analyse par Rousseau du projet de Saint-
Pierre porte la marque de ses propres réflexions sur le problème
central des relations internationales est qu'elle commence par la
dénonciation, à présent familière, de la condition mixte et de ses
contradictions. Elle se poursuit par la proposition de la solution de la paix par le droit qui annonce Kant. « S'il y a quelque
moyen de lever ces dangereuses contradictions, ce ne peut être
que par une forme de gouvernement confédérative qui, unifiant les peuples par des liens semblables à ceux qui unissent les
individus, soumette également les uns et les autres à l'autorité
des lois. » Toutefois, il est immédiatement clair que Rousseau
ne croit pas aux chances de ce genre de fédération universelle.
« Ce gouvernement paraît d'ailleurs préférable à tout autre, en
ce qu'il comprend à la fois les avantages des grands et des petits
États, qu'il est redoutable au-dehors par sa puissance, que les lois

y sont en vigueur, et qu'il est le seul propre à contenir également les sujets, les chefs et les étrangers[9]. » S'il est peut-être utopique d'échapper à l'état de nature entre les nations grâce à une fédération universelle, l'autre possibilité, celle d'une variété de fédérations permettant de créer des îlots de paix à l'intérieur de l'état de guerre, paraît possible à Rousseau.

Après avoir signalé cette ambiguïté dans sa présentation de la fédération, Rousseau procède de manière vraiment dialectique en commençant par décrire, en termes vibrants, les liens particuliers de la religion, des coutumes et les intérêts commerciaux qui unissent les puissances européennes ; puis, en des termes tout aussi éloquents, mais cinglants, il expose les rivalités, les cruautés, les haines et les risques de guerre que provoque cette même interdépendance. Il conclut finalement que ces mêmes liens, qui sont aujourd'hui dangereux et nocifs, pourraient facilement devenir des facteurs de paix et de bonheur s'ils étaient régis par l'État de droit, selon le système de Saint-Pierre de garantie des frontières existantes et d'arbitrage par une Diète.

Cependant, Rousseau entreprend à nouveau de faire marche arrière en se moquant de la naïveté de Saint-Pierre, qui compte sur les mérites de son projet pour persuader les dirigeants européens qu'il serait dans leur intérêt à tous de l'adopter. Rousseau souligne la prédominance des passions sur la raison, des intérêts apparents sur les intérêts réels. Les princes préféreront toujours un avantage immédiat à leurs intérêts à long terme, et leurs intérêts individuels, qui satisfont leur soif de pouvoir et de supériorité, à leurs intérêts communs qui, étant communs, ne sont que faiblement perçus. Une fois mis en place, le système de Saint-Pierre serait difficile à renverser, mais il était très improbable qu'il fût jamais adopté. Néanmoins, Rousseau se hâte une fois encore de le défendre contre ceux qui le ridiculisent en le jugeant inapplicable. Il note que le roi Henri IV et son ministre Sully avaient proposé un système très similaire. La différence

---

9. Jean-Jacques Rousseau, *Projet de paix perpétuelle de monsieur l'abbé de Saint-Pierre*, *op. cit.*, p. 564.

était qu'ils se fondaient non sur son pouvoir abstrait de conviction, mais sur une patiente stratégie politique, menée depuis une
position de force et faisant appel à chacune des autres puissances
européennes en lui faisant valoir ses intérêts particuliers. S'il se
trouvait une configuration de pouvoir favorable, un nouvel
Henri IV pourrait réussir à imposer un projet de ce genre, mais
non sans un recours probable à la force.

> *Sans doute la paix perpétuelle est à présent un projet bien absurde ; mais
> qu'on nous rende un Henri IV et un Sully, la paix perpétuelle redeviendra un
> projet raisonnable : ou plutôt admirons un si beau plan, mais consolons-nous
> de ne pas le voir exécuter ; car cela ne peut se faire que par des moyens violents
> et redoutables à l'humanité.*
>
> *On ne voit point de ligues fédératives s'établir autrement que par des révo-
> lutions et, sur ce principe, qui de nous oserait dire si cette ligue européenne
> est à désirer ou à craindre ? Elle ferait peut-être plus de mal tout d'un coup
> qu'elle n'en préviendrait pour des siècles*[10].

Cette conclusion, au ton tout à la fois sceptique, résigné et
ironique, est-elle le dernier mot de Rousseau sur la paix, la révolution et l'usage de la force ? Ou n'est-elle qu'une boutade ?
Difficile à dire. Ce qui reste clair est le pessimisme de Rousseau
face à la « condition mixte » et sa volonté de chercher des mesures
partielles pour en atténuer la violence.

L'une de ces mesures est la réforme du droit international,
en particulier du droit de la guerre. Tout en accablant de son
mépris Grotius et tout le corpus existant du droit international,
Rousseau propose des principes de son cru sur des questions
telles que l'immunité des non-combattants et l'obligation
d'épargner les prisonniers. Ces principes découlent de sa définition de la guerre comme relation entre des États plutôt qu'entre
des individus[11].

---

10. *Ibid.*, p. 599-600.
11. Jean-Jacques Rousseau, *Fragments sur la guerre*, in *Œuvres complètes, op. cit.*,
vol. 3, p. 613-616 ; *Du contrat social, ibid.*, p. 356-358.

Nous avons déjà mentionné une autre mesure encore plus importante : l'encouragement des fédérations, que Rousseau ne se lasse jamais de recommander comme seule voie vers une solution. Les fédérations soulèvent autant de problèmes qu'elles en résolvent mais, en réduisant le risque de guerre et en l'éloignant, sans pour autant l'éliminer, elles contribuent à atténuer son impact sur la vie quotidienne[12]. Ensemble, les États membres sont censés exercer une force assez défensive pour qu'elle les préserve d'attaques étrangères, mais pas assez offensive pour entreprendre des conquêtes. Manifestement, tout dépend cependant de la nature des unités composant la fédération et des liens qui unissent les États. Si les fédérations plaisent à Montesquieu et à Rousseau, dans la mesure où elles combinent les avantages des grands États et des petits, c'est parce que ces deux penseurs considèrent les petits États comme seuls satisfaisants en matière de politique intérieure. Eux seuls peuvent être des républiques vertueuses, où les citoyens se connaissent et s'identifient les uns aux autres et à leur cité, tout en maintenant les étrangers à distance. Mais ces caractéristiques mêmes des petites républiques ne posent-elles pas de problèmes pour d'autres aspects de la pensée de Rousseau ?

Polis *ou nation ?*

Pour commencer, l'idée même que la guerre est une relation entre des États et non entre des individus perd de son pouvoir lorsque les individus s'identifient à l'État à travers la volonté générale et le patriotisme[13]. Est-il alors possible de maintenir le principe de l'immunité des non-combattants ? Cela paraît d'autant plus problématique que, même dans le cas de la Pologne, Rousseau recommande d'abolir les armées profession-

---

12. Jean-Jacques Rousseau, *Projet de paix perpétuelle de monsieur l'abbé de Saint-Pierre, ibid.*, p. 584-586.
13. Cf. la définition de la vertu comme conformité de la volonté particulière à la volonté générale et l'affirmation que les «plus grand prodiges de vertu ont été produits par l'amour de la patrie». Jean-Jacques Rousseau, *Discours sur l'économie politique*, in *Œuvres complètes, op. cit.*, vol. 3, p. 252-255.

nelles au profit d'une force défensive populaire, de recourir à la tactique de la guérilla («petite guerre») et d'éviter la guerre technologique[14]. Il semble qu'à part un plaidoyer général contre la cruauté et l'inhumanité Rousseau présente deux catégories de propositions. La première est destinée aux États corrompus, gouvernés par des princes égoïstes : il essaie surtout ici de limiter la portée et les destructions de la guerre en jetant le doute sur sa légitimité. La seconde, plus importante, concerne les petites républiques qui sont encore capables de prendre de bonnes lois et d'éduquer à la vertu. Les guerres de ces États seront probablement de nature défensive, puisque la plupart des conquêtes trouvent leur origine dans le désir des dirigeants de consolider leur tyrannie chez eux. Lorsque les citoyens d'une république combattront pour défendre leur patrie, les vertus héroïques du patriotisme dans lesquelles ils ont été éduqués rendront la vie épouvantable à l'envahisseur[15]. Reste que, s'ils veulent décourager d'éventuels agresseurs plus puissants qu'eux, ils n'auront d'autre choix que de se fédérer.

Cependant n'y a-t-il pas ici une tension entre l'idée même de fédération et l'identification totale du citoyen à sa patrie et à ses concitoyens ? La fédération n'implique-t-elle pas des loyautés multiples et la citoyenneté de Rousseau, une loyauté exclusive ? Rousseau se plaint que les Français et les Anglais deviennent trop semblables et conseille aux Polonais d'être aussi distincts des étrangers que possible. Il recommande aux Corses de ne pas accorder de résidence permanente à plus d'un étranger par an et fait l'éloge des Spartiates pour avoir pratiqué l'inégalité à l'étranger et l'égalité seulement chez eux. Il décrit les patriotes en général comme «durs aux étrangers» puisque ces derniers «ne sont qu'hommes […], rien à [leurs] yeux». On se demande quelle pourrait être la solidité d'une fédération de républiques de ce type.

---

14. Jean-Jacques Rousseau, *Considérations sur le gouvernement de Pologne, op. cit.*, chap. 12 : «Système militaire», p. 1012-1020.
15. *Ibid.*, p. 1013-1018.

Quant à la Pologne, qui est une trop grande nation pour devenir une république vertueuse, Rousseau lui conseille de renoncer à une partie de son territoire et d'adopter une forme de gouvernement fédéral en se divisant en plusieurs États et en subdivisant ceux-ci en un nombre égal d'unités plus petites. Parallèlement, il recommande aux Polonais d'en « marquer soigneusement les bornes et [de faire] que rien ne puisse rompre entre elles le lien de la commune législation, et de la subordination au corps de la république[16] ». Il est clair que c'est à la Pologne et non à ses éléments constitutifs que doivent être attachés patriotisme et citoyenneté. Bref, le dilemme classique des fédérations – le risque d'être soit trop grandes, soit trop petites – paraît particulièrement aigu dans le cas de Rousseau. Même décentralisée, la Pologne resterait un grand État-nation. Quant aux liens fédéraux entre de petites et vertueuses républiques, ils reposeraient *in fine* sur des intérêts et des institutions communs, dont Rousseau nous enseigne qu'ils sont plus que fragiles en l'absence d'éducation civique commune.

L'exemple de la Pologne soulève une autre question importante, celle de la relation entre la nation et le peuple ou la république. C'est dans son *Gouvernement de Pologne* que Rousseau parle le plus souvent de la dimension nationale. Il écrit que « ce sont les institutions nationales qui forment le génie, le caractère, les goûts et les mœurs d'un peuple, qui le font être lui et pas un autre, qui lui inspirent cet ardent amour de la patrie fondé sur des habitudes impossibles à déraciner, qui le font mourir d'ennui chez les autres peuples au sein des délices dont il est privé dans son pays ». « Donnez une autre pente aux passions de Polonais [par rapport à l'homogénéisation croissante en Europe], vous donnerez à leurs âmes une physionomie nationale qui les distinguera des autres peuples, qui les empêchera de se fondre, de se plaire, de s'allier avec eux[17]. »

Ces passages, plus que d'autres, ont valu à Rousseau le titre de père du nationalisme moderne. Se pourrait-il qu'il ait mis

---

16. *Ibid.*, p. 970-971.
17. *Ibid.*, p. 960-961.

l'accent sur ce sujet s'agissant de la Pologne parce que c'est un État moderne, que sa taille, son système hiérarchique et son environnement empêchent de parvenir à la vertu civique de la petite république ? En l'absence d'unité et d'identité produites par la volonté générale, le nationalisme pourrait-il être le seul moyen pour qu'un peuple reste uni et distinct de ses voisins ?

Dans son très intéressant *Rousseau and Nationalism*, Anne M. Cohler attribue au concept de nation un rôle plus fondamental dans la pensée de Rousseau. Elle souligne le caractère prépolitique de la nation. Elle s'appuie pour cela surtout sur l'affirmation de Rousseau dans le *Second Discours* que, longtemps avant l'instauration du gouvernement, les « hommes errant jusqu'ici dans les bois, ayant pris une assiette plus fixe, se rapprochent lentement, se réunissent en diverses troupes, et forment enfin dans chaque contrée une *nation* particulière, unie de mœurs et de caractères, non par des règlements et des lois, mais par le même genre de vie et d'aliments, et par l'influence commune du climat ». Cohler note plus loin que, dans son *Essai sur l'origine des langues*, Rousseau affirme que le « langage distingue les nations entre elles », et que la « parole étant la première institution sociale ne doit sa forme qu'à des causes naturelles[18] ».

On est alors tenté d'assigner au concept rousseauiste de nation un statut à la fois prépolitique, ou quasi naturel, et postpolitique, ou juridique. Seul le peuple d'une nation prise dans ce dernier sens est essentiellement politique et modelé par la législation et l'éducation. C'est cependant ce dernier sens du concept de nation qui s'avère essentiel pour Rousseau. Il définit le patriotisme non en termes de liens ethniques, mais comme fondé sur la relation entre la volonté particulière et la volonté générale. « Ce ne sont ni les murs ni les hommes qui font la patrie ; ce sont les lois, les mœurs, les coutumes, le gouvernement, la Constitution, la manière d'être qui résulte de tout cela.

---

18. Jean-Jacques Rousseau, *Discours sur l'origine et les fondements de l'inégalité parmi les hommes*, in *Œuvres complètes, op. cit.*, p. 169 ; Anne M. Cohler, *Rousseau and Nationalism*, Basic Books, 1970, p. 119.

La patrie est dans les relations de l'État à ses membres ; quand ces relations changent ou s'anéantissent, la patrie s'évanouit[19]. »

Quant à Cohler, elle note que le « nationalisme est un appel à un groupe préexistant qui sera radicalement modifié par le gouvernement qui doit être instauré au-dessus de lui[20] ». Dans les passages que j'ai cités du *Gouvernement de Pologne*, le « génie national » et la « physionomie nationale » sont donc le résultat des institutions (mais aussi des manipulations) du législateur. En ce sens, ils ne diffèrent pas tellement du « noble mensonge » de Platon. La principale différence par rapport aux mensonges antiques réside ailleurs : dans l'interaction complexe entre nationalisme et cosmopolitisme et, en dernière analyse, entre la raison, la passion (le *thumos* de Platon) et le sentiment.

Passion, raison ou sentiment

De Platon et Aristote à Hegel et Nietzsche, la relation entre patriotisme et cosmopolitisme pose problème à tous les philosophes politiques ; mais à Rousseau plus qu'à aucun autre. Il ne peut pas y avoir un plus fort contraste qu'entre les deux manières dont il traite cette question dans *Émile*.

> *Pour empêcher la pitié de dégénérer en faiblesse, il faut donc la généraliser et l'étendre sur tout le genre humain. [...] Il faut par raison, par amour pour nous, avoir pitié de notre espèce encore plus que de notre prochain. [...] Moins l'objet de nos soins tient immédiatement à nous-mêmes, moins l'illusion de l'intérêt particulier est à craindre ; plus on généralise cet intérêt, plus il devient équitable ; et l'amour du genre humain n'est autre chose en nous que l'amour de la justice[21].*

Cela figure au Livre IV d'*Émile*. En revanche, dans le Livre I, on trouve le même éloge du patriotisme et la même critique du

---

19. Lettre au colonel Pichet du 1ᵉʳ mars 1764, *in* Jean-Jacques Rousseau, *Œuvres complètes*, *op. cit.*, vol. 3, p. 1535.

20. Anne M. Cohler, *op. cit.*, p. 34.

21. Jean-Jacques Rousseau, *Émile*, in *Œuvres complètes*, *op. cit.*, p. 548.

cosmopolitisme que ceux qu'on a rencontrés dans le *Discours sur l'économie politique* ou dans le *Gouvernement de Pologne*.

> *Toute société partielle, quand elle est étroite et bien unie, s'aliène de la grande. Tout patriote est dur aux étrangers : ils ne sont qu'hommes, ils ne sont rien à ses yeux. Cet inconvénient est inévitable, mais il est faible. L'essentiel est d'être bon aux gens avec lesquels on vit. Au-dehors, le Spartiate était ambitieux, avare, inique ; mais le désintéressement, l'équité, la concorde régnaient dans ses murs. Défiez-vous de ces cosmopolites qui vont chercher au loin dans leurs livres des devoirs qu'ils dédaignent de remplir autour d'eux. Tel philosophe aime les Tartares pour être dispensé d'aimer ses voisins[22].*

Ce n'est évidemment pas tant une contradiction que l'expression de la célèbre maxime de Rousseau selon laquelle « forcé de combattre la nature ou les institutions sociales, il faut opter entre faire un homme ou un citoyen : car on ne peut faire à la fois l'un et l'autre ». Néanmoins, il serait trop facile de s'en tenir là, en disant que le passage du Livre IV concerne l'éducation d'un homme, alors que celui du Livre I traite de celle d'un citoyen. La question est de savoir si, même dans sa conception du citoyen, Rousseau peut entièrement éviter la contradiction de la condition mixte, qu'il expose avec tant de force dans sa célèbre critique du bourgeois[23]. Elle est de savoir si le citoyen rousseauiste est entièrement « dénaturé » ou si, à bien des égards, il porte la marque de l'homme de nature, de l'homme rousseauiste et peut-être de l'homme chrétien ou moderne.

Il y a tout d'abord le paradoxe – déjà présent chez Platon et Aristote – consistant à concevoir la société désirable comme une société de guerriers sans guerre, réussissant à être à la fois militariste et pacifique. La cité idéale devrait être petite, isolée, se consacrant à son harmonie intérieure et évitant expansion et conquête ; en même temps, elle ne devrait pas seulement être prête à se défendre, mais devrait être axée sur ces vertus – patriotisme, courage et sacrifice – qui prospèrent en temps

---

22. *Ibid.*, p. 248-249.
23. *Ibid.*, p. 249-251.

de guerre. Si la cité demeure en paix, ces vertus ont-elles une chance de fleurir ? Inversement, si elles s'épanouissent, la cité a-t-elle une chance de rester en paix ? Si elles s'étiolent, restera-t-elle forte et libre ?

C'est ici que les réponses implicites des classiques et de Rousseau paraissent diverger. Pour les classiques aussi, les nécessités de la guerre peuvent provoquer des souffrances dans la cité en l'obligeant à choisir entre le maintien de sa liberté et l'encouragement de la vertu. Dans une phrase frappante et mystérieuse, Leo Strauss assimile les exigences de la défense au talon d'Achille de la *polis* et l'innovation technologique au cheval de Troie de sa corruption[24]. Cependant, pour les classiques, le caractère martial de la vertu civique ne reflète pas seulement les nécessités de la défense extérieure, mais le caractère du système intérieur désiré. La soif de dominer et de contrôler finit par se confondre avec la soif de noblesse : toutes deux trouvent leur origine dans la partie ardente de l'âme. Toutefois, bien qu'il ne se lasse jamais de célébrer la vertu antique aux dépens de la corruption moderne, Rousseau déteste la cruauté et la guerre au point d'être ouvert à la possibilité du dépérissement final de la vertu. Dans l'*Extrait du projet de paix perpétuelle de monsieur l'abbé de Saint-Pierre*, il envisage l'objection que, dans le cas d'une paix perpétuelle, les armées perdent leur courage et leur discipline. Dans ce cas, « on ne pourra plus s'aguerrir, il est vrai, mais on n'en aura plus besoin ; car à quoi bon s'exercer à la guerre, pour ne la faire à personne ? Lequel vaut mieux, de cultiver un art funeste, ou de le rendre inutile[25] ? ».

Que l'art de la guerre soit pernicieux semble en effet être l'une des convictions les plus arrêtées de Rousseau.

[De la division du genre humain en sociétés politiques] sortirent [...] tous ces préjugés horribles qui placent au rang des vertus l'honneur de répandre le sang humain. Les plus honnêtes gens apprirent à compter parmi leurs

---

24. Leo Strauss, *Thoughts on Machiavelli*, Free Press, 1958, p. 298.
25. Jean-Jacques Rousseau, *Extrait du projet de paix perpétuelle de monsieur l'abbé de Saint-Pierre*, in *Œuvres complètes, op. cit.*, vol. 3, p. 586.

devoirs celui d'égorger leurs semblables : on vit enfin les hommes se massacrer
par milliers sans savoir pourquoi ; et il se commettait plus de meurtres en un
seul jour de combat, et plus d'horreurs à la prise d'une seule ville, qu'il ne
s'en était commis dans l'état de nature, durant des siècles entiers, sur toute
la surface de la terre[26].

En conséquence, dans l'éducation d'*Émile*, l'enseignement de
l'histoire, où les guerres et les révolutions occupent une place essentielle, joue un rôle bref et secondaire. Même Thucydide, « [par
ailleurs le plus grand des historiens] parle toujours de guerre, et
l'on ne voit presque dans ses récits que la chose du monde la
moins instructive, savoir des combats ». Pour sa part, Rousseau
nie non seulement la valeur morale de la guerre, mais une grande
partie de sa signification historique. « On trouve souvent dans une
bataille gagnée ou perdue la raison d'une révolution qui, même
avant cette bataille, était déjà devenue inévitable. La guerre ne
fait guère que manifester des événements déjà déterminés par
des causes morales que les historiens savent rarement voir. » Émile
étudiera les grands conquérants en se concentrant essentiellement
sur leurs vies privées. La conquête elle-même sera étudiée une fois
que l'éducation d'Émile l'aura préparé à la mépriser. « Il s'indi-
gnera de voir ainsi tout le genre humain, dupe de lui-même,
s'avilir à ces jeux d'enfants ; il s'affligera de voir ses frères s'entre-
déchirer pour des rêves, et se changer en bêtes féroces pour n'avoir
pas su se contenter d'être hommes. » Pyrrhus et Auguste seront
étudiés pour montrer la vanité de l'ambition[27].

Cette critique de l'ambition n'est pas oubliée, même lorsque
Rousseau revient à son éloge des vertus héroïques. Dans
Gouvernement de Pologne, il parle de créer des « âmes courageuses
et désintéressées », au sein desquelles on doit préserver et ranimer des mœurs simples et des goûts sains ainsi qu'« un esprit
martial sans ambition »[28]. Ce genre de combinaison n'est nulle-

---

26. Jean-Jacques Rousseau, *Discours sur l'origine et les fondements de l'inégalité parmi les hommes*, in *Œuvres complètes, op. cit.*, p. 179.
27. Jean-Jacques Rousseau, *Émile*, in *Œuvres complètes, op. cit.*, p. 532-534.
28. Jean-Jacques Rousseau, *Considérations sur le gouvernement de Pologne, op. cit.*, p. 1003-1004.

ment impossible, ce que confirment dans une certaine mesure des exemples modernes, tels les Suisses de l'époque de Rousseau et les Israéliens aujourd'hui. Cependant, ces mêmes exemples prouvent la fragilité de cette combinaison. Elle découle non seulement des effets corrosifs du luxe et du commerce, mais aussi de la tension entre l'amour de l'humanité et celui de la patrie. « L'amour de l'humanité donne beaucoup de vertus comme la douceur, l'équité, la modération, la charité, l'indulgence, mais il n'inspire pas le courage ni la fermeté, etc.; et ne leur donne point cette énergie qu'elles reçoivent de l'amour de la patrie qui les élève jusqu'à l'héroïsme[29]. »

Pourtant, comme je l'ai déjà indiqué, Rousseau ne choisit pas les vertus politiques plutôt que d'exiger l'équité et la charité. S'il partage le rejet par les classiques de la liberté totale du commerce et de l'attachement aux biens matériels, ses réserves sur les passions guerrières le rangent plutôt parmi les modernes. Tout en rejetant la substitution, que fait Montesquieu, du commerce et de l'humanité à l'austérité et à la guerre, il espère pouvoir combiner refus de la richesse et de l'inhumanité. Intention qui rappelle celle du christianisme. Ce qui l'expose peut-être à sa propre critique de ce dernier comme subvertissant la citoyenneté authentique.

Les différences entre Rousseau et les classiques transparaissent même, voire surtout, au niveau du transpolitique, où, dans les deux cas, l'équilibre se déplace du patriotisme au cosmopolitisme. Pour Platon et Aristote, les « grandes âmes cosmopolites », qui franchissent les « barrières imaginaires qui séparent les peuples », le font par l'exercice de la raison universelle. Selon Rousseau, elles agissent ainsi parce qu'elles ont préservé leur compassion naturelle ; c'est donc qu'« elles embrassent tout le genre humain dans leur bienveillance ». Il est vrai que, comme le note un chapitre de *The Legacy of Rousseau*, la compassion ne se transforme en amour de l'humanité que grâce aux bons offices de l'imagination, dont le développement

---

29. Jean-Jacques Rousseau, *Fragments politiques*, in *Œuvres complètes, op. cit.*, vol. 3, p. 536.

présuppose la raison. Mais il n'en demeure pas moins que la compassion, qui occupe une place secondaire dans la conception classique, ne devient centrale chez Rousseau que par la rétrogradation à la fois de la philosophie et de la politique au profit de la primauté du sentiment d'humanité[30].

C'est en revanche l'enrôlement de la raison et de l'indignation morale sous la bannière du sentiment et surtout de la compassion qui constitue le principal héritage de Rousseau en politique internationale. Plus que ses déclarations ambiguës sur le nationalisme et l'internationalisme, ce qui a changé le monde est le potentiel révolutionnaire de la conclusion du *Discours sur l'origine et les fondements de l'inégalité*, avec sa mise en accusation explosive de l'inégalité globale entre maîtres et sujets, riches et pauvres, « puisqu'il est manifestement contre la loi de nature, de quelque manière qu'on la définisse, qu'un enfant commande à un vieillard, qu'un imbécile conduise un homme sage et qu'une poignée de gens regorgent de superfluités tandis que la multitude affamée manque du nécessaire[31] ».

La philosophie de l'histoire et l'expérience historique

Sur la question particulière de la guerre et de la paix, au-delà du problème structurel et permanent de la pluralité des États, le message central de Rousseau concerne la société moderne. Pour Locke et Montesquieu, l'avènement de la société commerciale offre au moins une solution partielle au problème des conflits en substituant les intérêts aux passions, et l'humanité au fanatisme. Rousseau renverse ce jugement en affirmant que l'interdépendance et la concurrence rendront la guerre plus probable et une paix véritable impossible. Kant, Hegel et Marx acceptent ce renversement, mais le renversent à leur tour : la concurrence et le commerce, l'inégalité et la richesse

---

30. Jean-Jacques Rousseau, *Discours sur l'origine et les fondements de l'inégalité parmi les hommes*, in *Œuvres complètes, op. cit.*, p. 178 ; Clifford Orwin « Rousseau and the Discovery of Political Compassion », *in* Clifford Orwin et Nathan Tarcov (dir.), *The Legacy of Rousseau, op. cit.*, chap. 14.
31. *Ibid.*, p. 194.

conduisent bien à la division et à la guerre, mais, à son tour, ce processus conduit à travers la « ruse de la nature » ou de la « raison » à l'unification de la planète, à l'éducation de l'homme et à des régimes politiques pacifiques par nature.

À certains égards, l'histoire donne raison à la fois à Rousseau et à ses successeurs philosophes ou révolutionnaires. L'optimisme sur le caractère pacifique de la société commerciale et industrielle (sur la primauté de l'économique sur le militaire), quoique largement répandu au XIXe siècle, fut transformé en humour noir par les deux guerres mondiales et les deux régimes totalitaires du XXe siècle. Aujourd'hui, avec l'effondrement du second de ces régimes, l'idée d'obsolescence de la guerre dans la société occidentale connaît une résurrection.

Cependant, qu'implique tout cela en termes de solidarité et de capacité réelle à instaurer un ordre libre et pacifique sur la planète ? Quel est l'impact moral et politique du progrès en matière de communication et de commerce ? Kant et Hegel étaient tous deux conscients qu'un monde fondé sur la recherche de la seule satisfaction économique ne pouvait pas servir de base à une paix véritable. Kant, philosophe de la paix, comptait sur la moralité désintéressée, Hegel, philosophe de la guerre, sur le sacrifice patriotique pour rendre une dimension de citoyenneté non mercenaire à un monde dominé par l'individualisme possessif. Manifestement, aucun des deux n'a réussi à empêcher l'essor du « dernier homme » de Nietzsche. Rousseau, en revanche, avait signalé que l'homogénéité des Lumières produirait des hommes qui ne seraient que des Européens ou, pire encore, seulement des hommes – c'est-à-dire rien. Il n'aurait pas non plus été surpris par la réaffirmation de la différence, qu'elle soit rhétorique ou violente et qu'elle se fasse sous le couvert du nationalisme, du renouveau ethnique, du communautarisme ou simplement de la guerre tribale ou des gangs.

Les relations internationales d'aujourd'hui

Mais quelle aurait été la réponse de Rousseau à la situation actuelle ? Quel parti aurait-il pris dans nos débats d'aujourd'hui ?

La réponse paraît facile dans deux domaines (intervention militaire et interdépendance économique) et difficile dans deux autres (identité nationale et solidarité humanitaire).

Bien qu'étant favorablement disposé envers la notion d'organisation internationale telle que proposée par l'abbé de Saint-Pierre, aujourd'hui Rousseau aurait très probablement été néo-isolationniste. Haïssant la guerre et détestant la conquête, il aurait probablement répugné à toute suggestion de guerre pour mettre fin à toutes les guerres, à toute intervention pour punir une agression, ou même à toute alliance destinée à la dissuader et à protéger d'éventuelles victimes. En raison de sa méfiance à l'égard des motivations des dirigeants et des conséquences des guerres, il se serait aligné sur les critiques d'une politique active de grande puissance, en particulier celle impliquant la force.

La position de Rousseau aurait été encore moins ambiguë sur la question de l'interdépendance économique. Il aurait condamné, déploré ou raillé la victoire idéologique du libre-échange et salué la résistance qu'elle suscite. Il aurait été du côté des syndicats américains contre l'Alena, avec les agriculteurs et les artistes français contre le Gatt, avec les radicaux tiers-mondistes et l'école de la *dependencia* pour le « développement autocentré » et contre l'« échange inégal » et l'« impérialisme du libre-échange ».

Les ambiguïtés d'une position rousseauiste contemporaine commencent avec une troisième dimension de notre situation actuelle – qui est à la fois la plus moderne et la plus rousseauiste : l'interpénétration sociale. Les sociétés politiques correspondent de moins en moins à l'idéal rousseauiste d'unité à l'intérieur et d'isolement à l'extérieur ; elles sont de plus en plus affligées à la fois par les divisions intérieures et les influences extérieures que Rousseau a dénoncées avec tant de force. Mais, par là même, elles font l'expérience d'aspirations contradictoires – le besoin de spécificité et de repliement sur soi, d'une part, et l'élargissement de la compassion à l'ensemble de l'espèce humaine, de l'autre – toutes deux étant d'inspiration rousseauiste.

Depuis la fin de la guerre froide, le double processus de fragmentation et d'interpénétration n'a fait que s'accélérer. Les États n'ont plus prise sur leurs sociétés parce qu'ils sont en compétition pour la loyauté de leurs citoyens avec les revendications à la fois de communautés plus petites et sous-nationales et d'influences transnationales extérieures, allant des médias aux migrations de masse et des mouvements religieux aux mafias criminelles. L'effondrement des pseudo-fédérations communistes, telles que l'Union soviétique et la Yougoslavie, a fourni les exemples les plus spectaculaires d'émergence de ce genre de problèmes, comme ceux des minorités et des réfugiés, des frontières et des migrations. Cependant, les problèmes sont encore plus généraux que ceux-ci. Ils concernent la nature de l'identité nationale ainsi que les obligations et le pouvoir de la communauté internationale. D'un côté, ces préoccupations tirent dans des directions opposées : fragmentation et politique ethnique, ou globalisation et politique d'intervention humanitaire. De l'autre, on peut les réconcilier dans le principe de solidarité avec les groupes opprimés, notamment lorsqu'il s'agit de minorités nationales. Mais le facteur même qui assure la force de ce principe en explique aussi la fragilité : il repose sur le sentiment humanitaire plus que sur des calculs de viabilité économique ou de faisabilité militaire.

En ce qui concerne le sujet « ethnicité et nationalisme », la pensée de Rousseau est au centre du débat entre les deux versions de l'identité nationale, la civique ou démocratique, et l'ethnique ou romantique.

En fait, on ne peut réduire Rousseau à l'une ou l'autre de ces branches de l'alternative. Sans aller aussi loin que Cohler, on a vu l'importance tout à la fois des racines prépolitiques de la nation et de l'exploitation et de l'encouragement délibérés des différences nationales par la religion civile et l'éducation civique. De même, bien qu'on ne puisse accuser Rousseau de favoriser la conquête ou aucune forme de nationalisme expansionniste, encourager la xénophobie dans des buts intérieurs et défensifs ne peut que risquer de provoquer le conflit international qu'on cherche précisément à éviter.

La pertinence de la pensée de Rousseau pour comprendre la tendance complémentaire de la solidarité humanitaire est encore plus frappante – comme l'est l'ambiguïté ou l'ambivalence de son enseignement. On a vu comment, selon Rousseau, la compassion de l'homme moderne est à la fois plus étendue et plus faible que celle du vrai citoyen, contribuant ainsi aux dilemmes du nationalisme et du cosmopolitisme. Se pourrait-il que les médias, et en particulier la télévision, aient balisé une voie pour sortir de ce dilemme? Il est certain qu'aujourd'hui la compassion internationale joue un rôle insoupçonné à l'époque de Rousseau. C'est certainement dû aussi pour une grande part à ce qu'on appelle souvent le «facteur CNN»: dans le «village global», les horreurs de la guerre et de la famine entrent dans le foyer du citoyen moyen. Perdant le caractère abstrait des souffrances lointaines commentées à la fois par Rousseau et Voltaire, elles sont à présent les catalyseurs d'un changement international. Elles suscitent un élan «pour faire quelque chose», encourageant ainsi les mouvements transnationaux, tels qu'Amnesty International, ou des organisations humanitaires comme Médecins sans frontières.

Rousseau aurait sûrement éprouvé de la sympathie pour ces élans, si semblables à son évocation, dans *L'État de guerre*, du philosophe sur le champ de bataille. En même temps, il aurait prévu leur fragilité et leur versatilité, lorsque le spectacle d'une horreur vient en remplacer une autre aux yeux du public. Il n'aurait pas été surpris de voir que, très souvent, la répugnance à voir souffrir, qui est la source de la compassion, peut nous amener à changer de chaîne plutôt que la politique de nos gouvernements, en particulier si le choix de ces derniers comporte des risques et des sacrifices pour nous-mêmes. Il insiste sur le fait que la compassion est à son sommet lorsqu'elle n'entre pas en conflit avec nos intérêts, de même qu'il souligne que les États sont bien plus enclins à poursuivre ces derniers. L'intervention tardive de l'Occident en Yougoslavie ou son attitude ambiguë face à la Syrie ne prouvent que trop clairement cette vérité. L'hésitation, le malaise et, le plus souvent, l'hypocrisie que les gouvernements et l'opinion publique ont montrés face à ces crises confirment que, quand il s'agit de questions humanitaires, nous restons aujourd'hui profondément divisés – parmi les nations, à l'intérieur des nations et en nous-mêmes. Il semble que la malédiction de la «condition mixte» soit plus que jamais avec nous.

Troisième partie

La puissance et la guerre aujourd'hui

Chapitre 9

Violences, conflits et guerres : déclin ou mutation ?

Ce qui caractérise le mieux les conflits armés actuels, c'est leur combinaison de diversité et d'interconnexion, voire inter-pénétration.

Diversité spatiale, entre le local, le régional, le national et le global, tous ces niveaux réagissant les uns sur les autres : la révolution syrienne, aujourd'hui, comme la guerre d'Espagne hier, en est un exemple éclatant.

Diversité des acteurs, depuis l'individu, isolé ou meurtrier, dément ou fanatique, spontané ou manipulé, jusqu'aux armées des grandes puissances en passant par les guérillas, les milices, les mercenaires, les gangs, les pirates, les réseaux, voire les robots.

Diversité des enjeux, comme l'ethnique, l'économique, le religieux, le politique, qui se combinent par exemple dans les conflits internes d'un pays comme le Nigeria.

Les deux grands mécanismes classiques des relations poli-tico-militaires (l'équilibre des puissances) et des relations économiques internationales (le marché) fonctionnent mais sont constamment troublés, déviés ou brouillés par une troisième dimension, psychologique et sociale, celle des mouvements d'opinion, des mythes et des passions.

La révolution des moyens de destruction rend la Grande Guerre mondiale moins probable parce que suicidaire. Elle avantage à court terme les pays les plus avancés technolo-giquement, mais limite, à plus long terme, leur pouvoir, par la diffusion de cette même technologie et par l'accès de petits pays, voire de groupes, voire d'individus, à des capacités de destruction jusque-là réservées aux grands.

La révolution des moyens de communication favorise la contagion du local au global et réciproquement, elle interdit le secret et la séparation étanche entre la vie intérieure des États et leur action extérieure.

Quelles guerres ? Quelles paix ?

Que peut faire l'analyste dans cette situation ? Faut-il, dans ce qui peut apparaître comme une mêlée générale et confuse, s'inspirer du précepte de Max Weber, selon qui « ce n'est pas parce que la réalité est ambiguë que nos concepts doivent être confus » et tenir bon, comme Raymond Aron, qui le citait, sur une distinction radicale entre conflits intérieurs et guerres internationales ? Ou encore opposer, comme des auteurs plus récents, les guerres d'avidité aux guerres idéologiques ou politiques[1] ou les « nouvelles guerres » aux anciennes[2] ? Faut-il, au contraire, adopter une terminologie passe-partout, soit en renonçant à parler de guerres pour s'en tenir à des concepts plus généraux comme « violence » et « conflit », soit, au contraire, parler de « guerre économique », de « guerre contre la terreur », voire « contre le cancer » ou la « pauvreté », comme le font souvent les Américains ?

Nous préférons une solution intermédiaire, consistant à parler de guerres quand il s'agit de collectivités ou de groupes organisés, mais pas exclusivement étatiques, qui se combattent réciproquement (même si leurs propres structures et leurs manières respectives de combattre sont asymétriques) et où chacun s'efforce de faire du mal à l'adversaire (soit par la violence physique directe, soit par des blocus ou des sanctions économiques) sans y inclure ni la simple compétition ni la lutte unilatérale contre des phénomènes objectifs ou des victimes passives. Cela

---

1. Cf. Paul Collier, « Greeds vs Grievance » ; cf. Roland Marchal et Christine Messiant : « De l'avidité des rebelles : l'analyse économique des conflits par Paul Collier », *Critique internationale*, n° 16, 2002.
2. Cf. Mary Kaldor, *New and Old Wars*, Stanford University Press, 1999.

nous permet de noter les transformations de la guerre sans négliger leur caractère le plus souvent hybride et leurs combinaisons.

Le XXᵉ siècle a connu deux guerres mondiales, commencées en Europe et qui (du fait à la fois de leur caractère idéologique et des progrès de la technologie militaire allant de la mitrailleuse à l'arme aérienne) se sont transformées en guerres totales impliquant l'ensemble des populations et des économies des belligérants. La troisième, qui semblait dans la logique de la confrontation idéologique, a été évitée grâce à un autre bond technologique, celui de l'arme nucléaire. Mais celle-ci provoque à son tour la peur d'une guerre suicidaire qui mettrait en danger la planète tout entière.

Ces deux peurs successives se sont beaucoup atténuées, mais les espoirs d'une paix générale et stable, fondée, en particulier, sur l'organisation internationale (SDN puis ONU) et la gouvernance mondiale, succédant aux deux guerres mondiales et à la guerre froide, ont été déçus.

D'une part, en Asie, en Afrique, en Amérique latine, révolutions, guérillas et guerres d'indépendance ou de libération nationale ont continué de plus belle. D'autre part, la dialectique de la fragmentation et de la mondialisation a d'abord semblé diviser la planète en une zone pacifiée et prospère (l'Occident et le Japon) et une zone des tempêtes, puis conduire à l'extension de celles-ci, directement ou indirectement, à l'ancien centre, par les interventions postcoloniales ou humanitaires de celui-ci, par le terrorisme mondialisé, par le défi des puissances émergentes, avant tout celui de la Chine, par l'instabilité sociale et migratoire causée par la crise économique.

Une nouvelle période semble s'ouvrir, par un certain repli des puissances occidentales, dû à l'échec relatif de leurs interventions lointaines et à la diminution de leurs ressources. D'autres problèmes et dangers arrivent sur le devant de la scène. Ils sont dus aux révolutions et aux conflits non résolus au Moyen-Orient, aux problèmes globaux également non résolus de la planète, comme les migrations, les ressources rares et l'environnement, sources de conflits potentiels, enfin, *last but not least,* à la prolifération nucléaire et aux perspectives de robotisation de la guerre et d'attaques cybernétiques incontrôlables, d'utilisation d'armes nouvelles, par exemple biologiques. En même temps, une course aux armements classique, malgré sa dimension technologique, se fait jour entre les États-Unis et leur challenger immédiat, la Chine.

Les dynamiques de la guerre

Une formulation classique en théorie des relations internationales oppose trois interprétations sur les causes de la guerre : la nature humaine (interprétation religieuse ou psychologisante), le caractère des États (c'est-à-dire leur régime économique, politique et social) et la structure (anarchique ou multipolaire) du système international[3].

Cette dernière est toujours présente et une grande guerre sino-américaine pour l'hégémonie est toujours possible (notamment par escalade à partir d'un conflit sur Taïwan, la Corée ou le Japon) bien qu'encore plus improbable que ne l'était la troisième guerre mondiale pendant la guerre froide.

La dimension psychologique, ou psychopathologique, exacerbée par le fanatisme religieux ou raciste et par le désarroi devant un monde incompréhensible ne disparaît pas non plus, et la quasi-coïncidence dans le temps des attentats d'Oslo, de Toulouse, du Colorado, et du Wisconsin, dans la diversité même de leurs origines, suffirait à nous le rappeler.

Mais l'élément dynamique qui permet au moins d'émettre des hypothèses sur l'évolution de la guerre et de la paix tient plutôt à la « 2ᵉ image » de Waltz, c'est-à-dire à l'évolution sociale, économique, politique et culturelle des sociétés, et à l'évolution technologique et stratégique de la guerre elle-même.

Dans les deux cas, on peut distinguer les facteurs objectifs (matériels et organisationnels) et les facteurs subjectifs (passions, aspirations, représentations).

---

3. Cf. Kenneth Waltz, *Man, the State and War*, Columbia University Press, 1959.

Guerres et sociétés

Au point de vue des sociétés et des cultures, les différences sur le rôle de la guerre sont particulièrement spectaculaires. La paix par le commerce annoncée par des penseurs du XVIIIe siècle comme Montesquieu, ou la paix par l'industrie annoncée par Saint-Simon, Auguste Comte ou, à sa manière, par Marx, est réalisée pour les rapports entre États modernes, appartenant au monde de la démocratie libérale ou du capitalisme, bref entre membres de l'OCDE. Personne ne pense à une guerre entre la France et l'Angleterre ou l'Allemagne, ou à la reconquête de la Norvège par la Suède. Leurs rapports, parfois acrimonieux, relèvent plus de la politique intérieure que des relations internationales, si on définit celles-ci par la légitimité de la guerre entre États. C'est qu'il s'agit de sociétés civiles plutôt que militaires, individualistes plutôt que communautaires, confirmant l'idée de Benjamin Constant selon laquelle, les Modernes, contrairement aux Anciens, ne vivent pas pour leur État ni pour leur nation, mais demandent à ceux-ci de garantir leur liberté individuelle et la sécurité de leurs activités privées[4].

Les discussions des politistes ont fait rage sur ce phénomène, qu'elles attribuent le plus souvent à la démocratie. On peut penser aussi bien à l'individualisme, à l'adoucissement des mœurs, à l'absence de menace immédiate de la part d'un autre État, à la grande saignée de 1914 et aux expériences amères des guerres mondiales ou coloniales, à l'urbanisation diminuant le prix attaché aux territoires, etc.

Il y a évidemment des degrés. Le phénomène est plus accentué chez les vaincus de la Seconde Guerre mondiale (Allemagne, Italie, Japon) ou chez les pays de tradition neutre pour qui le mot même de guerre est banni, plus que pour la France et l'Angleterre, seules à envisager des expéditions militaires, parfois conjointes comme à Suez et en Libye, parfois en solitaires comme dans leurs anciennes colonies.

---

4. Benjamin Constant, *De l'esprit de conquête*.

Toujours est-il qu'après la décolonisation et la fin de la guerre froide ils ont tous, progressivement, supprimé la conscription, ce qui a accru le sentiment d'un relâchement du lien vital entre les pays respectifs et leurs armées[5].

Ce dernier point est également valable pour les États-Unis qui, après la guerre du Vietnam, ont renoncé à la conscription et ne songent pas à y revenir malgré l'insuffisance de leurs effectifs pour les tâches qu'ils avaient assumées en Irak ou, surtout, en Afghanistan[6]. Mais, plus que dans les pays européens, une partie importante de la population, attachée au port d'armes et à la peine de mort, est nostalgique des vertus martiales d'antan, et le pays n'a pas, comme la plupart des nations européennes, l'expérience d'avoir été, au XXᵉ siècle, occupé ou bombardé avant le 11 septembre 2001. La défaite du Vietnam et le 11 Septembre ont constitué deux surprises qui ont profondément choqué les États-Unis et provoqué une crise qui dure encore.

Après le Vietnam, les États-Unis semblaient avoir renoncé aux aventures, en ne s'engageant à l'extérieur que face à des adversaires de la taille de Grenade ou du Panama, et en évitant au maximum de risquer la vie de leurs soldats (sauf pour la guerre du Golfe en 1991, où leur présence fut massive mais le nombre de leurs victimes très réduit). Le 11 septembre, leur révélant leur vulnérabilité malgré leur sentiment de puissance et d'innocence, les ont entraînés dans les aventures de l'Irak et de l'Afghanistan.

Aujourd'hui, la majorité des Américains semble lasse des expéditions extérieures, bien qu'elle continue à trouver, en principe, qu'il est légitime de faire la guerre pour une cause juste et, notamment, qu'elle ne soit pas hostile à un bombardement de l'Iran pour l'empêcher d'accéder à l'armement nucléaire[7].

En fait, jusqu'ici, la grande supériorité des États-Unis en matière de ressources et de technologie militaire leur a permis d'entretenir un budget militaire supérieur à la somme des douze

5. Cf. *L'Armée dans l'espace public*, *Inflexions*, n° 20, 2012.
6. Cf. *The Modern American Military*, *Daedalus*, été 2011.
7. Sondages Transatlantic Trends, 2011 (German Marshall Fund), et Pew Global, 2012.

puissances militaires suivantes et de livrer des guerres lointaines sans demander de sacrifices à leurs citoyens. Leur puissance et leur richesse ont, inversement, retardé le moment où, bien après ses alliés européens, ils commencent à comprendre les limites de sa puissance[8] à la fois sur le plan militaire et sur le plan économique et à découvrir les vertus de la modération et d'une certaine modestie.

On ne peut pas exclure, cependant, qu'un attentat terroriste, une escalade de la guerre larvée contre l'Iran, les liens avec Israël, la nostalgie de la suprématie d'antan ne fassent renaître la volonté de revanche, ou le sentiment d'incarner le bien contre le mal et l'illusion d'une victoire sans risque ou sans sacrifice.

On trouve une tension assez voisine, compte tenu de la différence des situations et du caractère des sociétés respectives, chez l'ancien rival des États-Unis, à savoir la Russie, et leur challenger actuel, la Chine.

L'URSS, pendant la guerre froide, avait donné une priorité incontestée à la recherche de la puissance au point qu'on a pu déclarer que, plutôt que d'avoir un complexe militaro-industriel comme les États-Unis, elle était un complexe militaro-industriel, ce qui a fini par se retourner contre elle-même sur le plan de la course aux armements, la recherche de la quantité nuisant à l'innovation technologique. Après l'éclatement de l'URSS, la Russie est passée par une période de libéralisme à la fois anarchique et oligarchique, dont le prestige et l'influence de l'armée, par ailleurs corrompue et mise en échec en Afghanistan, ont fait les frais. La guerre de Géorgie a montré ses insuffisances, mais la manière dont la victoire contre un adversaire de taille fort inférieure a été célébrée à Moscou montre que la population russe elle-même ressentait le besoin d'une revanche par rapport à la perte de prestige et de puissance du pays.

Vladimir Poutine a encouragé ce double réflexe de citadelle assiégée et de grande puissance exclue, et cela encore plus depuis son nouveau mandat. Il a annoncé une grande réforme

---

8. Cf. Andrew Bacevich, *The Limits of Power 2008. The End of American Exceptionalism*, Holt, 2008.

des forces armées et un doublement du budget militaire. Son discours emprunte des accents qui semblent anachroniques, du moins en Europe : « Nous sommes une nation de vainqueurs, c'est dans nos gênes. »

Ces rodomontades sont dirigées d'une part contre les États-Unis, et d'autre part contre les anciens satellites lorsque ceux-ci montrent leur ingratitude envers l'Armée rouge. Mais, non exprimée ouvertement, une certaine anxiété devant la montée en puissance de la Chine se fait également jour.

Pour l'instant, l'armée russe a peine à faire face à la révolte qui sévit dans le Caucase, mais, incontestablement, malgré sa décadence et sa corruption, elle profite du fait que la « Grande Guerre patriotique » de 1941-1945 reste le symbole d'une Russie dont l'unité et l'esprit de sacrifice patriotique font rêver les générations démoralisées d'aujourd'hui, au point d'oublier son caractère totalitaire et répressif.

La Chine, plus encore, fait reposer la légitimité de son régime sur un grand récit militaire, celui de la « Longue Marche ». À une certaine époque, sa conception de l'économie comme des relations internationales se traduisait par une symbolique guerrière, qu'il se soit agi de la lutte contre la nature ou de l'« encerclement du Nord par le Sud » sur le modèle de celui des villes par les campagnes. Après les réformes de Deng Xiaoping, elle s'est lancée avec la même énergie dans un capitalisme sauvage (encore que contrôlé par le parti) dont l'armée est devenue l'un des acteurs et des profiteurs. Déjà, en 1978, quand Deng Xiaoping entreprit de « donner une leçon » au Vietnam, l'armée chinoise, peu habituée au combat, ne dut sa victoire qu'à la supériorité numérique et cela après une résistance spectaculaire des combattants vietnamiens aguerris. Cependant, plus récemment, le régime chinois semble avoir abandonné la ligne de la « montée silencieuse », destinée à rassurer ses voisins et les États-Unis. Son langage s'est fait plus offensif, il s'est engagé dans les querelles territoriales avec la plupart de ses voisins, du Vietnam au Japon, en passant par les Philippines. La Chine poursuit sa recherche de matières premières à travers le monde sans beaucoup de ménagements pour les populations locales. Surtout, une opinion publique qui semble pousser dans le sens du nationalisme, des problèmes intérieurs au parti dirigeant qui semblent n'être pas sans rapport avec la place accordée au rôle et à l'influence de l'armée, des problèmes sociaux croissants, une réaffirmation de la présence américaine en Asie clairement destinée à lui faire barrage, tout cela contribue à rendre des heurts guerriers sinon probables, du moins possibles.

Là encore, le facteur le plus important est sans doute celui de l'évolution du régime, conscient des intérêts communs que crée son interdépendance avec le monde capitaliste, mais également soucieux d'afficher son retour au premier plan et de se voir reconnaître un statut correspondant à son ascension économique et contrastant avec les humiliations d'antan. Entre ces trois puissances, toujours tentées par la conservation d'une hégémonie déclinante, la nostalgie d'une hégémonie passée ou l'aspiration à une hégémonie future, la dissuasion nucléaire et l'interdépendance économique ont rendu quasi inopérantes deux des trois causes de guerre distinguées par Thucydide : la peur et l'intérêt. Mais il reste la troisième, l'honneur, la recherche du rang et du statut, la vengeance pour des humiliations passées ou des offenses présentes, dont Richard Ned Lebow vient de rappeler qu'elles étaient plus généralement la source la plus fréquente des guerres qui, déclinantes en nombre, n'en continuent pas moins à survenir[9]. Les choses sont plus simples pour le voisin nord-coréen de la Chine, surmilitarisé et fondé sur l'entretien quotidien de la haine du Sud, ce qui pourrait bien donner un jour un conflit violent impliquant, indirectement du moins, la Chine et des États-Unis.

Parmi les autres grandes ou moyennes puissances nucléaires ou non nucléaires les risques de guerre se concentrent d'une part sur le couple Inde-Pakistan, d'autre part sur le Moyen-Orient, avant tout autour d'Israël et de l'Iran, mais aussi par une extension de la guerre civile de Syrie pouvant impliquer la Turquie et d'autres pays de la région.

---

9. Richard Ned Lebow, *Why Nations Fight*, *op. cit.*, 2010.

Il n'y a pas eu de véritable guerre entre l'Inde et le Pakistan depuis que tous deux ont acquis l'arme nucléaire, mais ces pays sont en position d'hostilité ouverte à propos du Cachemire et de l'Afghanistan. L'Inde, qui aspire à jouer un rôle de grande puissance régionale et mondiale n'en a guère les moyens, sa force militaire n'étant pas à la hauteur de ses ambitions (matérialisées par ses investissements en armements modernes) en raison de son caractère décentralisé et du manque d'autorité de son État. Elle n'en est pas moins obligée de combattre d'importantes insurrections paysannes et ethniques et se trouve en butte à des attaques terroristes inspirées par le Pakistan, qui renforcent sa frustration nationaliste.

Le Pakistan cumule tous les problèmes et tous les dangers : intérieurs et extérieurs. Une armée (et en particulier un service de renseignement militaire) dotée de plus d'autorité et d'autonomie que le gouvernement, une forte poussée islamiste, une présence d'Al-Qaïda, un contentieux territorial avec l'Inde, une méfiance réciproque avec l'allié américain, des zones tribales non contrôlées, une situation économique et sociale déséquilibrée. Les ambiguïtés et les contradictions de sa politique intérieure et extérieure rendent concevables tous les malentendus et toutes les escalades. Surtout que des mouvements incontrôlés comme Al-Qaïda peuvent en profiter pour s'efforcer de mettre le feu aux poudres, voire d'accéder aux armes nucléaires pakistanaises. Et que, d'autre part, passions religieuses et corruption se combinent avec les enjeux classiques du territoire et de la puissance pour créer des contagions transnationales et explosives, comme les activités du savant nucléaire A.Q. Khan, diffusant, semble-t-il, des secrets de fabrication des armes nucléaires à la Corée du Nord, à l'Iran et peut-être à l'Arabie saoudite.

C'est ce même entrelacement entre la politique et le religieux, entre les turbulences intérieures et les conflits extérieurs, entre les acteurs étatiques et les réseaux et les solidarités transnationales que l'on retrouve dans le conflit israélo-palestinien et dans son entrecroisement avec le problème du nucléaire iranien, avec les conflits des sunnites et des chiites, avec les interventions occidentales en Irak et en Libye, avec les répercussions de cette dernière au Mali, avec le printemps arabe et la présence d'Al-Qaïda au Yémen et peut-être en Syrie.

Plus généralement, les guerres les plus fréquentes sont des guerres civiles politiques, ethniques ou religieuses, menant ou non à des sécessions et à la création de nouveaux États[10]. Des conflits comme ceux du Congo et du Soudan continuent pendant des décennies, et font des millions de morts et de réfugiés. Des pays comme la Somalie souffrent à la fois de l'anarchie intérieure et des interventions extérieures répétées. L'Afrique est le continent où les conflits violents sont aujourd'hui les plus fréquents et durables. Comme le dit Achille Membe « aucun État africain n'est à l'abri de la dislocation[11] ». À l'opposé du rêve de l'unité africaine, il se produit un morcellement toujours inachevé, car les ethnies et les religions transcendent le plus souvent les frontières. Comme l'indiquait le politologue K.J. Holsti[12], les principales causes de guerre sont moins les États forts et conquérants que les États fragiles sans légitimité solide ou frontières reconnues, dont les nations cherchent leur identité et sont exposées en plus à une crise économique pouvant aller jusqu'à la famine. Celle-ci provoque des interventions parfois intéressées par les matières premières, parfois provoquées par la compassion, la révolte devant la barbarie ou la « responsabilité de protéger ».

Certains auteurs et acteurs, du Sud[13] ou du Nord[14], font valoir qu'il s'agit du processus malheureusement normal de formation des États, que les Européens ont connu eux-mêmes aux siècles

---

10. Entre 2001 et 2010, sur 29 conflits armés, 2 seulement furent des guerres interétatiques et 10 des guerres civiles internationalisées (SPRI Yearbook 2011, Oxford University Press, 2011, p. 61).

11. *Courrier International*, 13-20 juillet 2012.

12. K.J. Holsti, *The State, War and the State of War*, Cambridge University Press, 1996.

13. Mohammed Ayoob, « The Security Problematic of the Third World », *World Politics*, n° 432, janvier 1991.

14. Edward Luttwak, « Give War a Chance », *Foreign Affairs*, vol. 78, n° 4, 1999.

précédents et qu'il ne faudrait pas geler ou dévier artificiellement par des interventions extérieures. Mais, aujourd'hui, les différents âges coexistent au vu de tous, et il est difficile de demander au Nord soit d'abandonner le Sud, soit de l'aider sans vouloir influencer ou contrôler l'utilisation de cette aide.

D'où des interventions qui, même efficaces à court terme, finissent en général par échouer en suscitant des frustrations aux deux bouts de la chaîne.

C'est une dialectique essentiellement politique et morale, mais qui a une dimension culturelle et sociale et des conséquences stratégiques aussi bien qu'économiques importantes.

Révolutions techniques et bouleversements stratégiques

Entre les évolutions et révolutions des techniques de production, de communication et de transport, des techniques de combat et de destruction, et celle des régimes économiques, sociaux et politiques, il est vain de distinguer infrastructures et superstructures, mais important de noter les correspondances et les influences réciproques. La révolution industrielle et le progrès technique des trois derniers siècles ont révolutionné la guerre en multipliant la vitesse de déplacement des armées et celle des communications, la puissance des explosifs, la portée et la précision des armes portant la mort à distance, en conquérant, au-delà de la terre et de la mer, l'air avec ses avions et ses drones, l'espace avec ses missiles et ses satellites, le virtuel avec les virus cybernétiques. Mais les révolutions sociales et politiques, à commencer par la Révolution française et la levée en masse, en continuant par les révolutions totalitaires et les insurrections coloniales, par ce que Zbigniew Brzezinski appelle la « mobilisation politique globale[15] », ont joué un rôle également important.

Les deux innovations techniques qui, en 2012, sont au centre des conflits les plus importants, des débats stratégiques et de la réorganisation des appareils de défense sont les drones

---

15. Zbigniew Brzezinski, *Strategic Vision*, *op. cit.*

et la guerre cybernétique. Ils sont à la rencontre entre, d'une part, des progrès scientifiques et techniques spectaculaires (à la fois dans les domaines civil et militaire poursuivis depuis la Seconde Guerre mondiale et accélérés ces dernières décennies, dans le domaine de l'observation à distance, du téléguidage, et d'une manière générale dans celui de la cybernétique et de son utilisation sociale et militaire) et, d'autre part, la confrontation entre un terrorisme mondialisé, caractérisé en particulier par des attentats suicides, et des interventions militaires occidentales. On a pu voir dans celui-là un défi à la dissuasion fondée sur le refus mutuel du suicide et à la supériorité matérielle des grandes puissances industrielles. L'une des dimensions des drones et de la cyberguerre est celle d'une réponse à ce défi, une « réponse asymétrique à un défi asymétrique[16] » ou une réponse sans risque à une escalade allant au-delà du risque, une riposte ciblée à un défi décentralisé, évitant les occupations ruineuses et les bombardements indiscriminés.

L'usage des drones et les attaques cybernétiques clandestines ont commencé avant la présidence d'Obama, mais celui-ci leur a donné un développement sans précédent. Dans le premier cas, il s'agissait de se dégager de lourdes et en grandes parties infructueuses expéditions d'Irak et d'Afghanistan. Dans le deuxième, de ralentir, et si possible éviter, à la fois l'accession de l'Iran aux armes nucléaires et un bombardement de ses sites par Israël où seraient entraînés les États-Unis.

Le refus des confrontations massives et indiscriminées mène ainsi un Président adversaire de la guerre d'Irak et prix Nobel de la paix sur la pente des assassinats ciblés (déjà pratiqués par Israël) en temps de paix, des attaques préventives, pourvu qu'elles soient précises, discriminantes et si possible secrètes, grâce aux nouvelles possibilités offertes par les progrès techniques.

Pour comprendre l'emploi massif des drones et les complications politiques et morales qui en résultent, il est intéressant

---

16. P.W. Singer, *Wired for War C, The Robotics Revolution and Conflict in the 21st Century*, Penguin Books, 1999.

de retracer l'évolution de la stratégie américaine, car, si elle n'a inventé ni les drones ni les attaques cybernétiques, c'est elle qui leur a donné la place centrale actuelle sur la carte stratégique du monde.

On peut partir de la guerre du Vietnam et du débat de l'époque entre deux stratégies d'intervention : « *search and destroy* » (chercher et détruire) et « *winning hearts and minds* » (gagner les esprits et les cœurs). Ces deux stratégies seront dénommées plus tard « anti-terrorisme » et « anti-insurrection ». Elles interagissent dans la stratégie américaine avec les « révolutions » comme la RMA (Revolution in Military Affairs) chère à Donald Rumsfeld.

Fondée avant tout sur les progrès du *command and control* permettant une intégration beaucoup plus poussée (encore appelée la guerre en réseaux), conjuguée avec les progrès de la précision, notamment du laser, elle assurait une maîtrise complète de l'espace aérien. En commençant par la paralysie et l'aveuglement des forces de l'adversaire grâce à une attaque foudroyante (« *shock and awe* ») suivie d'une force terrestre très légère. C'est ce qui fut fait en Irak, avec un succès rapide au début, mais une surprise devant la montée d'une véritable insurrection. La recherche des armes de destruction massive est alors remplacée par une prise en main du pays, un effort pour rebâtir ses institutions tout en combattant l'insurrection, des augmentations de troupes, sans cependant oser ni recourir à la mobilisation ni demander à la population américaine des sacrifices par l'impôt. D'où un déficit à la fois en termes financiers et en termes d'effectifs.

Cependant, la nouvelle stratégie, théorisée par le général Petraeus, s'inspire des doctrines françaises pratiquées en particulier pendant la guerre d'Algérie. Le but est de protéger les populations en isolant les insurgés. Appliquée avec un nombre de troupes trop réduit, particulièrement en Afghanistan, et appuyée sur des postulats contestables sur les attitudes de la population protégée, elle suscite des débats entre services et la fatigue de l'opinion américaine et de celle des alliés de l'Otan, sans pour autant faire du gouvernement et de l'armée irakienne, et surtout afghane, des remplaçants crédibles.

Le président Obama, tout en commençant par suivre le conseil de ses militaires, met progressivement en place un retour à la stratégie « *search and destroy* », visant les terroristes, en particulier Al-Qaïda, plutôt que l'insurrection. Il cherche avant tout à rendre possible le retrait des troupes américaines. Il trouve la recette miracle en développant énormément un programme, commencé secrètement par le président Bush et rendu possible par les nouveaux progrès de la robotisation. Il s'agit des drones permettant d'observer plus précisément des objectifs plus lointains mais surtout de pratiquer des assassinats ciblés à des milliers de kilomètres. Ceux-ci se comptent par centaines, et le choix des cibles est souvent le fait du Président lui-même qui choisit les individus à éliminer lorsqu'ils se trouvent dans un pays avec lequel les États-Unis ne sont pas en guerre, et lorsqu'il y a des dangers de victimes civiles : il pèse les dangers d'erreur, de dommages collatéraux et de complications politiques avec les pays, du Pakistan au Yémen, sur le territoire desquels se trouvent les cibles.

La stratégie des drones est, jusqu'à présent, un grand succès sur le plan des résultats immédiats, car elle a réussi à décapiter Al-Qaïda en tuant des dizaines de ses dirigeants, ainsi que des terroristes individuels ou appartenant à d'autres groupes au Yémen, en Somalie et ailleurs. Mais elle pose autant de problèmes qu'elle en résout.

Selon certains observateurs compétents, si la stratégie des drones décapite les individus particulièrement dangereux et prévient des attentats en préparation, elle accroît plutôt les recrutements des organisations en question. Si un missile tombant du ciel comme la foudre au milieu d'une cérémonie ou d'un désert peut semer la panique, il inspire aussi, surtout dans des cultures fondées sur le culte de l'honneur et du courage, le mépris envers celui qui tue sans prendre de risques, et le désir de vengeance. C'est une stratégie qui convient à des pays riches mais contraints à l'austérité, à des pays modernes, libéraux ou bourgeois, qui préfèrent s'en remettre à la technique (comme pour la dissuasion nucléaire) plutôt qu'au combat et au sacrifice, bref qui sont surtout préoccupés de la vie et de la prospérité de leurs citoyens. Mais, à leur propre point de vue, elle soulève de grands problèmes démocratiques. Elle tue des suspects au lieu d'essayer de les capturer, de les interroger et de les juger, elle privilégie le secret et le pouvoir discrétionnaire de l'exécutif, elle met entre parenthèses la Constitution, les assemblées représentatives et la population, elle ne distingue ni entre l'armée et les services secrets, ni entre la paix et la guerre, ni entre le territoire national et l'étranger. Dans la guerre entre, d'un côté, un drone téléguidé ou un robot, lancés ou manipulés, depuis un bureau, par un technicien pendant ses heures de bureau et, de l'autre, un adepte de l'attentat suicide, ce qui disparaît c'est le guerrier.

En outre et peut-être surtout, cette stratégie est aujourd'hui avant tout l'apanage du plus puissant et du plus riche. Mais déjà les drones d'observation se répandent sur la planète, et de là aux drones comme instruments de destruction il n'y a pas de mur étanche, mais plutôt un pas qui sera franchi un jour. «Un monde plein de drones[17]», accessibles à tous les États, voire à des groupes et à des individus pouvant frapper tous ceux à qui ils veulent du mal à l'autre bout de la planète, serait un cauchemar ressemblant à l'état de nature selon Hobbes : un monde où la vie serait livrée à l'insécurité et à l'imprévisibilité.

Il en va un peu de même pour l'autre thème stratégique du moment : la guerre cybernétique. Encore plus que pour les drones, il ne s'agit pas d'une invention américaine. La Chine s'est fait une spécialité de pénétrer les ordinateurs des autorités étrangères, aussi bien que des firmes concurrentes ou des dissidents émigrés. Elle a pénétré le «cloud» de Google. La Russie a paralysé pendant vingt-quatre heures tout le système informatique de l'Estonie pour la punir d'avoir déplacé un monument à la gloire de l'Armée rouge. À chaque fois, d'ailleurs, ces deux pays se sont abrités derrière des groupes privés ou des universités.

Nous avons tous l'expérience des «hackers», et notre vision de l'existence quotidienne, pour peu que nous possédions un

---

17. «A World soon armed with drones», *International Herald Tribune*, 10 octobre 2011. Voir aussi Francis Fukuyama, «The End of Mystery: Why we all need a drone of our own», *Financial Times*, 25 février 2012.

ordinateur, est polluée par la conscience que quelqu'un, qui peut-être nous connaît, mais dont nous ignorions l'identité, nous veut du mal, soit pour nous escroquer, soit simplement pour nous nuire, soit, encore plus simplement, pour s'amuser.

Mais il est vrai que les États-Unis sont le seul pays dont il a été révélé sans aucun doute possible, à la suite d'un accident, qu'il avait depuis des années poursuivi, en collaboration avec Israël, un programme secret appelé «Olympic Games», consistant à envoyer des virus qui ont neutralisé des centrales nucléaires iraniennes et retardé les efforts de l'Iran pour devenir une puissance nucléaire[18].

L'accident lui-même, par lequel le virus Stuxnet a infecté un certain nombre d'ordinateurs dans le monde, avant tout aux États-Unis, est très important : il montre que, plus encore que pour les drones, les effets nuisibles aux émetteurs peuvent être automatiques, sans même passer par la réaction de ceux qui sont pris pour cibles.

Les deux types de systèmes et de stratégies d'emploi ont en commun de semer non pas seulement la «discorde chez l'ennemi», comme aurait dit le général de Gaulle, mais la confusion et la désunion dans leur propre camp et leur propre société. Toujours est-il que celle-ci, quelle qu'elle soit, est menacée de pannes, de paralysies et de désordres d'origine inconnue et parfois soupçonnée, à raison ou à tort, ce qui peut donner lieu à d'autres conflits, consciemment provoqués ou simplement produits de l'ignorance et du soupçon.

En tout cas, bien des critiques ont reproché au programme «Olympic Games» de légitimer un comportement qui serait sans doute imité et pourrait se retourner contre les États-Unis. Réponse évidente : les autres pays, sans parler de la Chine et de la Russie, ni de groupes non étatiques, n'ont pas besoin de l'exemple américain pour se livrer à de pareilles activités. Aucun des deux arguments n'est faux. Ce qui est certain, c'est que le monopole de la violence légitime attribué à l'État dans

---

18. Cf. David Sanger, *Confront and Conceal. Obama's Secret Wars and Surprising Use of American Power*, Crown Publishers, 2012, p. 188-273.

les sociétés modernes est entamé par plusieurs côtés : la distinction entre la violence légale et illégale, légitime et illégitime est affaiblie au niveau des États eux-mêmes, elle l'est par l'apparition de systèmes d'armes qui permettent une violence anonyme dans ses origines et incalculable dans ses conséquences, elle l'est par la multiplication des acteurs capables de les utiliser et par la différence de leurs traditions ou de leurs valeurs, et donc de leurs intentions et de leurs réactions.

Une régulation de plus en plus indispensable et de moins en moins probable

En 1991, après la fin de la guerre froide et la guerre du Golfe, bien des chefs d'État et des commentateurs annonçaient un « nouvel ordre mondial » pacifique et un nouveau rôle de l'ONU, longtemps paralysée par la guerre froide. En 2005, un rapport sur la sécurité humaine, émanant de l'Université de Colombie-Britannique, annonçait le déclin des guerres, avant tout interétatiques, mais aussi civiles, et de la violence en général, grâce avant tout à la fin de la guerre froide et de la colonisation, ainsi qu'à l'ONU, à ses médiations et à ses missions de paix[19]. En 2005 encore, l'Assemblée générale promulguait la notion de « responsabilité de protéger » qui devait, selon Gareth Evans, codirecteur de la commission qui a élaboré le concept, mettre fin une fois pour toutes aux massacres.

Aujourd'hui, le tableau apparaît à tous comme beaucoup plus sombre. Les termes de « communauté internationale » et d'« organisation de la paix » semblent prendre une allure tristement ironique. Les nouveaux types de conflits et de systèmes d'armes semblent, en ce qui les concerne, beaucoup plus difficiles à réguler. Les succès partiels des négociations stratégiques de la guerre froide pour la maîtrise des armements, ou ceux du traité de non-prolifération des armes nucléaires, sont eux-mêmes plus difficiles à imaginer pour les nouvelles armes. Il est plus facile de compter les sous-marins et les silos que les ordinateurs.

---

19. *The Human Security Report 2005*, University of British Columbia, 2005.

En tout cas, si l'élimination des armes nucléaires est probablement une utopie, celle des ordinateurs l'est certainement, ce qui ne veut pas dire qu'on ne puisse en limiter les dangers par des accords qui, même souvent violés, valent sans doute mieux que rien.

Une autre raison de pessimisme est la structure inégalitaire, arbitraire et datée des institutions internationales, avant tout celle du Conseil de sécurité et, par-dessus tout, le veto de ses membres permanents. Comme l'a dit Koffi Annan à propos de la Syrie, l'ONU ne peut apporter de solution que si la communauté internationale est unie. Or, précisément, elle ne l'est pas.

Là même où les membres permanents du Conseil de sécurité, leur volonté de puissance et leurs intérêts ou leurs perceptions contradictoires ne sont pas engagés directement, et où l'ONU est présente sur le terrain diplomatique et parfois sur le terrain des combats, comme au Congo, les guerres civiles, les conflits religieux, la persécution de minorités ethniques, l'action des pirates, des trafiquants et des marchands d'armes continuent et s'étendent de plus en plus dans certaines régions. L'ONU manque à la fois d'unité, de moyens, militaires et financiers, et d'un mandat suffisamment énergique pour arrêter la violence une fois qu'elle est déchaînée, même si elle peut être efficace pour la prévenir, ou pour maintenir la paix une fois revenue.

Une dernière raison de pessimisme, mais dont on peut espérer qu'elle s'atténue avec le temps, est le souvenir du passé. Les Occidentaux ont encore tendance à se prendre pour l'incarnation de la communauté internationale ou de la conscience universelle, la Russie pour une grande puissance impériale à vocation globale, les pays anciennement colonisés ou dominés voient dans toute proposition d'intervention de la communauté internationale émise de source occidentale un retour de l'impérialisme qu'ils ont subi. Un dirigeant d'un pays émergent, cité par Christophe Jaffrelot, déclare : « Il est temps que l'Europe s'y fasse. Les nations n'auront plus jamais de valeurs communes, parce que les nations sont elles-mêmes des collections d'expériences diverses. »

Peut-être cette dictature de la mémoire, cette nostalgie des uns et ce ressentiment des autres tendront-ils à s'effacer ou du moins à s'atténuer avec le temps. Peut-être, surtout, seront-ils dépassés par de nouveaux dangers et de nouveaux malheurs qui frapperont à la fois les uns et les autres. Les problèmes globaux de la planète, les nouvelles guerres possibles, liées au changement climatique, à la pénurie de ressources, aux migrations, dont nous n'avons parlé que par allusion dans cette notice parce que dans l'ensemble elles ne sont qu'à l'état virtuel, pourront-ils provoquer un réflexe de solidarité, absent aujourd'hui, devant les catastrophes communes.

Le théoricien de la guerre thermonucléaire dans les années 1960, Herman Kahn, aimait dire que la seule chance pour que les armes nucléaires soient supprimées serait que la bombe atomique soit, un jour, réutilisée quelque part. On ne retournerait plus alors, poursuit-il, à la dissuasion comme fondement de la sécurité internationale.

Ernest Renan disait : « Dieu n'existe pas, mais il existera peut-être un jour. » Absurde sur le plan théologique, cette idée peut l'être moins sur le plan politique sans pour autant lui donner un caractère messianique. La communauté internationale n'existe pas, mais elle existera peut-être un jour.

Souhaitons qu'elle ne se réduise pas, alors, à une communauté de regrets et de remords[20].

---

20. Certaines idées et formulations de ce chapitre s'appuient sur des textes antérieurs de l'auteur, dont : « Guerre sans morts ou morts sans guerre », *Critique internationale*, n° 4, 1999, et : « Par delà le totalitarisme et la guerre », *Histoire et anthropologie*, janvier-juin 1998, puis *Esprit*, mai 1999, repris dans *La Violence et la Paix*, Esprit, 1995, rééd. Seuil, coll. « Points », 2000 ; « Guerre et État » *in* Arnaud François (dir.), *Nouvelles figures de l'État : Violence, Droit et Sociétés*, IDEA, 2011 ; et : « L'avenir de la guerre : entre le drone et la bombe humaine », *Sciences humaines*, hors-série sur la guerre, septembre 2012.

Chapitre 10

Guerre, stratégie, puissance

Guerre

La guerre est-elle morte ou en voie de résurrection ? Absente ou présente ? On ne peut que répondre à chacune de ces questions : « Les deux, mon capitaine ! » Jamais la formule de Clausewitz – « La guerre est un caméléon qui change de nature à chaque engagement » – n'a été aussi vraie.

Il y a une guerre qui est certainement morte, c'est celle qui commence par une déclaration de guerre d'un État contre l'autre et finit par un traité de paix. Une autre est difficilement pensable, bien que l'affirmer écartée pour toujours contribuerait à la rendre moins complètement improbable, c'est la troisième guerre mondiale, dont la crainte a dominé la guerre froide et, encore plus, une guerre entre États occidentaux. On n'imagine ni l'une ni l'autre déclenchée de sang-froid par un « Pearl Harbor » atomique.

Mais la Chine et les États-Unis sont engagés dans une compétition militaire déclarée, à tous les niveaux. Tout porte à espérer qu'elle ne dégénérera pas en guerre ouverte, à propos de Taïwan ou d'un autre enjeu, et que la dissuasion et les intérêts économiques joueront leur rôle pacificateur, mais nul ne peut le garantir.

Entre d'autres puissances, la Chine encore, l'Inde, le Pakistan ou les deux Corées, voire le Japon, la guerre possible commande les dispositifs stratégiques. Là encore il y a fort à parier que, si hostilité il y a, elles se borneront à des attaques plus ou moins indirectes et non revendiquées (comme les attentats de Bombay) ou à des épisodes limités comme la guerre de Kargil. Mais nul ne peut garantir l'absence de représailles et d'escalade, surtout, par exemple, en cas (parfaitement envisageable) de troubles mettant en cause l'unité du Pakistan et son armement nucléaire. Il va sans dire également que les conflits centrés sur Israël et sur l'Iran ont plus de chances de prendre la forme d'attentats et de sabotages que de guerre proprement dite, mais, une fois de plus, nul ne peut le garantir. Dans tous ces conflits, la France et l'Europe ne sont pas aux premières loges, même si elles sont impliquées par leurs alliances ou par leur souci de la sécurité internationale.

Personne ne menace directement la France de lui faire la guerre. En revanche, qu'on les appelle « guerres » ou pas, toutes sortes de conflits violents ou porteurs de violence à terme qui brouillent les distinctions entre guerre et paix, entre le public et le privé, entre l'économique et le politique, peuvent franchir les frontières ou engager l'action de ses forces militaires.

Ils vont du terrorisme, de la piraterie maritime et des mafias transnationales en passant par les révolutions et les guerres civiles qui la sollicitent, en mettant en cause ses ressortissants ou ses intérêts ou tout simplement ses valeurs et ses solidarités, et en entraînant ses propres actions en réponse : intervention humanitaire, action de stabilisation, maintien ou imposition de la paix, « responsabilité de protéger », etc. Il faut y ajouter la dernière-née, la guerre cybernétique où, comme tous les États, elle se trouve aux prises à la fois avec des États, des groupes, des individus dont la caractéristique est d'être non déclarés et difficilement identifiables.

Dans tous les cas, il peut paraître également légitime d'employer le mot « guerre » ou d'insister sur les éléments qui les distinguent de la guerre déclarée entre États. Mais l'important est de reconnaître qu'aucune classification ne rendra compte de leur nature, qui est précisément de dépasser les bornes, de se glisser dans les interstices, de présenter un visage contradictoire (guerres sans morts, morts sans guerre, voire guerres sans guerriers, comme dans le cas des drones, et guerriers sans guerre qui ne font pas partie d'une force organisée et étatique).

Il est facile d'opposer la guerre dans les règles et la pure anarchie, mais il nous faut néanmoins, ne serait-ce que pour la logique même de la prévention, du combat et de la dissuasion, trouver des codes, des règles, des éléments de réciprocité et de prévisibilité dans ce qui est par nature mouvant et asymétrique. Essentielle au point de vue juridique, la distinction du civil et du militaire est battue en brèche par le terrorisme et la notion d'«ennemi combattant» utilisée par l'administration Bush n'est pas d'un grand secours. Inversement, adopter à l'égard des États déclarés «voyous» la pratique de l'attaque préventive ou de la «défense anticipée», normale pour les opérations antiterroristes, n'est pas satisfaisant non plus. La guerre étant bannie, sauf en légitime défense, et en attendant une décision du Conseil de sécurité, elle se réfugie dans ce que le jargon américain appelait «les opérations autres que la guerre». Non seulement la stratégie et la tactique y sont différentes, mais les justifications par les résolutions de l'ONU, si on les considère comme seules légitimes, entraînent des problèmes d'efficacité (à cause de la restriction des moyens) et de crédibilité. La guerre, aujourd'hui, pour les démocraties, s'avance nécessairement masquée même lorsqu'elle s'oppose à un adversaire qui, au contraire, l'affiche et s'en glorifie.

Cela vaut à plus forte raison pour la guerre cybernétique qui, par essence, ne s'avoue pas lorsqu'elle agit d'État à État et qui se distingue mal de la lutte permanente entre «hackers», qui agissent pour le plaisir, dissidents, saboteurs, censeurs et espions.

La question à laquelle les stratèges doivent donner une réponse toujours provisoire est évidemment d'abord de ne pas opposer à un type de guerre une réponse appropriée à un autre type. Mais, sur le long terme, la question se pose de choisir quelle priorité accorder aux menaces, menace suprême mais extrêmement improbable ou menaces quotidiennes diffuses et ambiguës. Elle est aussi de trouver un juste équilibre entre l'adaptation à l'adversaire et le souci de rester soi-même et de ne pas finir par lui ressembler. Sur tous ces problèmes, la stratégie de guerre n'est pas séparable de la stratégie de paix et les stratégies militaire, économique et politique ne peuvent être pensées qu'ensemble.

Stratégie

Plus qu'à d'autres époques, la stratégie de la France, comme celle de ses alliés, doit faire face à des dilemmes dont la solution ne peut être que partiellement satisfaisante. La diversification des menaces et la multiplication des engagements souscrits contrastent avec l'impératif des économies en temps de crise. La coordination, la coopération, l'intégration sont souhaitables à des degrés divers selon les domaines, mais il arrive que leurs effets soient paralysants ou accroissent les coûts au lieu de les diminuer, surtout lorsque l'engagement des partenaires est trop inégal. La légitimité et l'efficacité convergent à long terme mais peuvent s'opposer violemment à court terme.

Ne possédant de compétence spécialisée ni dans le domaine militaire ni dans celui de l'économie, je me bornerai à tirer quelques leçons personnelles de cas où le politique et le stratégique se rencontrent, celui de l'intervention et celui des organisations multilatérales dont la France est un membre actif : l'ONU, l'Otan et l'Union européenne.

Pour les deux interventions où la France est engagée actuellement, j'aurais tendance à répondre : Afghanistan « non, mais » et Libye « oui, mais »…

En Afghanistan, où ce sont les États-Unis qui déterminent la stratégie d'ensemble, leur expérience, après dix ans, n'est pas encourageante. Ils oscillent depuis le Vietnam entre « chercher et détruire » et « gagner les esprits et les cœurs ». Leur stratégie préférée était, sous Donald Rumsfeld, une attaque foudroyante à base de supériorité technologique fondée sur l'arme aérienne et appuyée au sol par une présence légère qui devait leur permettre un retrait rapide. Elle s'est transformée en occupation prolongée, visant à changer l'orientation politique et les mœurs du pays occupé, voire à bâtir un État et une nation. Le général Petraeus a obtenu des succès provisoires par l'augmentation des troupes et par des conceptions empruntées aux théories de la guerre anti-insurrectionnelle française en Algérie (sans toutefois disposer du même nombre proportionnel d'hommes et de la même familiarité avec le terrain). Le président Obama cherche à se dégager mais augmente considérablement les assassinats de leaders terroristes à l'aide de drones et de forces spéciales, y compris sur le territoire du Pakistan. Mais, au sein de ce pays allié, l'antiaméricanisme et l'islamisme fondamentaliste montent vertigineusement et sont nourris par ces attaques et leurs « dégâts collatéraux ». Et, en dépit des communiqués officiels, la corruption et l'inefficacité des autorités ne donnent pas de véritables signes de diminution en Afghanistan même. Les soldats français meurent en essayant de protéger et d'éduquer des populations que la France, comme ses alliés, semble condamnée à abandonner un jour assez prochain. Mais, naturellement, il faut préparer la sortie de cette aventure malheureuse et surtout ne pas perdre de vue que le vrai problème stratégique est celui du Pakistan, détenteur de l'arme atomique et ennemi potentiel de l'Inde. La France et l'Europe doivent peser de tout leur poids, notamment politique et économique, pour une solution régionale comprenant l'Afghanistan et le Pakistan, mais aussi l'Inde et l'Iran.

L'expérience libyenne est à bien des égards plus prometteuse. Elle a témoigné d'un esprit d'initiative européen, et avant tout français, et d'une modestie réaliste américaine qu'on ne peut que saluer. Européens et Américains ont unanimement renoncé à la présence (en tout cas officielle) de troupes au sol et à une occupation permettant de prendre en main l'administration du pays. Ils ont peut-être jeté les bases dans l'urgence, et chacun pour ses propres raisons, de ce rééquilibrage de l'Alliance atlantique si souhaitable et si peu réalisé jusqu'ici.

En même temps, les « mais » ne manquaient pas. Il semble bien que, comme pour le Kosovo, ce qui devait durer quelques jours ait duré quelques mois et n'ait été obtenu − fort heureusement − qu'en ne se tenant pas à la lettre de la résolution onusienne mais en aidant activement les rebelles par les fournitures d'armes, l'entraînement et la coordination stratégiques, et par les bombardements visant clairement le renversement de Kadhafi. La légitimation ambiguë par l'ONU a été obtenue grâce à l'abstention de la Chine et de la Russie qui ont critiqué tout ce qui allait au-delà de la zone de non-survol et dont des officiels déclarent qu'il s'agit d'une tentative impérialiste de reprise en main de l'Afrique et d'extension de l'Otan vers le Sud.

Naturellement aussi, le problème classique du «lendemain» se posera en cas de guerre civile prolongée, de persécution (déjà engagée) d'immigrés d'Afrique noire accusés d'être des mercenaires de Kadhafi et méritant autant d'être protégés que les vainqueurs, hier persécutés. De surcroît, une présence politique et économique franco-britannique triomphale dans la Libye de demain, sans parler d'une force de stabilisation otanienne ou même onusienne peuvent être souhaitables mais risquent d'endurcir tous les pays émergents dans leur méfiance actuelle.

Autant il est certain que l'impossibilité d'intervenir partout et de protéger tous les opprimés ne dispense ou n'interdit pas de le faire là où on le peut, autant la justification juridique et universaliste au nom d'une communauté internationale mythique est tout de même gênante quand des cas au moins aussi criants – comme la Syrie – sont bloqués par le veto des uns et la fatigue ou les intérêts des autres.

À tout le moins faut-il en tirer la leçon que l'ONU ne résout pas tout et qu'une véritable communauté internationale reste à construire patiemment dans un monde où l'Occident ne peut plus prétendre à la représenter à lui seul et où ses nouveaux partenaires-concurrents n'ont pas la même conception de l'ordre international.

Enfin, et peut-être surtout, les leçons à tirer pour la stratégie française et européenne concernent l'Otan et l'UE.

L'Otan a finalement fonctionné en Libye comme organisation technique. Mais comme les «caveat» de la plupart des Européens (en dehors de la France et du Royaume-Uni) en Afghanistan, l'inégalité de participation (une minorité de membres de l'Otan et de l'Union européenne), l'abstention de l'Allemagne et de la Pologne parmi les membres de cette dernière, et de la Turquie parmi ceux de la première, et surtout l'action contradictoire et velléitaire de certains ont exaspéré plusieurs responsables qui l'ont exprimé publiquement. Le soutien américain, indispensable au début et apparemment à la fin, a fait défaut de manière inattendue à certains moments importants de l'opération, et cela a révélé les difficultés techniques rencontrées par les seules puissances européennes actives militairement à assurer l'ensemble des tâches devant un adversaire malgré tout relativement modeste.

Ce qui est sûr, c'est que la réflexion du «nouveau concept» de l'Otan n'a pas atteint ses objectifs et qu'au contraire sa direction – celle de la mondialisation – n'est ni souhaitable ni réaliste. Le principe est excellent selon lequel l'Alliance doit manifester sa solidarité au moins symbolique partout où l'un de ses membres est concerné; mais aussi que ce sont ceux dont les intérêts et la proximité géographique, historique et culturelle sont les plus forts par rapport au conflit en question qui aient l'initiative de la stratégie à adopter et que les États-Unis ne devraient pas forcément aux commandes partout. Mais, pour l'appliquer, il faut toute une éducation et des efforts techniques, diplomatiques et financiers qui restent à faire pour transformer l'essai.

Quant à l'Europe, l'effort commun, intellectuel et pratique, en matière de défense, est encore plus difficile à organiser. L'affaire libyenne montre combien on est loin du compte mais confirme l'espoir que suscite l'accord franco-britannique. À la France qui se trouve dans une position centrale par ses deux dialogues – sur le plan stratégique avec le Royaume-Uni, sur le plan économique avec l'Allemagne – d'orienter autant que possible ce double dialogue dans un sens qui soit bénéfique à l'organisation de l'Europe tout entière. Sinon l'Union européenne et l'Otan deviendront l'une et l'autre, faute de solidarité, des boîtes à outils à peine utilisables.

Puissance

Je suis entièrement d'accord avec la manière dont l'amiral Dufourcq, rédacteur en chef de la *Revue Défense nationale*, a posé la question de la puissance dans la dernière phrase de sa lettre de juin 2011. Il s'agit bien pour la France de «trouver un équilibre qui combine la défense de ses intérêts, la réduction de ses vulnérabilités, l'exercice de ses responsabilités et la promotion de ses valeurs». Mais, très exceptionnellement, je le suis beaucoup moins avec ses prémisses. Je ne crois pas du tout à ses trois modèles. Je ne sais qui exerce aujourd'hui la puissance financière, mais je ne crois pas que ce soit la Grande-Bretagne. Je pense que la puissance de la France, comme celle des autres pays européens, a forcément une dimension globale à l'ère de la globalisation, mais je ne crois pas qu'elle puisse incarner plus que d'autres une définition ou une vocation de puissance globale. Elle a certes une vocation universelle qui lui vient des idées de la Révolution, mais, militairement, ni elle ni l'Europe ne sont des puissances globales au sens où le sont aujourd'hui encore les États-Unis et où, sans doute, la Chine aspire à la devenir. Économiquement, c'est l'Allemagne qui a une portée globale, qu'elle risque d'ailleurs, à tort, de privilégier par rapport à sa vocation européenne. La Grande-Bretagne a constitutivement une dimension globale par sa langue, sa tradition de priorité au « grand large », ses liens avec les pays lointains du Commonwealth. La récente défection allemande lors de la guerre de la Libye ne saurait constituer un modèle : son évolution au cours des dernières décennies allait lentement dans le sens opposé et on peut penser qu'elle trouvera un équilibre entre ses deux traditions contradictoires, militariste et pacifiste.

Au niveau des nations, et encore plus à celui de l'Europe, la puissance est nécessairement multidimensionnelle. Tout le problème dans chaque cas est celui des rapports entre ses différentes dimensions ! S'additionnent-elles ? Ont-elles un effet multiplicateur ? Ou, au contraire, peuvent-elles se nuire entre elles, voire entrer en contradiction ? Si on les combine, quel est leur taux d'échange ou, pour prendre une autre métaphore, quelle est la déperdition d'énergie quand on passe d'une forme de puissance à une autre ? Machiavel pensait qu'il valait mieux avoir de bons soldats que de grandes richesses et encore qu'il valait mieux être craint qu'aimé. Est-ce toujours aussi vrai, à l'âge des révolutions techniques de la destruction et de la communication ? Il est certain, en tout cas, «qu'on peut tout faire avec des baïonnettes sauf s'asseoir dessus», mais qu'inversement, si le pouvoir de détruire n'est pas celui de construire et celui de contraindre n'est pas celui de persuader, la conception de la France ou de l'Europe comme puissance purement normative ne comptant que sur le pouvoir d'attraction de ses valeurs et de conviction de ses analyses aurait peu de chances de faire prévaloir ses points de vue. L'expérience du Sommet de Copenhague sur l'environnement est éloquente à cet égard.

La France à l'intérieur de l'Europe et l'Europe à l'intérieur du monde d'aujourd'hui me paraissent avoir une vocation qui s'exprime avant tout par le terme d'équilibre : celle de contribuer à l'équilibre à la fois régional et global en ne se laissant rien imposer et en ne prétendant rien imposer aux autres, mais en jouant un rôle actif de médiation et d'arbitrage. Elles me paraissent être, ou devoir être, immunisées contre l'*hubris* de la domination mondiale et aussi bien contre la tentation de certains petits États à se reconnaître d'autres choix – et encore ! – que celui de leur maître ou de leur protecteur. Montesquieu et Rousseau distinguaient la force offensive et la force défensive des États et se prononçaient pour des confédérations ou fédérations d'États de taille moyenne dont chacun conserverait son identité, mais dont la pluralité et la solidarité les rendraient capables de se défendre ensemble contre tout adversaire sans être tentés d'envahir ou de dominer.

Sur le plan militaire, dans la phase historique actuelle, je pense qu'effectivement notre stratégie ne saurait être que défensive à condition d'inclure dans cette défense la sécurité de sa périphérie et de ne pas exclure des initiatives offensives sur le plan de la tactique. En dernière analyse, la survie et l'identité de la France dépendent avant tout d'elle-même, mais sa puissance et son influence ne peuvent se passer de l'union ou du moins de la coopération organisée avec ceux dont elle partage le plus largement les intérêts et les valeurs.

Classiquement, on distingue la puissance comme relation bilatérale et comme influence sur un système et sur ses règles du jeu. Qu'il s'agisse des négociations sur les armements, notamment nucléaires, de l'orientation des organisations multilatérales

comme l'ONU et l'Otan, de la lutte contre les dangers transnationaux ou de la régulation du commerce mondial, la France
et ses partenaires de l'Union européenne auront d'autant plus
de chances de faire entendre leurs voix respectives que celles-ci
se seront au préalable accordées sur une position commune.
Une revalorisation de la Commission dont c'était la vocation
que de proposer aux États membres des formules tenant compte
de l'intérêt de tous, serait plus qu'utile. Qu'il s'agisse de l'énergie
ou de la crise financière, les États européens seront en position
d'autant plus forte devant leurs interlocuteurs et partenaires
extérieurs qu'ils se seront au préalable assurés de ne pas être
manipulés grâce à leurs divisions.

Une autre définition de la puissance, qui rejoint la précédente,
s'inspire des exigences de tout organisme vivant. Pour progresser celui-ci doit à la fois gérer ses rapports avec son propre passé
et son propre avenir et ses rapports avec son environnement.
Il doit être fidèle à son passé mais sans en être prisonnier, ouvert
sur l'avenir mais en conservant sa cohérence et son identité. De
même, il doit s'ouvrir à son environnement pour s'en nourrir
mais ne pas se confondre avec lui et, au contraire, s'efforcer de le
transformer tout en s'y adaptant. Qu'il s'agisse de la circulation
des personnes, des biens ou de l'argent, ni le repli et la fermeture
ni l'ouverture totale et inconditionnelle ne permettent de vivre
et de progresser. Mais, pour obtenir cet équilibre, il faut pouvoir
peser sur les règles adoptées et pour cela « faire le poids ».
Aucun pays ne peut, dans la plupart des cas, y arriver tout seul.
Mais la France en Europe comme l'Europe dans le monde est
suffisamment importante dans des domaines divers pour pouvoir concilier ses intérêts propres et un rôle privilégié d'avocat
de l'intérêt commun.

La condition de la puissance, c'est à la fois de savoir écouter
pour être entendu, de négocier des compromis, mais aussi de
savoir et pouvoir s'opposer aux pressions, en résistant frontale-
ment ou en manœuvrant. C'est d'avancer, malgré les tempêtes
actuelles, dans la recherche d'un système fondé sur l'équilibre
et la réciprocité.

Chapitre 11

Puissance et impuissance
des interventions extérieures

Controverses théoriques

Cette contribution ne relève pas à proprement parler d'une analyse stratégique. À partir d'exemples récents, elle propose une réflexion qui s'insère dans le cadre d'une discussion plus générale de science politique sur la notion de puissance. Nous nous permettrons donc, avant d'examiner l'histoire et les leçons des guerres d'Algérie, du Vietnam, d'Irak, d'Afghanistan, voire, par allusion, de Libye et du Mali, de remonter aux discussions qui, vers la fin des années 1960, ont mis aux prises des théoriciens de différents bords (politistes, géopoliticiens ou stratèges) quant à la nature et aux transformations de la puissance internationale. Nous en avions rendu compte dans deux articles, « The Nation-State in the Nuclear Age[1] » et « On ne badine pas avec la force[2] ». Kenneth Waltz, père du néoréalisme, cherchant à démontrer la stabilité du monde bipolaire, ironisait sur l'idée que la guérilla puisse modifier l'équilibre international : elle ne

---

1. Pierre Hassner, « The Nation-State in the Nuclear Age », *Survey*, n° 67, p. 3-27.
2. Pierre Hassner, « On ne badine pas avec la force », *Revue française de science politique*, vol. 21, n° 6, 1971, p. 1207-1233, repris dans *La Terreur et l'Empire, op. cit.*

pourrait avoir cet effet, écrivait-il, que si elle se déroulait au sein de l'un des deux Grands[3]. Dire que leur échec à imposer leur volonté à tel ou tel pays signifiait qu'ils étaient moins puissants équivalait à dire qu'un marteau-piqueur était moins puissant qu'une roulette de dentiste parce qu'il ne pouvait servir à soigner une dent. Un autre maître de la science politique, Karl Deutsch, avait répliqué que la puissance dépendait des objectifs poursuivis, et que le pouvoir de mettre un homme KO ne vous donnait pas celui de lui apprendre le piano. Le pouvoir de détruire n'entraînait pas celui de construire ou de convaincre. Nous avions proposé l'idée, en commentant cette discussion, que le problème était celui du taux de change, ou de la déperdition d'énergie, entre les différentes formes de puissance.

Économiste et théoricien du conflit, Thomas Schelling a cherché à montrer, dans son livre *Arms and Influence*[4], que la force ne servait pas seulement à dissuader ou à détruire, mais aussi à contraindre par la menace ou les sanctions. Il pensait alors aux bombardements américains du Vietnam. Karl Deutsch, encore lui, répondait qu'il s'agissait d'une psychologie sommaire fondée sur un calcul utilitariste du plaisir et de la douleur qui négligeait les réactions identitaires d'honneur ou de vengeance : celles-ci pouvaient entraîner, au contraire, un durcissement chez celui auquel on s'attaquait[5]. Dans *The Limits of Coercive Diplomacy*[6], Alexander George dressait la liste des conditions, rarement remplies simultanément, nécessaires au succès de cette « diplomatie coercitive ». Schelling lui-même devait faire amende honorable en reconnaissant que l'on ne pouvait contraindre un peuple de la même manière qu'un individu, et qu'à cet égard les bombardements du Vietnam avaient finalement porté un plus grand préjudice au pays qui s'y livrait qu'à celui qui les subissait. Du

---

3. Kenneth Waltz, « International Structure, National Force and the Balance of World Power », *Journal of International Affairs*, 1967, vol. 21, n° 2, p. 215-232.
4. Thomas C. Schelling, *Arms and Influence*, Yale University Press, 1966.
5. Karl Deutsch, « The Future of World Politics », *Political Quarterly*, 1966, vol. 37, n° 1, p. 9-32.
6. Alexander George (dir.), *The Limits of Coercive Diplomacy*, Westview Press, 1971.

coup, il nc comprenait pas que l'URSS ait pu se livrer à un « acte aussi irrationnel » que celui de l'invasion de la Tchécoslovaquie en 1968. Il négligeait par là, une fois de plus, les caractères spécifiques de la puissance intervenante et du pays occupé, le régime politique de l'un, la culture politique et la configuration géographique de l'autre.

Enfin, Albert Wohlstetter, le plus influent des stratèges américains, s'efforçait de démontrer, dans un article intitulé « Illusions of Distance[7] », que les États-Unis étaient plus proches du Vietnam que la Chine. Stratégiquement, expliquait-il, la distance se définit par le temps et le coût du déplacement. Or les États-Unis avaient beaucoup moins de difficulté à parcourir les milliers de kilomètres qui les séparaient du Vietnam que les transporteurs d'armes et de riz de la piste Hô Chi Minh.

Il était facile de lui répliquer que, s'il avait raison contre les partisans de zones d'influence nettement délimitées du point de vue géographique, il ne comprenait pas que le voisinage était fait d'histoire et de psychologie autant que de géographie, et que même dans l'inimitié réciproque, voire l'alliance avec une puissance lointaine contre le voisin, la Chine et le Vietnam étaient moins distants l'un de l'autre que des États-Unis.

Avant et après ces débats, Raymond Aron, dans deux chapitres définitifs, l'un intitulé « Gagner ou ne pas perdre[8] », l'autre « La guerre est un caméléon[9] », rappelait le primat de la politique et des passions, nationales ou révolutionnaires (il aurait pu ajouter religieuses), qui créait une asymétrie décisive entre l'occupant et l'insurgé, même si le premier essayait de prendre modèle sur les tactiques du second.

---

7. Albert Wohlstetter, « Illusions of Distance », *Foreign Affairs*, vol. 46, n° 2, janvier 1968, p. 242-255.

8. Raymond Aron, « Gagner ou ne pas perdre », *Paix et guerre entre les nations*, Calmann-Lévy, 1962.

9. Raymond Aron, « La guerre est un caméléon » [1976], in *Penser la guerre*, Clausewitz, t. 2, Gallimard, 1976.

Le piège américain

La tradition américaine est loin de ces subtilités et de ces prises de distance à l'égard de soi-même. Sur le plan politique, Stanley Hoffmann remarquait dès 1968 que le défaut des Américains était de ne pas être conscients de leur propre nationalisme et de ne pas comprendre celui des autres. La tradition américaine classique était celle de la guerre totale et massive, celle du bien contre le mal, fondée sur une grande supériorité matérielle ou technique et ne lésinant pas sur les moyens pour écraser l'adversaire (« *War is hell* », disait le général Sherman).

Cependant, l'existence des armes nucléaires rendait évidents les dangers de l'escalade et légitimait l'idée de guerre limitée, théorisée par des auteurs comme Robert Osgood[10] et Henry Kissinger[11]. Surtout, la prudence du président Truman renvoyant le général MacArthur (qui voulait envahir la Corée du Nord, voire la Chine, et envisageait l'emploi de la bombe atomique bien que tirant rétrospectivement de la guerre de Corée la conclusion « Plus jamais d'intervention terrestre sur le continent asiatique »), et celle du président Eisenhower (refusant les conseils de son secrétaire d'État, John Foster Dulles et de son chef d'état-major, l'amiral Radford, d'employer la bombe atomique pour secourir les Français à Diên Biên Phu et estimant qu'il fallait « être fou pour employer pour la deuxième fois la bombe atomique contre un peuple asiatique »), introduisaient une modération nouvelle dans la stratégie américaine.

Celle-ci n'en continuait pas moins à compter sur la supériorité économique et technique pour forcer un ennemi insaisissable à se transformer en adversaire symétrique, et par là plus vulnérable. Effectivement, l'offensive du Têt en 1968 ne fut pas un succès militaire pour les Nord-Vietnamiens mais elle n'en constitua pas moins une défaite décisive pour les États-Unis sur le plan politique : devant ses écrans de télévision, le peuple américain vivait en direct les pertes subies par ses fils. Il ne fut plus jamais question d'envoyer

---

10. Robert Osgood, *Limited War: The Challenge to American Strategy*, University of Chicago Press, 1957.
11. Henry Kissinger, *Nuclear Weapons and Foreign Policy*, Harper & Brothers, 1957.

le contingent dans des expéditions lointaines, ni de mettre les États-Unis tout entiers, y compris leur économie, sur un pied de guerre, ce qui privait la stratégie suivie de ses chances de succès.

Dès la guerre du Vietnam, cependant, deux stratégies s'affrontaient, que l'on retrouvera dans toutes les aventures du même genre, américaines ou européennes : « *search and destroy* » (rebaptisée « stratégie antiterroriste » en Irak et en Afghanistan) et « *winning hearts and minds* » (« stratégie anti-insurrectionnelle »). Après la défaite du Vietnam, où même l'ambition relativement modeste de Kissinger, à savoir ménager un « intervalle décent » entre le départ des Américains et l'occupation de Saigon par les Nord-Vietnamiens, fut cruellement déçue, une période de retrait et de prudence s'instaura avec les doctrines Weinberger et Powell, hostiles à l'engagement de troupes au sol, exigeant des buts clairs, une supériorité incontestable face à des adversaires comme le Panama et la Grenade et une « stratégie de sortie » comme condition, et méfiants envers le *mission creep*, l'extension involontaire de la mission. Le général Powell raconte qu'il crut avoir un anévrisme quand, chef d'état-major des armées, il entendit Mme Albright, secrétaire d'État et ardente avocate d'une intervention en Yougoslavie, proclamer : « À quoi bon avoir cette belle armée si on ne s'en sert pas[12] ? » Il venait pourtant d'assurer la conduite militaire de la guerre du Golfe qui avait abouti à la défaite de Saddam Hussein sans aucune perte du côté du corps expéditionnaire, grâce aux erreurs stratégiques du premier et à la mise en œuvre de la « révolution dans les affaires militaires » qui a permis aux Américains de s'assurer la maîtrise de l'air et d'aveugler ou de paralyser l'adversaire en mettant à profit les progrès de la précision et du contrôle.

Le 11 septembre 2001 bouleversa la donne. D'une part, l'administration Bush bénéficia du choc subi par le peuple américain, et de sa volonté de réaction, pour construire l'image d'un ennemi universel et distant, « la terreur », dont la poursuite exigeait une entreprise impériale non moins universelle. D'autre part, sur le plan militaire, la stratégie du « *shock and awe* » théorisée en 1996

---

12. Colin Powell, *My American Journey*, Ballantine Books, 1966.

et mise en œuvre lors de l'invasion de l'Irak en 2003 consistait à commencer par frapper très fort pour s'assurer rapidement la conquête d'un pays, malgré un nombre réduit de troupes, avant de se retirer en le laissant aux mains d'une population libérée et reconnaissante.

C'était, une fois de plus, faire abstraction des facteurs comme le nationalisme ou la religion chez des peuples qui, sans doute heureux en majorité d'être débarrassés de leurs dictateurs, ne s'identifiaient pas pour autant à leurs libérateurs-occupants et étaient divisés par toutes sortes de rivalités internes. Les insurrections et les guerres civiles succédant à la dictature et à la guerre prirent par surprise des forces d'occupation ignorant la distance culturelle et historique qui les séparait des populations locales mais obligées de prolonger leur présence, de prendre en main le pays et de devenir impopulaires, si elles ne l'étaient déjà. C'était le «piège américain» décrit par le général Desportes[13], caractérisé avant tout par une confiance excessive dans la force et la technique et par une incompréhension des réactions et des peurs des peuples libérés. Le livre du général anglais Rupert Smith[14] et le précédent livre du général Desportes[15] expliquaient pourtant clairement ce que les Américains n'avaient pas compris, à savoir que la «guerre industrielle» cédait la place à la «guerre au milieu des peuples» qui consistait plus à convaincre, à rassurer et à protéger ces derniers qu'à détruire l'adversaire.

Le piège français

Curieusement, ces idées firent leur chemin dans l'armée américaine par le biais de formulations plus simples, plus extrêmes, plus contestables mais similaires en substance, procédant de l'expérience et des théories des colonels français engagés dans la lutte anti-insurrectionnelle.

13. Vincent Desportes, *Le Piège américain*, Economica, 2011.
14. Rupert Smith, *The Utility of Force, The Art of War in the Modern World*, Allen Lane, 2005.
15. Vincent Desportes, *La Guerre probable*, Economica, 2005.

C'est en 1976 que le général Petraeus, futur commandant en Irak et en Afghanistan, découvrit la personne du général Bigeard et l'œuvre romanesque de Jean Lartéguy, *Les Centurions*[16]. Dans les années 1980, son enthousiasme se porta sur l'œuvre d'un colonel français émigré aux États-Unis, David Galula, qu'il voit comme le Clausewitz de la contre-insurrection et le principal stratège français du XXᵉ siècle. Le livre de Galula, *Contre-insurrection. Théorie et pratique*[17], est la source principale du manuel que Petraeus lui-même dirigea en 2006 (Field Manual 3-24). Selon ce dernier, sa principale intuition est que, contrairement à la guerre conventionnelle au cours de laquelle le principal enjeu est la puissance respective des adversaires, toutes les actions de la contre-insurrection doivent avoir pour but la protection de la population indigène. [...] Les opérations militaires ne doivent constituer que 20 % du combat de contre-insurrection, le reste étant consacré à la politique.

Petraeus appliqua ces principes localement, dans la région de Mossoul, avec un succès notable. Le courant des «insurgés»[18] cherchant à renverser les priorités de la stratégie américaine fut brièvement vainqueur dans la lutte opposant les différents services américains et leurs doctrines respectives, au point que le chef d'état-major des armées, l'amiral Mullen, considérait que la préparation et l'appui aérien des attaques terrestres étaient souvent contre-productifs. Il suscitait ainsi les protestations de l'Air Force.

Cette victoire de la stratégie contre-insurrectionnelle semble cependant avoir été de courte durée, en Afghanistan comme en Irak. Déjà, le modèle de la guerre d'Algérie n'était qu'à moitié encourageant. On peut plaider que militairement la France a gagné la guerre, mais elle l'a certainement perdue politiquement, à la fois parce que les moyens employés conduisaient souvent à une surenchère de menaces et de terreur autant que de

---

16. Jean Lartéguy, *Les Centurions*, Presses de la Cité, 1960.
17. David Galula, *Contre-insurrection. Théorie et pratique* [1963], Economica, 2008.
18. Fred Kaplan, *The Insurgents – David Petraeus and the Plot to Change the American Way of War*, Simon & Schuster, 2013.

séduction ou de protection, et parce que l'opinion de la métro-pole se retournait contre la guerre. À plus forte raison en Afghanistan et en Irak, où la proportion de troupes expédition-naires par rapport au territoire et aux adversaires était (comme d'ailleurs la distance culturelle) beaucoup moins favorable à la coalition occidentale qu'à la France en Algérie, et où la volonté d'Obama, comme d'ailleurs de l'opinion américaine, était de trouver une stratégie de sortie plutôt que de victoire. Les doutes de Raymond Aron sur la possibilité de renverser le cours des choses dans ce genre de guerre, en adoptant les méthodes de l'insurrection, étaient confirmés dans la mesure où la symétrie éventuelle des tactiques et des instruments se heurtait à la dis-symétrie des passions, des mentalités et des objectifs politiques.

Le piège israélien

Le désir d'en finir, comme il l'avait promis, avec les guerres expéditionnaires d'Irak et d'Afghanistan, et de ne pas se laisser entraîner par la France et/ou le Royaume-Uni, dans de nou-velles aventures terrestres en Libye, au Mali ou en Syrie, amena dès lors le président Obama à revenir à la stratégie du « *search and destroy* », antiterroriste plutôt qu'anti-insurrectionnelle. Il le fit cependant en mettant beaucoup plus à profit que son prédé-cesseur la nouvelle technique des drones ou engins téléguidés permettant de repérer et de frapper sans risque des cibles indi-viduelles à des milliers de kilomètres. Il put ainsi démanteler la direction d'Al-Qaïda au Pakistan comme en Afghanistan et au Yémen, tuer un prêcheur de guerre sainte antiaméricain, quoique citoyen des États-Unis au Yémen (ainsi, incidemment, que son fils de dix-huit ans, le lendemain, à la suite d'une erreur), mais en alimentant le recrutement des terroristes et le désir de vengeance des populations.

Constatant les similitudes avec la méthode israélienne des attentats ciblés, un ancien diplomate a pu parler d'« israélisa-tion de la stratégie américaine ». Cette ressemblance se retrouve dans les résultats à la fois efficaces techniquement mais majo-ritairement contre-productifs politiquement et contestables moralement et juridiquement. Certes, l'action des drones est à tout point de vue préférable aux bombardements de masse ou de zone ou aux représailles visant les maisons ou les familles des adversaires. Mais elle ne dispense pas de l'action au sol avec ses promesses et ses dangers politiques – comme Israël en a fait l'expérience en 2006, lors de son attaque contre le Liban, lorsque le Hezbollah a pu se prévaloir de manière crédible d'une victoire. Et elle ne neutralise pas l'arme suprême de l'adversaire, l'attentat suicide[19].

C'est pourtant dans cette direction que semble s'orienter actuellement la stratégie américaine, sous le signe du primat de la collaboration aéronavale (Air-Sea Battle). D'autres pays occidentaux sont tentés de la suivre dans cette voie.

Il y a ainsi des guerres asymétriques, avec un camp privilégiant l'action à distance grâce à la précision et à la minimisation du risque, et l'autre, au contraire, la mêlée la plus inextricable permettant les attentats suicides et leurs effets tantôt précis (comme les assassinats du commandant Massoud ou du président Sadate), tantôt diffus (attentats indiscriminés).

La dissymétrie peut d'ailleurs se réduire progressivement, non par la conversion des grandes puissances aux attentats suicides mais grâce à l'acquisition et à l'emploi des drones et d'autres armes moins onéreuses (comme l'*improvised explosive device* ou la voiture piégée) ou, un jour, d'armes de destruction ou de désorganisation massive (comme l'attaque cybernétique par des États moins développés ou des groupes terroristes). La double révolution des moyens de communication et des moyens de destruction tendant à devenir moins coûteux et plus répandus permet d'envisager l'un ou l'autre type de guerre, soit l'échange de la mort ou de la désorganisation à distance, soit la mêlée violente et réciproquement destructrice par l'interpénétration, ou encore une combinaison des deux.

---

19. Cf. David E. Johnson, *Hard Fighting : Israel in Lebanon and Gaza*, Rand Corp, 2011 ; Étienne de Durand, « Lectures », *Politique étrangère*, printemps 2013, p. 92-193.

En tout état de cause, pour l'intervention militaire, même justifiée ou inévitable, l'«impuissance de la victoire» dont parle Hegel à propos de Napoléon en Espagne, où les passions nationales et religieuses eurent, selon lui, raison du plus grand conquérant de tous les temps[20], reste probable.

Il y a néanmoins un aspect de la réalité que nous n'avons pas traité ni mentionné jusqu'ici. C'est la possibilité, pour des États non libéraux, non soumis à une opinion publique (qui, assez rapidement, préfère la recherche de la richesse à celle des conquêtes), mais pourvus d'une forte population et, de préférence, d'une continuité territoriale avec les pays envahis, de réussir dans la voie traditionnelle de la conquête et de l'occupation, voire des transferts de population. Une occupation impitoyable peut détruire un pays et le reconstruire (la Tchétchénie) ou remplacer progressivement sa population autochtone par l'immigration. Du sort des Peaux-Rouges à celui des Tibétains, des exemples anciens peuvent se maintenir ou se reproduire aujourd'hui. L'actuelle politique israélienne, russe ou chinoise semble en témoigner. Mais une chose est certaine: ce type de conquête ne saurait, aujourd'hui, apporter une véritable paix et affecterait certainement la liberté et la tranquillité du peuple dominant. De la Palestine au Tibet en passant par le Caucase, les «blessures de l'histoire» dont parle Hegel laissent plus de cicatrices, voire d'abcès purulents, que jamais.

On ne peut que conclure par les paroles de Rousseau : «Le plus fort n'est jamais assez fort, pour rester toujours le maître, s'il ne transforme la force en droit et l'obéissance en devoir»; et par celles de Marx : «Un peuple qui en opprime un autre ne saurait être libre.»

---

20. G. W. F. Hegel, «Le monde germanique», *Leçons sur la philosophie de l'histoire*, *op. cit.*

Quatrième partie

Totalitarismes

Chapitre 12

La transition autocratique en Russie

Trois tentations menacent aujourd'hui les spécialistes de la Russie : le déterminisme économique, le déterminisme culturel et le déterminisme politique. Par exemple, l'excellent auteur russe Dmitri Trenin est optimiste pour l'avenir de la Russie parce que, bien que celle-ci ne soit pas démocratique, elle est capitaliste ; par suite, il avance que cela donnera naissance à une classe moyenne qui aspirera au règne de la loi[1]. D'autres auteurs croient que la Russie ne deviendra jamais démocratique, parce que sa culture est fondamentalement autoritaire. Un troisième groupe, composé largement d'Américains, croit en la politique comme en un *deus ex machina* : comme tout le monde veut la démocratie et le marché, quels que soient leur culture ou leur état de développement économique, on peut établir la démocratie et le marché presque du jour au lendemain. Pour éviter ces simplifications et pour saisir les relations mutuelles compliquées entre la politique, l'économie et la culture, je pense qu'il n'y a pas de meilleur guide que l'œuvre de Seymour Martin Lipset.

En ce qui me concerne, je me concentrerai sur le rôle de la politique et spécialement d'une seule personne – Vladimir Poutine. Bien qu'il ne soit ni le commencement ni la fin

---

1. Dmitri V. Trenin, *Getting Russia Right*, Carnegie Endowment for International Peace, 2007, p. 101-115.

de l'histoire de la démocratie et du capitalisme en Russie, il y joue un rôle crucial.

Cependant, je ne suis venu ici ni pour faire l'éloge de Poutine, ni pour l'enterrer. Je ne suis pas venu pour le louer parce que je suis d'accord avec Sergey Kovalev selon lequel « Poutine est la figure la plus sinistre de l'histoire russe contemporaine[2] ». Il a mené la Russie à une forme dure d'autoritarisme avec quelques traits fascistes, et il reste exposé à une forte suspicion d'avoir ins-piré un certain nombre d'actes criminels, y compris les incendies qui ont servi de prétextes pour déclencher la deuxième guerre de Tchétchénie et l'assassinat d'opposants politiques tels qu'Anna Politkovskaïa.

D'autre part, je ne suis pas venu pour l'enterrer. Son pouvoir est plein de contradictions et, s'il a certains aspects extrêmement inquiétants, on ne peut pas dire qu'il ait brûlé tous les ponts ni qu'il ait rendu impossible que la Russie évolue dans une direc-tion plus positive une fois que les circonstances auront changé. Quel que soit notre jugement ultime, nous ne devons pas nous fermer complètement aux arguments de ses défenseurs, qui soulignent la popularité dont il jouit dans le peuple russe, les améliorations qu'il a réalisées dans certains domaines (compte tenu de la situation catastrophique qu'il a trouvée lorsqu'il est arrivé au pouvoir), et le fait que son règne incontestablement autoritaire n'est pas allé, loin de là, jusqu'à la terreur totalitaire.

Beaucoup de Russes et certains Occidentaux affirment que, si douteux que soient les sondages d'opinion ou si truquées que soient les élections en Russie, une majorité du peuple soutient encore Poutine. Selon eux, cela suffit pour faire de ce régime une espèce de démocratie, plus conforme aux traditions russes que le modèle pluraliste occidental. Selon les défenseurs de Poutine, celui-ci n'est pas hostile au pluralisme en tant que tel, mais il réclame simplement le droit de choisir un autre modèle, éga-lement imparfait mais plus adapté aux circonstances actuelles que connaît la Russie. Ils invoquent, comme précédents, non

---

2. Sergey Kovalev, « Why Putin Wins », *New York Review of Books*, 22 novembre 2007.

seulement Pierre le Grand et Alexandre Nevski, mais également Franklin D. Roosevelt, qui lui aussi a combattu les oligarques de son temps et, en outre, s'est présenté trois fois (et même quatre) aux élections.

Une autre comparaison, implicite dans certains commentaires français favorables, invoque le précédent de Charles de Gaulle. L'un des aspects les plus frappants de la politique de Poutine est sa tentative de prétendre à une continuité à la fois avec le passé tsariste et le passé soviétique. En un sens, de Gaulle a suivi une voie semblable dans une France qui avait été traditionnellement divisée entre les héritiers de la Révolution française et ceux de l'Ancien Régime. De Gaulle appartenait à la tradition bona-partiste, qui voulait unifier l'histoire française et promouvoir un nationalisme qui assumerait *tout* le passé français. De plus, bien que la France eût cessé d'être une grande puissance, le grand jeu de de Gaulle consista à faire comme si elle l'était encore et à la faire compter au-dessus de son poids militaire ou économique parmi les grandes puissances. Comme nous le verrons, Poutine a bien tenté quelque chose de semblable en Russie.

Mais, malheureusement, il y a aussi bien d'autres choses dans le dossier de Poutine et le verdict d'ensemble doit être bien plus sévère. Il est vrai que l'argumentation des défenseurs de la politique étrangère de Poutine, largement soutenue même par beaucoup de Russes progressistes qui critiquent l'autoritarisme de Poutine, ne saurait être écartée d'un revers de main : après toutes les commotions subies par la Russie – la perte de l'Europe de l'Est, la dissolution de l'Union soviétique, la grande crise économique de 1998, l'accroissement considérable de l'inégalité économique par l'enrichissement de certains et l'appauvrissement du plus grand nombre, l'élargissement de l'Otan, la présence de troupes américaines en Asie centrale et les discussions portant sur l'intégration éventuelle de l'Ukraine et de la Géorgie à l'Otan –, il n'est que normal qu'il y ait une réaction de ressentiment et une volonté de se réaffirmer maintenant que les conditions le permettent. Mais, ajoutent ses défenseurs progressistes, avec le temps une attitude plus mesurée apparaîtra. Le problème de cette argumentation est que l'évolution des

politiques de Poutine va dans le mauvais sens. Plutôt qu'une préparation à la démocratie ou à un rôle plus réaliste et constructif
dans les affaires du monde, cela ressemble bien plus à une
tendance à un autoritarisme plus grand à l'intérieur et à des
activités déstabilisatrices à l'étranger.

La première question que je voudrais examiner concerne
le lien entre l'évolution du régime russe et ses changements
d'attitude envers le monde extérieur. Les années récentes ont
vu un durcissement spectaculaire à l'encontre de l'opposition
intérieure, de la liberté de la presse et de toute vie démocratique
en Russie, ainsi qu'envers les anciens satellites de la Russie et
l'Occident. Il y a aussi eu un encouragement du nationalisme,
qui a eu d'abord un caractère principalement ethnique (orienté
particulièrement contre les peuples du Caucase), mais qui a de
plus en plus pris l'Occident pour cible. L'aspect le plus dangereux de tout cela est l'hostilité croissante envers les voisins de la
Russie – l'Estonie, la Géorgie et les autres pays anciennement
membres de l'Union soviétique et même du pacte de Varsovie
(comme la Pologne). Cela est particulièrement inquiétant parce
que, paradoxalement, c'est dans ses rapports avec ses voisins que
la politique de Moscou a le moins bien réussi et a rencontré le
plus de résistance — bien plus que de la part de la population
russe ou de l'Occident.

De l'anarchie à l'autocratie ?

Le progrès de la Russie vers la démocratie a commencé à
dérailler avant même l'arrivée au pouvoir de Poutine. Lilia
Shevtsova fait remonter les choses jusqu'à 1993, lorsque Eltsine
donna l'ordre à l'armée de faire feu sur un Parlement rebelle[3].
La crise de la démocratie sous Eltsine a culminé dans sa réé-
lection en 1996, que les oligarques ont manipulée afin de lui
donner la victoire en dépit de sa position désastreuse dans les
sondages. Ce fut là un premier pas essentiel pour l'accession

---

3. Lilia Shevtsova, *Russia, Lost in Transition*, Carnegie Endowment for
International Peace, 2007, chap. 2.

au pouvoir de Poutine. Sous Eltsine, bien sûr, certains éléments importants de démocratie existaient, qui ont disparu sous Poutine – avant tout, la liberté des médias et un vaste débat public. Mais il n'y avait pas d'égalité ni de règne réel de la loi ; la privatisation a consisté en ce que les oligarques s'emparent de la richesse publique ; le pouvoir et la corruption de la famille Eltsine ont transformé en farce la prétention à la démocratie ; et Moscou (bien que capable de déclencher une guerre en Tchétchénie) était incapable de percevoir les impôts dans de nombreuses régions.

Tôt dans la présidence de Poutine apparurent des signes clairs d'une nouvelle pente vers l'autocratie sous prétexte de restaurer l'autorité de l'État (indiquée par des slogans tels que la « dictature de la loi »). Mais la stratégie dominante cherchait à maintenir l'apparence de la démocratie tout en vidant progressivement les institutions démocratiques de leur contenu. Ce genre de tromperie est un artifice connu depuis longtemps en Russie, dont l'exemple le plus célèbre est celui des villages Potemkine du XVIIIe siècle ; divers auteurs contemporains ont forgé de nouvelles expressions pour le phénomène, plus appropriées à l'ère Poutine, en parlant de démocratie « virtuelle » ou d'une « imitation » de la démocratie. Alors que sous Gorbatchev et Eltsine une réelle tentative avait été faite de prendre exemple sur la démocratie occidentale et de suivre les modèles et leurs conseils occidentaux, sous Poutine les tentatives de tromperie devinrent de plus en plus manifestes.

Un désir résiduel de respectabilité aux yeux de l'Occident et du monde est cependant évident, dans la décision de Poutine de ne pas modifier la Constitution pour briguer un troisième mandat. Au lieu de cela, il a choisi de nommer un président virtuel pour une démocratie virtuelle, tout en conservant lui-même le pouvoir réel. Tout au long de son deuxième mandat, on a pu observer une prétention de plus en plus assurée et provocante selon laquelle la Russie serait parvenue à sa propre forme de « démocratie souveraine », probablement supérieure à la démocratie libérale de style occidental et certainement mieux adaptée aux conditions russes. On peut se demander si cette expression implique simplement un rejet des interférences et des sermons occidentaux, ou si « souveraine » signifie également que ce genre de démocratie se fonde sur l'autorité du chef et l'unité de la nation, en excluant tout pluralisme réel.

Cependant, ce qui est certain, c'est que des aspects-clés du nouveau régime rappellent fortement le fascisme. Ils comprennent non seulement l'élimination de tous les centres rivaux de pouvoir (qu'ils soient économiques, politiques, juridiques ou culturels), mais également des phénomènes tels que le « culte de la personnalité » de Poutine, les appels à le proclamer le « chef de la nation », et la création d'organisations de jeunesse vouées à brutaliser l'opposition et les minorités ethniques et à apporter leur aide à la police. Ces tendances semblent influencer de plus en plus la population russe dans son ensemble. Deux indications en sont le développement de la xénophobie à un niveau comparable à celui que l'on trouvait chez les Allemands dans les années précédant le nazisme[4], et l'admiration publique qui croît pour la figure de Staline, que l'on place en tant que dirigeant immédiatement après Poutine lui-même, en contraste frappant avec le mépris populaire envers Gorbatchev et Eltsine. Cependant, selon les sondages, alors qu'une proportion croissante de Russes (26 %) croient que la Russie devrait suivre son propre chemin en ce qui concerne le gouvernement, une proportion importante (42 %) est toujours favorable à la démocratie libérale.

Du rapprochement avec l'Occident à l'hostilité ouverte

Depuis que Poutine est arrivé au pouvoir, la Russie s'est constamment éloignée de la démocratie, et récemment à un rythme accéléré. Par contraste, la politique étrangère de Moscou et les prises de position russes envers le monde extérieur, en particulier envers l'Occident, ont effectué bon nombre de

---

4. Paul Goble, citant Sergei Arutyunov, directeur de la section caucasienne de l'Institut d'ethnologie à l'académie russe des Sciences, dans « Window on Eurasia: Russia Ever More Like Pre-Nazi Germany, Moscow Scholar Says », 12 octobre 2007.

retournements spectaculaires. Après l'effondrement de l'Union soviétique, l'attrait pour l'Occident, le besoin pressant de le prendre pour modèle et l'espoir d'être bien accueilli par lui et d'en être aidé ont prédominé et se sont exprimés dans la position du ministre des Affaires étrangères d'Eltsine, Andreï Kozyrev. Vers la fin de la période Eltsine cependant, l'insatisfaction russe vis-à-vis de l'Occident a commencé à se manifester, et Kozyrev a été remplacé par Evgueni Primakov, qui a favorisé une politique orientée vers la « multipolarité » et mettant davantage l'accent sur l'Asie. Un autre signe de cette inflexion fut le mécontentement d'Eltsine lors de l'intervention de l'Otan au Kosovo. Cela l'a poussé à évoquer lors d'un coup de colère la puissance nucléaire de la Russie, mais ne l'a pas empêché finalement de contribuer à la paix en faisant pression sur le dictateur serbe Slobodan Milošević pour qu'il cède.

Pendant les premières années de la présidence de Poutine, la politique russe envers les États-Unis était remarquablement conciliatrice. La réaction passive de Poutine à l'abandon américain du traité bannissant les missiles antibalistiques, son offre immédiate de soutien après le 11 Septembre, sa coopération dans la guerre contre le terrorisme et son acceptation (apparemment contre les objections de l'élite russe) d'une présence militaire américaine dans l'Asie centrale, tout cela a contribué à ce qui semblait une relation très positive. C'était l'époque où le président George W. Bush avait sondé l'âme de Poutine et fait sa déclaration fameuse selon laquelle il pouvait lui faire confiance.

Cependant, après 2003, les relations ont changé radicalement. Poutine commença à lancer violemment les accusations et les insultes les plus frénétiques contre l'Occident, affirmant que les atrocités de Beslan avaient été mises en œuvre par ceux qui avaient toujours voulu isoler la Russie et l'écraser, qualifiant les pouvoirs occidentaux de néocolonialistes et comparant les États-Unis à l'Allemagne nazie. Il se mit à adopter les positions diplomatiques les plus intransigeantes contre les initiatives américaines sur presque tous les sujets (depuis le Kosovo jusqu'aux systèmes antimissiles dans l'Europe orientale), en menaçant d'escalade et de représailles.

Quelle est la cause de ce renversement? Avant tout, il y a eu un changement dans ce que les Soviets avaient coutume d'appeler la « corrélation des forces ». Le meilleur résumé en est une formule souvent utilisée de nos jours par les interlocuteurs russes : « Russie en hausse, Amérique en baisse, et Europe sur la touche. » La Russie est en hausse à cause du prix du pétrole, l'Amérique est en baisse du fait des conséquences de l'aventure irakienne et l'Europe est sur la touche à cause de la défaite du projet de Constitution européenne, de l'incapacité de l'Europe à aboutir à une politique commune sur les questions énergétiques et de l'influence des nouveaux États membres (comme la Pologne et les républiques baltes) que la Russie regarde à la fois comme hostiles et comme méprisables.

En second lieu, en invoquant des dangers et des ennemis extérieurs, Poutine contribue à faire naître une mentalité de forteresse assiégée en Russie, et se donne ainsi un prétexte pour accuser toute opposition intérieure de trahison et pour appeler tout le monde à se rallier derrière le chef. Mais alors que la première raison explique ce qui a rendu le changement possible et la seconde ce qui l'a rendu utile pour le passage à l'autocratie, on ne peut pleinement comprendre la politique étrangère de la Russie sans prendre en compte l'humiliation postimpériale, le ressentiment du peuple russe, et l'ambition néo-impériale de ses chefs.

Impérialisme, nationalisme et autocratie

Deux citations me semblent résumer le rôle de ces sentiments. La première fut prononcée par Andreï Kozyrev, le ministre russe des Affaires étrangères qui fut le plus favorable à l'Occident, en 1995 : « Deux choses tueront l'expérience démocratique ici – une catastrophe économique majeure et l'élargissement de l'Otan[5]. » Bien sûr, ces deux choses sont devenues des faits. Il a été ainsi très facile de convaincre l'opinion publique russe

---

5. Cité par Zoltan Barany, *Democratic Breakdown and the Decline of the Russian Military*, Princeton University Press, 2006, p. 184.

que l'Occident avait machiné les *deux* choses, que le conseil des experts économiques occidentaux, comme l'intégration d'anciens alliés soviétiques dans l'Otan, faisait partie d'une grande conspiration contre la Russie.

Le deuxième propos a été prononcé par Vladimir Poutine lui-même maintes et maintes fois, et de la manière la plus frappante, bien que condensée, en mai 2005 en Allemagne. Le texte complet, cité par l'historien britannique Geoffrey Hosking, en est le suivant : « Celui qui ne regrette pas l'éclatement de l'Union soviétique n'a pas de cœur ; celui qui veut la faire revivre sous sa forme antérieure n'a pas de tête[6]. »

Pris ensemble, ces deux propos font signe vers les problèmes jumeaux du ressentiment et de l'esprit de revanche chez des puissances impériales, et vers les effets de ces passions sur les perspectives de la démocratie. Zbigniew Brzezinski a suggéré qu'il était de l'intérêt de la Russie de perdre l'Ukraine, parce que la Russie pouvait être soit un empire, soit une démocratie, mais qu'elle ne pouvait pas être les deux[7]. Avec l'Ukraine, la Russie est un empire ; sans l'Ukraine, elle n'est pas un empire et peut ainsi devenir une démocratie. Cela est peut-être vrai sur le long terme, mais, à court terme, la perte d'un empire n'est pas le préalable le plus prometteur à la tâche de construire la démocratie. Le syndrome de Weimar vient inévitablement à l'esprit.

Si vous avez perdu un empire sans trouver un rôle à jouer, comme l'a dit un jour Dean Acheson au sujet de la Grande-Bretagne, que faites-vous ? Une solution, adoptée de différentes manières par l'Allemagne, la France, la Grande-Bretagne, l'Autriche et la Turquie, consiste à essayer de s'adapter à la nouvelle situation. Vous pouvez le faire en abandonnant vos ambitions, en essayant de les transférer à un ensemble plus large comme l'Europe, ou en vous faisant le partenaire subalterne d'un pouvoir plus grand, comme la Grande-Bretagne l'a fait

---

6. Cité par Geoffrey Hosking, *Rulers and Victims : The Russian in the Soviet Union*, Belknap Press of Harvard University Press, 2006, p. 409. Le texte original se trouve dans la *Komsomolskaïa Pravda*, 2 février 2000.
7. Voir Zbigniew Brzezinski, « The Premature Partnership », *Foreign Affairs*, vol. 73, n° 2, mars-avril 1994, p. 80.

avec les États-Unis. D'un autre côté, on peut essayer de retrouver sa position impériale passée, un processus que des membres de l'élite russe persistante comme Sergei Karaganov tiennent pour bien engagé. Dmitri Rogozine, dirigeant nationaliste bien connu et nouvel ambassadeur de la Russie à l'Otan, enjoint à ceux qui sont comme lui des nationalistes radicaux de soutenir le gouvernement pour aider la Russie à « retrouver son statut de grande puissance[8] ».

Une troisième possibilité serait simplement de *faire semblant* d'être encore (ou d'être redevenu) une superpuissance. Ici, démocratie virtuelle et empire virtuel vont de pair. Tout comme les chefs russes font semblant de gouverner une démocratie, ils font également semblant de gouverner un empire.

Gorbatchev, Eltsine et toute l'élite russe avaient nourri un espoir assez analogue depuis l'effondrement de l'Union soviétique. Ils pensaient que la conversion de la Russie à la démocratie lui accorderait automatiquement un genre de duopole – la direction en commun de l'Occident avec les États-Unis et la direction en commun de l'Europe avec l'Union européenne (avec une sphère d'influence spéciale sur les anciens satellites soviétiques). Comme l'a dit Dmitri Trenin : « Ce dont la Russie est avide, c'est de respect. Elle ne veut pas être un partenaire subalterne – elle veut être un égal[9]. »

Dans une certaine mesure, les dirigeants occidentaux ont compris ce besoin et ils ont tenté de le satisfaire par exemple en invitant la Russie à rejoindre le G7 et en créant le Conseil Otan-Russie. Mais les Russes ont vite conclu que l'Occident, au lieu de leur donner un « accès immédiat à une codirection » dont ils se sentaient dignes, « leur offraient des concessions symboliques en échange de concessions substantielles[10] ». Cela fit naître des sentiments de déception, de défiance et de ressentiment, qui furent exacerbés par le fait que les Russes ont vu que les États-

8. Paul Goble, « Window on Eurasia: Putin's New Man at NATO Urges Russian Nationalists to Infiltrate Moscow Regime », 13 janvier 2007.
9. Dmitri Trenin, « Last Tango in Tehran », *The Economist*, 20 octobre 2007.
10. A. Horellick et T. Graham, *U.S.-Russian Relations at the Turn of the Century*, Carnegie Endowment for International Peace, 2000.

Unis et l'Europe, ajoutant du sel sur la plaie, adoptaient leurs anciens satellites et pénétraient leur ancien territoire.

Aujourd'hui, grâce à l'amélioration de l'économie du pays et de sa position stratégique pour négocier, Poutine a trouvé une manière assez habile de rendre plus crédible l'empire virtuel de la Russie. Elle consiste à démontrer que la Russie (pour emprunter l'expression de Madeleine Albright sur les États-Unis) est la « nation indispensable », qu'elle est une grande puissance au moins en un sens négatif, puisqu'elle est en mesure de bloquer toute stratégie ou initiative diplomatique occidentale qui ne lui convient pas ou sur laquelle elle n'a pas été consultée. Quelquefois, le fait de s'opposer à l'Occident – ou au moins de ne pas le suivre – peut se fonder sur des considérations stratégiques, comme la concurrence pour obtenir des clients. Mais l'obstructionnisme semble être une priorité même lorsque Moscou partage des objectifs occidentaux, comme celui d'éviter que l'Iran se dote de l'arme nucléaire. De fait, dans certains cas, contrecarrer l'Occident semble être une fin en soi, comme le montre la politique russe récente à l'égard du Kosovo.

Le même comportement vise encore plus fortement les États plus faibles qui entourent la Russie. Poutine peut ne pas être en mesure de les réintégrer dans l'empire russe, mais il peut, comme deuxième choix, les punir pour vouloir être indépendants. Surtout, il cherche à les empêcher de devenir des modèles de démocratie et de prospérité susceptibles d'être favorablement comparés à la Russie. Ivan Krastev exagère peut-être en disant que la révolution orange de 2004 en Ukraine a eu le même effet sur la Russie que le 11 Septembre sur les États-Unis[11], mais il semble bien que ce fut en effet un choc important. La plus haute priorité de Poutine consiste à s'opposer aux « révolutions de couleur » – à les empêcher de réussir là où elles ont éclaté, et à empêcher qu'il en survienne une en Russie.

---

11. Ivan Krastev, « Russia vs. Europe : The Sovereignty Wars » *Open Democracy*, 5 décembre 2007. Voir également son « Ukraine and Europe : A Fatal Attraction », *Open Democracy*, 16 décembre 2004.

Les Russes et le monde

Il reste à répondre à deux questions cruciales pour notre sujet : quelle a été la réaction de la société russe à la politique de Poutine, et quel a été son impact global ou international ?

En ce qui concerne la première question, les faits semblent montrer que, si la plupart des Russes sont conscients des violations des droits de l'homme par le régime et les condamnent, et sont en principe favorables à la démocratie libérale, ils sont également reconnaissants envers Poutine pour avoir restauré le pouvoir et l'autorité de la Russie au niveau international. Comme l'écrit un chercheur du Levada Analytical Center, le principal institut d'étude de l'opinion publique de Russie : « Aujourd'hui, toutes les catégories de la population se soucient de voir la Russie retrouver son pouvoir. Dès qu'un jeune homme devient conscient de sa citoyenneté, l'idée suivante apparaît : le pays se trouve mal, son autorité dans le monde a besoin d'être renforcée[12]. » De fait, en 2006, parmi ceux qui regrettent l'effondrement de l'URSS, 55 % (comparés à 29 % seulement en 1990) en donnent pour raison principale que les « gens ne sentent plus qu'ils appartiennent à une grande puissance ». Et ceux qui regrettent la fin de l'Union soviétique ne sont pas une petite minorité. En réponse à la question : « Voudriez-vous que l'Union soviétique et le système socialiste soient rétablis ? », 12 % répondent : « Oui, et je pense que c'est réalisable » ; 48 % disent : « Oui, mais je pense que c'est impossible maintenant » ; et seulement 31 % disent : « Non, je ne le souhaite pas[13] ».

Le sociologue russe Emil Pain parle d'un « renouveau du syndrome impérialiste ». Alors que, en principe, le sentiment impérial devrait être un antidote au nationalisme ethnique dirigé contre les peuples non russes de l'ancienne Union soviétique, Pain souligne que les deux attitudes se mêlent actuellement dans

12. Alexei Levinson, cité par Leonid Sedov, « Les Russes et les valeurs démocratiques », *Futuribles*, n° 322, septembre 2006.
13. Levada Analytical Center, *Russian Public Opinon 2006*, Moscou, 2007, p. 183.

une xénophobie généralisée[14]. Gorbatchev, en essayant de sauver le système soviétique, a ouvert la voie à des forces qui l'ont renversé ; se peut-il que Poutine, en encourageant les nationalistes radicaux, déchaîne semblablement des forces qui iront bien au-delà de son intention et de sa capacité de les contrôler ? Il y a des signes, il est vrai contestés, selon lesquels il serait déjà de plus en plus isolé, il lui faudrait arbitrer un combat acharné entre des « clans » concurrents, il ferait l'expérience de l'« impuissance de la toute-puissance[15] » et serait mis sur la touche par ceux-là mêmes qu'il a nommés. Si nous ne pouvons pas exclure l'éventualité que la Russie (ou la Chine) devienne un régime capitaliste autoritaire ou non libéral stable, il semble plus probable que sur le long terme ces deux pays devront évoluer soit vers de nouvelles formes de fascisme nationaliste, soit vers une forme de démocratie.

Au niveau international, Poutine joue un jeu habile et (pour l'instant) couronné de succès. Il a opéré un tournant vers l'Asie dans la politique étrangère de la Russie (non pas à cause d'une idéologie eurasienne, bien qu'il s'appuie effectivement sur ce courant de l'opinion publique russe). Son motif est en premier lieu de jouer la carte chinoise comme un moyen de contrebalancer les États-Unis (comme Nixon et Kissinger l'avaient fait pour contrebalancer l'Union soviétique). Poutine sait fort bien qu'à long terme la Chine constitue un danger plus grand pour la Russie que les États-Unis, mais son attitude lui donne le moyen d'invoquer le monde multipolaire virtuel que la Chine invoque également en paroles et d'étayer la crédibilité de la Russie en tant que puissance asiatique virtuelle. Plus important, la Russie et la Chine unies sont en mesure d'utiliser leur indifférence envers les droits de l'homme pour bloquer les tentatives occidentales de sanctionner les États-voyous, depuis l'Ouzbekistan et la Birmanie jusqu'au Soudan et au Zimbabwe, et ainsi de pouvoir traiter avec ces pays sur des bases purement économiques et stratégiques.

14. Emil Pain, « On the Revival of the Imperialist Syndrome », in *After Empire*, Liberal Mission Foundation Press, 2007, p. 115.
15. Lilia Shevtsova, *Russia, Lost in Transition*, *op. cit.*, p. 324.

En cela, la Russie et la Chine sont en harmonie avec presque tous les pays du Sud mondial, y compris l'Inde, pour qui la souveraineté nationale et la non-intervention dans les affaires intérieures l'emportent sur la promotion de la démocratie et la défense des droits de l'homme. La Russie et la Chine se mettent ainsi ensemble en position de contrepoids, de média-teurs ou d'arbitres dans un conflit potentiel entre le Nord et le Sud, ou entre les États-Unis et des pays comme l'Iran ou la Corée du Nord.

On ne doit pas considérer cette situation nouvelle comme une confrontation universelle entre l'Occident démocratique et une coalition de totalitaires allant de Poutine à Ahmadinejad et Ben Laden. Elle se rapproche davantage de la configuration triangulaire qui prévalait entre les deux guerres mondiales, dans une version encore plus compliquée. Mais un résultat en est clair et évident : le combat international en faveur de la démocratie et des droits de l'homme est rendu bien plus difficile par l'existence de pays qui sont, en même temps, des partenaires indispensables de l'Occident (comme c'est le cas de la Russie dans les questions nucléaires et énergétiques), mais également des concurrents et des adversaires. Si l'on ajoute à cela la défiance quasi universelle à l'égard de l'Occident de la part du monde non occidental, il est difficile de n'être pas pessimiste sur les perspectives inter-nationales de la démocratie, au moins à court terme.

Mais le manque d'optimisme dans le court terme ne doit pas signifier un manque d'engagement et de foi. Henri Bergson a avancé une thèse qui semble aussi vraie que choquante : la démocratie libérale est le régime le moins naturel sur la terre[16]. Ce qui est naturel, c'est le règne du plus fort. La démocratie ne peut venir à l'existence que par un combat difficile qui exige du courage et de la persévérance et qui vise à un changement profond dans les attitudes et les institutions. C'est la raison pour laquelle j'aimerais dédier cette conférence à ceux qui, dans

---

16. Henri Bergson, *Les Deux Sources de la morale et de la religion* [1932], PUF, coll. « Quadrige », 1990, Remarques finales : « Société naturelle et démocratie ». p. 299.

les situations les plus difficiles, luttent contre le courant – en premier lieu à feu Anna Politkovskaïa, mais également à tous ceux qui, en Russie et dans des pays aux régimes de même type, continuent à écrire librement et honnêtement sur la démocratie et sur l'autocratie.

Chapitre 13

Le totalitarisme est-il mort ?

Le passé et le présent

L'un des sujets de cette conférence est la relation entre l'effondrement des régimes soviétiques, leur passé communiste et leur présent postcommuniste. L'effondrement, ou du moins le moment où il est intervenu et la manière dont il s'est produit, a pris presque tout le monde par surprise. Peut-on en réduire le mystère par un examen attentif de ce qui l'a précédé et ce qui l'a suivi ? Inversement, cela nous aide-t-il à comprendre la nature des régimes communistes et la situation actuelle de leurs successeurs ?

Si nous nous demandons si nous savons maintenant quelque chose, pour reprendre le titre de John L. Gaddis[1], que nous ignorions en 1989, la réponse est l'effondrement lui-même et l'information émanant des archives soviétiques récemment ouvertes. Le paradoxe est que ces deux sources peuvent sembler nous mener dans deux directions opposées. Plus nous en apprenons sur le passé stalinien, mais aussi – et de plus en plus – léniniste, plus l'importance de la terreur et de l'idéologie, les deux composantes fondamentales du totalitarisme selon Hannah Arendt, semble décisive et moins nous sommes convaincus par les visions révisionnistes du consensus social dans les régimes communistes et de la nature défensive de leurs poli-

---

1. John L. Gaddis, *We Now Know*, Clarendon House, 1997.

tiques étrangères. Mais, d'un autre côté, plus nous réfléchissons
à l'effondrement, plus nous nous émerveillons qu'il ait été aussi
indolore et plus nous nous éloignons de la rhétorique antitota-
litaire qui, au cours des précédentes décennies, mettait l'accent
sur l'irréversibilité des régimes totalitaires (par opposition aux
régimes autoritaires), leur incapacité à changer ou sur la menace
d'une Union soviétique plus forte et plus expansionniste que
jamais.

En un mot, si, comme je le montrerai, la violence criminelle
ou la conception de la politique comme une guerre perpétuelle
est au centre du totalitarisme, nous sommes stupéfiés à la fois
par l'intensité de la violence totalitaire sous Lénine et Staline,
Mao et Pol Pot, et par l'absence de violence lors de la capitulation de Gorbatchev sur le front extérieur et de la dissolution
de l'Union soviétique elle-même qui s'en est suivie.

Faudrait-il en conclure que la première de ces deux formes de
gouvernement, le totalitarisme réel, n'a duré que jusqu'à la mort
de Staline et qu'il y eut ensuite un régime plus pluraliste, prêt
à un changement pacifique ? Il peut y avoir un élément de vérité
dans cette distinction chronologique, mais elle est certainement
insuffisante et peut induire en erreur.

Premièrement, le problème est précisément celui de la transition de Lénine à Staline, du stalinisme au poststalinisme, puis
au postcommunisme. Or aucune des deux approches ne propose une réponse satisfaisante. Deuxièmement, même dans
les périodes où ils furent les plus forts, aucun de ces régimes
n'a existé sous la forme la plus pure ou la plus simple. Même
lorsque Lénine et Staline tentèrent d'éliminer la diversité
et la société civile, ils se heurtèrent à une résistance et durent
faire des compromis avec les structures et les comportements
traditionnels, qu'ils essayaient bel et bien de supprimer, mais
qu'ils manipulèrent parfois, voire encouragèrent, par exemple
les solidarités religieuses, nationales ou criminelles. Le pouvoir totalitaire n'était pas monolithique. De plus en plus de
documents émergent en effet, révélant l'existence de luttes au
sein de l'élite dirigeante et des tentatives réussies, venues de la
base, pour restaurer, quoique sous une forme passive, certains

réseaux de solidarité ou des îlots de résistance. Inversement, les années poststaliniennes n'ont jamais suivi ni la voie de l'évolution démocratique et de la réforme venue d'en haut ni celle de la révolution démocratique venue d'en bas, mais une évolution bien plus contradictoire où l'on discerne davantage le déclin et la décomposition ultime du totalitarisme que le progrès et la victoire de la société civile et de la démocratie.

Les révolutions de 1989-1991 émanaient plus d'en haut et de l'extérieur que d'en bas et de l'intérieur (bien que l'inverse soit vrai pour leur précurseur, la « révolution autolimitée » polonaise de 1980). De plus, si elles ont certainement conduit à une forme de capitalisme, elles n'ont que très partiellement débouché sur la démocratie et l'État de droit.

Il semble en effet qu'à la chute du totalitarisme ait succédé un paysage où l'État et la société civile, qui avaient triomphé un moment, se sont révélés faibles et affectés par les mêmes maux dans tous les anciens pays communistes : la corruption et l'anarchie. Des éléments tels que les réseaux, les solidarités de gang ou de groupe et l'absence de règles du jeu claires et acceptées semblent, à des degrés divers, être fréquents dans les sociétés communistes et postcommunistes. Toutes sont déchirées par des forces et des influences contradictoires, mais elles évoluent de manière différente dans le temps et l'espace, en fonction, notamment, de leur héritage culturel respectif et du contexte international. C'est pourquoi il est nécessaire de ne pas se concentrer exclusivement sur l'Union soviétique, mais d'étudier celle-ci à la lumière d'autres cas, tels que l'Europe centrale et le Cambodge, ou les Balkans et la Chine. Examinons ces points brièvement.

Dans notre recherche d'indices dans les archives, nous pourrions avoir comme guides de choix deux auteurs qui appartiennent à la minorité très réduite de ceux que les preuves récentes ont amené à réviser et à raffiner leurs interprétations, qui étaient et restent modérées et nuancées : John L. Gaddis, sur les relations des Soviétiques avec le monde extérieur, et Nicolas Werth, sur les relations du régime soviétique avec sa propre société. Gaddis appelle « tragédie de l'histoire de la guerre froide », d'une part,

l'attention insuffisante accordée par la plupart des historiens,
lui compris, à la nature du régime soviétique (dont les archives
ont révélé qu'il était bien pire que ne le supposaient même ses
critiques les plus sévères) et, d'autre part, les traits de personnalité
de Staline et de son régime qui ont rendu la guerre froide inévitable et le rapprochement Est-Ouest stérile[2]. Bien qu'il souligne
le nationalisme russe de Staline, il trouve l'origine des contradictions de sa politique allemande à la fois dans sa répression
féroce au sein de la zone d'occupation soviétique et dans son vain
espoir que la population accueillerait favorablement le système
soviétique. Même si Gaddis utilise le terme « autoritarisme »,
son insistance sur le fait que les ressemblances entre Staline et
Hitler l'emportent sur leurs différences et la manière dont il les
qualifie tous deux d' « idéalistes meurtriers » ou de « romantiques
brutaux » sont au cœur du concept de totalitarisme. Son rejet de
l'attitude d'« équivalence morale » vise directement le rejet du
totalitarisme en tant que concept par des spécialistes impartiaux
ou révisionnistes des sciences sociales.

L'évolution et l'adaptation de la théorie aux résultats obte-
nus par le dépouillement des sources primaires sont encore plus
impressionnantes et fécondes dans le cas de Nicolas Werth. Ce
jeune chercheur a fait son apparition avec son *Histoire de l'Union
soviétique*, qui était explicitement dirigée contre le modèle totalitaire abstrait. Son objectif méthodologique était d'écrire une
histoire empirique de l'Union soviétique semblable à celle de
n'importe quel autre pays, plutôt que de l'examiner à travers des
lentilles théoriques ou idéologiques. Cependant, son travail sur
les archives soviétiques récemment ouvertes, en particulier
celles de la police secrète, l'a conduit à rouvrir le débat théorique. Il critique à la fois les « politologues de l'école attachée
à la notion de totalitarisme qui ignorent les évolutions et les
tensions internes qui traversent les appareils, comme les espaces
d'autonomie du social et du démographique » et, de l'autre côté,
les « historiens se rattachant peu ou prou au courant "révisionniste" américain qui, fondant leurs analyses sur l'étude des

_____

2. *Ibid.*

dysfonctionnements bureaucratiques, de la "pollution" du politique par le social, en viennent souvent à minimiser la terreur comme moment fondateur, la peur comme élément constitutif et permanent des mentalités, la violence comme mode de résolution des conflits[3] ».

Il distingue soigneusement plusieurs cycles de violence, en particulier les cycles léniniste et staliniste, et souligne d'une part leur discontinuité et de l'autre la « permanence des pratiques de violence extrême comme forme de gestion politique de la société ». Il montre l'existence d'un dessein délibéré d'exclusion collective comme élément du développement social et économique, avec la création et la gestion de camps de travail ou la répression des koulaks. La perte de contrôle a souvent conduit à la radicalisation de la terreur. Werth conclut que, pour comprendre l'expérience communiste, l'analyse des mécanismes et de la dynamique de la violence paraît la voie la plus fructueuse à explorer[4].

Le point fondamental est que l'essence du totalitarisme réside dans le rejet total de toutes les contraintes par lesquelles la politique et la civilisation, la morale et la religion, les sentiments naturels de compassion et les idées universalistes de fraternité ont entravé la capacité de violence individuelle et collective de l'homme. Une fois ces barrières levées, la violence peut, comme dans le cas du nazisme, être valorisée en tant que telle ; elle est immédiatement extrême et ciblée avec précision. Dans le cas du communisme, elle pourrait être vue à l'origine comme le moyen d'atteindre une fin pacifique, mais adopter ultérieurement une vie propre, diffuse et imprévisible. Ce qui soulève précisément la question à laquelle le concept de totalitarisme tente de répondre. Comment une doctrine fondée sur l'universalisme, le pacifisme, l'égalité et le refus de tout sauveur suprême peut-elle aboutir au nationalisme, à la guerre, à la tyrannie d'une élite et, pour finir, d'un chef dont l'adoration a

---

3. Nicolas Werth, « Totalitarisme ou révisionnisme ? L'Histoire soviétique, une histoire en chantier », *Communisme*, n° 47/48, 1996, p. 60.
4. Nicolas Werth, « Un État contre son peuple », in *Le Livre noir du communisme*, *op. cit.*, p. 99-299.

une dimension religieuse ou magique ? La réponse semble rési-
der dans la dynamique d'une révolution continue, fondée sur le
culte d'une volonté de fer, la haine du compromis et le mépris
de la civilité : ils créent durant un moment un environnement
de paroxysme permanent – comme la peste et la *stasis* décrites
par Thucydide –, dans laquelle, littéralement, tout est possible.
L'élément essentiel paraît être l'inversion de la formule de
Clausewitz : « La guerre est la continuation de la politique par
d'autres moyens. » Cette inversion a été explicitée par Lénine,
le maréchal Ludendorff, Oswald Spengler et Michel Foucault.
Pour eux et pour beaucoup d'autres, le concept important est
la politique en tant que guerre.

Le meilleur éclairage à la fois sur les liens intimes entre totalitarisme et violence criminelle, et sur leur relation plus complexe
et problématique est peut-être aujourd'hui la formule de Carl
Schmitt de 1937 : « Ennemi total, guerre totale, État total. »
Schmitt indique clairement que l'« ennemi total » est l'élément
central de cette triade. « Le fond du problème se trouve dans la
guerre. Un type de guerre totale détermine le type et la forme
du caractère total de l'État ; la catégorie particulière d'armes
décisives détermine la catégorie particulière et la forme du
caractère total de la guerre. Mais la guerre totale emprunte sa
signification à l'ennemi total[5]. »

Dans ce texte, Schmitt parle autant de guerre extérieure,
au sens classique, que de guerre intérieure. On peut en effet
soutenir, avec Krzysztof Pomian, que le nazisme était davantage tourné vers la guerre internationale que le communisme,
et que cela peut expliquer qu'il se soit effondré de manière
plus rapide et plus violente. Mais, bien sûr, pour le totalitarisme nazi, l'ennemi total était les juifs (de même que d'autres
groupes promis à l'extermination, comme les Tziganes et les
homosexuels). Cette idée que l'extermination collective est
indispensable et ne pose pas problème semble être au centre

---

5. Carl Schmitt, « Totaler Feind, totaler Krieg, "totaler Staat" », in *Positionen und Begriffe : Im Kampf mit Weimar, Genf, Versailles, 1923-1939* (1937), Duncker und Humbolt, 1988.

du totalitarisme dans chacune de ses deux principales interprétations : l'une en tant que « logique d'une idée » (Arendt), où la terreur est la conséquence de l'idéologie et prend sa relève, et l'autre (Claude Lefort), comme tentative, dans un monde où la révolution individualiste bourgeoise et chrétienne a eu lieu, de restaurer une communauté totale prémoderne avec des moyens modernes et de supprimer la distinction entre État et société. Dans les deux cas, la résistance d'une réalité complexe produit le besoin d'un bouc émissaire dont l'élimination, jamais parfaitement accomplie, sert à masquer l'échec du projet et à orienter la mobilisation de la peur et de la haine.

Mais que se passe-t-il après l'élimination des régimes révolutionnaires totalitaires eux-mêmes ?

Le présent et l'avenir

Il est clair que la triade de Schmitt s'est désintégrée presque partout. Les « ennemis totaux » sont légion. Certains sont massacrés dans un génocide où sont inextricablement mêlés planification minutieuse et frénésie collective de même que le caractère idéologique et ethnique des victimes, comme au Cambodge, au Rwanda et, dans une certaine mesure, en Bosnie. Certains sont éliminés de sang-froid, tels des cafards, dans un souci d'hygiène ou de modernisation, de paix sociale ou de gain économique, comme les enfants des rues dans les capitales d'Amérique latine ou les Indiens d'Amazonie.

Ce qui est devenu très rare c'est l'État total. Alors que l'État semble dépérir, qu'il s'agisse de l'« État postmoderne », pris entre fragmentation domestique et interdépendance transnationale, ou de l'« État prémoderne, postimpérial », pris entre conflits ethniques et mafias internationales, le régime totalitaire au sens classique, comme celui de Corée du Nord, ou, depuis une date plus récente, de l'Érythrée, fait l'effet d'un dinosaure. On peut parler de « totalitarisme anarchique » – comme celui du mouvement des gardes rouges pendant la Révolution culturelle chinoise – mais, la plupart du temps, alors que les passions et la logique totalitaires sont fréquentes et la répression autoritaire plus encore, l'accent doit être mis sur l'«anarchique» plutôt que sur le total, pour ne rien dire du totalitarisme.

C'est également pour partie vrai du troisième élément, celui de la «guerre totale». Alors que, du point de vue des victimes, les guerres sont de plus en plus totales, puisque, de nos jours, elles impliquent en majorité les populations civiles qui sont le plus souvent des cibles à assiéger, expulser ou tuer plutôt qu'à protéger, la «mobilisation totale» de la «nation en armes», unie derrière son gouvernement et son armée, paraît de plus en plus dépassée. Les guerriers d'aujourd'hui semblent appartenir à l'une de ces deux catégories : 1) des technocrates cherchant à mener une guerre avec «zéro perte» en aveuglant ou en paralysant l'ennemi ; 2) des terroristes, des gangsters et des aventuriers cherchant à vivre aux dépens des populations ou à les terroriser bien plus qu'à se combattre les uns les autres, moins encore à se lancer dans une guerre conventionnelle.

Si les acteurs de la seconde catégorie n'ont guère de contraintes morales ou juridiques et sont généralement motivés soit par la cupidité, soit par le nihilisme et la haine, ils ne sont inspirés par aucune idéologie cohérente ou vraiment totalitaire. Ils ne prennent pas non plus le caractère d'un mouvement visant à exercer un pouvoir totalitaire. Le cas de l'Algérie, où des populations entières ont été sauvagement massacrées, un village après l'autre, sans aucune indication claire sur les auteurs ou le but de ces crimes, en est une sinistre illustration. Walter Laqueur a forgé l'expression «terrorisme postmoderne» pour traduire ce caractère fragmenté et opaque du terrorisme, qui semble lié soit à des individus, soit à des sectes ou à des gangs plutôt qu'à des mouvements nationalistes ou révolutionnaires. En effet, la formule «postmodernisme», qui n'est pas très précise, semble proliférer pour exprimer les réalités du monde post-guerre froide : elle a aussi été appliquée à la guerre. Faut-il suivre la tendance et parler de «totalitarisme postmoderne» ? Cela ressemble à un oxymore, mais mettrait en lumière la situation fondamentale que nous essayons d'approcher : dans un monde complexe et fragmenté, ce qui arrive au totalitarisme ressemble à ce qui est arrivé au marxisme-léninisme et, en un sens, au christianisme. La fusion entre foi, doctrine, église et pratique ou, dans le cas du totalitarisme, entre attrait scientifique et religieux, organisation politique et action violente, entre manipulation des passions et élimination des ennemis a disparu, mais certains de ces éléments individuels persistent, voire connaissent un nouvel essor, vigoureux et indépendant[6].

Par exemple, les aspects totalitaires du progrès scientifique s'aggravent parfois de manière rapide et plutôt effrayante. En particulier les découvertes en matière de biologie, de sélection génétique et de clonage pourraient conduire au rêve totalitaire ultime de créer une société homogène et de changer la nature humaine. D'un autre côté, le renouveau religieux passe parfois par des sectes et des cultes fanatiques, débouchant dans quelques cas sur le meurtre et le suicide collectifs. Ces deux tendances pourraient-elles converger? L'empoisonnement au gaz par la secte Aum à Tokyo et les actes de terrorisme commis par Al-Qaïda amènent à s'interroger. En d'autres termes, pourrait-on généraliser la question posée par Fred Charles Iklé en lien avec le terrorisme: qu'en est-il du prochain Lénine? Quel genre d'homme pourrait combiner les nouvelles possibilités offertes par les armes biologiques, la dépendance des sociétés modernes à l'égard de technologies vulnérables, et le potentiel de fanatisme meurtrier que recèle le monde actuel pour les mettre au service d'un projet révolutionnaire?

Les événements postérieurs au 11 Septembre semblent suivre un certain schéma. Comme l'a dit Jean Daniel, «au lieu d'idéologies devenant des religions, nous avons à présent des religions qui deviennent des idéologies». On pourrait développer son idée en remarquant que les idéologies totalitaires étaient un mélange de pseudo-science et de pseudo-religion, prétendant avoir la même rigueur que la science et exigeant la même foi et le même sacrifice que la religion. Aujourd'hui, le problème

---

6. Écrit il y a plus de vingt ans, ce passage ne tient pas compte de la combinaison du fanatisme religieux, de la criminalité mafieuse et de la volonté de construire un État que l'on trouve dans l'EI ou Daech (note de l'auteur, juin 2015).

vient de la science réelle (en particulier de la biologie) et des fondamentalistes plutôt que de la religion «séculière».

Là encore, la complexité et la fragmentation de notre société, l'épuisement des alternatives politiques crédibles, l'incroyable capacité du capitalisme à coopter et absorber ses adversaires les plus résolus semblent militer contre le retour du totalitarisme à part entière. En ce sens, on ne peut qu'être d'accord avec les spécialistes qui affirment que le totalitarisme a émergé d'un contexte historique donné et représentait la rencontre unique de traditions opposées : le communisme était, comme l'a dit Kolakowski, le monstrueux bâtard des Lumières, et le nazisme, celui du romantisme. Mais la quête d'absolu, par opposition au relativisme actuel, de communauté, par opposition à l'individualisme actuel, de l'égalité absolue ou de la hiérarchie absolue, par opposition à la combinaison actuelle d'égalité idéologique et de marginalisation *de facto* de parties de la société réduites à être économiquement et socialement inutiles ne va probablement pas disparaître. Le manque d'alternatives réalistes n'est pas une garantie contre la quête meurtrière d'alternatives irréalistes.

François Furet[7] voyait les racines du communisme et du fascisme dans les passions révolutionnaires et, en particulier, dans la haine de la bourgeoisie et la haine de soi de cette dernière. On lui a objecté que, si l'ennemi était commun, les passions, qui motivaient ce rejet, étaient très diverses : orgueil, amour de la hiérarchie, et mépris ou haine à l'égard de ceux qui la subvertissaient dans un cas, passion pour l'égalité et la solidarité universelle dans l'autre. Furet lui-même disait que le nazisme était une pathologie de la particularité et le communisme une pathologie de l'universalité. Un théologien français, le père Fessard, avait qualifié le nazisme d'hérésie païenne et le communisme d'hérésie chrétienne.

Si l'on combine le moral et le social, on peut dire que la morale dominante actuelle est celle de la bourgeoisie, où les passions ont été remplacées par les intérêts, comme le souhaitait Montesquieu : «Et il est heureux pour les hommes d'être

7. François Furet, *Le Passé d'une illusion, op. cit.*

dans une situation où, pendant que leurs passions leur inspirent la pensée d'être méchants, ils ont pourtant intérêt de ne pas l'être » (*De l'esprit des lois*, livre XXI, chap. 16). Mais cette situation peut-elle durer ? Ne provoquera-t-elle pas une résurgence des passions « chaudes » contre les « froides », une nostalgie, soit d'une morale aristocratique ou héroïque, soit de l'amour évangélique et de la compassion ? Et ne conduiront-elles pas toutes deux à l'idéalisme ou à l'inhumanité barbares au nom de ces choix ou par amour de la compassion universelle, comme dans la célèbre exhortation de l'époque de la Révolution française citée par Hannah Arendt : « Par pitié, par amour pour l'humanité, soyez inhumains » ? N'est-ce pas en un sens ce qu'impliquent le djihadisme ou certaines des réactions à son encontre ? Que ce soit au nom du nettoyage ethnique ou civique, ou du fanatisme religieux, il est fort possible que le souhait d'une « dé-reconnaissance de l'homme par l'homme » soit une réaction prévisible à la reconnaissance universelle hégélienne saluée par Francis Fukuyama.

Ce qui fait craindre que la nouvelle de la mort du totalitarisme soit extrêmement exagérée est la vulnérabilité de la démocratie politique, qui n'offre pas de légitimité sacrée à un ordre politique changeant et rongé par les conflits ; la vulnérabilité de la bourgeoisie, dont le pouvoir économique ne peut pas aisément conserver sur le long terme la loyauté des intellectuels ou des dépossédés ; la vulnérabilité de la nature humaine, dont la part colérique de l'âme – les Grecs l'appelaient *thumos* – n'a peut-être pas été éradiquée pour toujours. Bien que les États totalitaires ne semblent pas viables à notre époque, des mouvements totalitaires peuvent germer sous des formes et des combinaisons nouvelles. L'impulsion ou la tentation totalitaires resteront probablement une possibilité permanente, car elles prennent leurs racines dans le cœur de la modernité et dans la nature humaine elle-même.

Chapitre 14

Totalitarisme et guerre aujourd'hui

L'importance du totalitarisme et de la guerre dans l'œuvre de Hannah Arendt et l'importance de cette dernière pour l'étude respective de ces deux phénomènes sont très inégales. Arendt est reconnue presque unanimement comme l'auteur le plus important parmi ceux qui se sont efforcés de définir et de comprendre le totalitarisme. Sur la guerre, en revanche, elle n'a que très peu écrit, au moins directement. On ne peut guère citer que les quelques pages de l'introduction (intitulée « Guerre et révolution ») à l'*Essai sur la révolution*[1] et quelques notations de son *Journal de pensée*[2]. Mais ces remarques éparses n'en permettent pas moins de poser avec précision le problème de rapport entre guerre et totalitarisme et d'indiquer en quoi l'évolution du monde confirme les intuitions de Hannah Arendt et en quoi elle semble, sinon les mettre en question, du moins les dépasser.

Arendt note qu'avec les armes nucléaires la guerre peut mettre fin à l'humanité et à la vie sur la planète et que par là même elle n'a plus de sens comme instrument de la politique. Mais les conclusions qu'elle tire de ce constat ne coïncident ni avec l'appel angoissé des pacifistes à l'abolition ou à l'interdiction

---

1. Hannah Arendt, *Essai sur la révolution*, tr. fr. Michel Chrestien, Gallimard, coll. « Les Essais », 1967 [*On Revolution, op. cit.*].
2. Hannah Arendt, *Journal de pensée*, vol. 1 : juin 1950-février 1954, tr. fr. Sylvie Courtine-Denamy, Seuil, 2005 [*Denktagebuch (1950-1973)*, Piper Verlag, 2002].

de la bombe atomique ni avec le pari optimiste selon lequel les armes nucléaires empêcheront à la fois la victoire du totalitarisme et le déclenchement de la troisième guerre mondiale et annoncent l'instauration de la paix par la dissuasion. Elle se rapproche cependant plus de cette deuxième position dans la mesure où elle suggère que l'idée de guerre virtuelle pourrait remplacer la guerre réelle : il s'agirait d'une manœuvre en temps de paix par laquelle les adversaires se livreraient, notamment à travers leurs expériences nucléaires, à des démonstrations de force qui pourraient, certes, glisser vers la guerre effective, mais pourraient fort bien, également, aboutir à la victoire ou à la défaite d'un camp sans que la guerre ait fait une irruption explosive dans la réalité.

Cette analyse nuancée a été, à bien des égards, confirmée par l'histoire de la guerre froide. Mais l'originalité d'Arendt est ailleurs. Elle se situe dans l'analyse du couple de la guerre et de la révolution. Celle-ci aboutit à deux idées importantes. Premièrement, la guerre, à notre époque, amène la révolution, puisque les États vaincus tendent à perdre leurs régimes, qui ne survivent guère à la défaite. Deuxièmement, la guerre tend à perdre sa légitimité, tandis que la révolution conserve la sienne : le héros de la violence romantique est plutôt Che Guevara qu'un grand conquérant ou un grand chef militaire comme Napoléon.

On peut cependant nuancer ces deux idées à la lumière de l'expérience des dernières décennies. En Occident ou, plus généralement, dans les sociétés développées, le mythe et la légitimité de la révolution violente ont également beaucoup décru : le culte du Che s'exprime davantage sur les tee-shirts que dans des projets révolutionnaires imitant son exemple. Mais, le terrorisme et le djihad remettent à l'ordre du jour la légitimité d'une guerre qui prétend à la fois s'inscrire dans la continuité d'un affrontement remontant aux croisades et se donner la visée révolutionnaire d'un renversement de l'ordre international. Et la riposte américaine (dans le slogan de « guerre globale contre la terreur ») et occidentale en général (pour la guerre d'Afghanistan plutôt que pour celle d'Irak) ressuscite l'idée de « guerre juste ».

Mais notre sujet est moins le couple «guerre-révolution» que le couple «guerre-totalitarisme». Arendt semble ne l'avoir jamais traité explicitement. Mais elle indique nettement que la logique et la dynamique du totalitarisme le portent à la recherche de la domination totale. C'est ainsi que, dit-elle, au temps de l'Union soviétique, dans la mesure où le totalitarisme cherche à substituer au monde réel celui de l'idéologie, il ne pouvait, par exemple, admettre qu'il existe un métro aussi beau que celui de Moscou. Il devait nier l'existence du métro de Paris, et cette négation devait l'amener à vouloir détruire effectivement celui-ci.

Elle ne semble pas, à ma connaissance, avoir analysé spécifiquement ce qui différencie l'expansion militaire extérieure d'un régime totalitaire qui doit compter avec les résistances du système interétatique, et la guerre permanente qu'il livre à son propre peuple, selon l'expression de Nicolas Werth[3]. Cela l'a amenée à ne pas vraiment prévoir le coup d'arrêt porté à l'expansion du communisme soviétique par l'endiguement occidental, ni l'érosion de sa dynamique intérieure sous l'effet de la société moderne. Mais le lien fondamental qu'elle établit entre idéologie et terreur, et son analyse des rapports entre guerre et révolution, et de l'absorption croissante de la première par la seconde sont plus d'actualité que jamais.

En effet, ce à quoi nous assistons aujourd'hui, c'est à un éclatement à la fois de la notion de guerre et de celle de totalitarisme, qui favorise des combinaisons diverses entre différentes formes d'idéologie et de violence. Cela va de pair avec la constante transgression des frontières entre l'intérieur et l'extérieur, le public et le privé, l'individuel et le collectif, entre la violence instrumentale et la violence expressive, la criminalité politique et la criminalité de droit commun. La perspective d'une troisième guerre mondiale mettant aux prises les grandes puissances et impliquant leurs sociétés tout entières a considérablement reculé. De même, les systèmes totalitaires résultant d'une idéologie systématique à prétentions à la fois scientifiques et

---

3. Nicolas Werth, «Un État contre son peuple.», in *Le Livre noir du communisme*, *op. cit.*

religieuses et d'un pouvoir absolu n'existent plus que sous forme de survivances plus ou moins marginales comme la Corée du Nord. Mais ce qui a succédé à la Grande Guerre ce n'est pas la paix, ce qui a succédé au totalitarisme ce n'est pas le triomphe de la liberté et de la démocratie.

Le déclin de la guerre interétatique est compensé par la montée des guerres civiles et du terrorisme mondialisé. Il est aussi remis en question par la relégitimation que nous avons signalée de la guerre elle-même sous la forme du djihad ou de la guerre sainte, de la « guerre globale contre la terreur » ou pour la promotion de la démocratie. Guerre et révolution se rejoignent et se confondent, comme l'indiquait Hannah Arendt, mais la dimension guerrière y domine la dimension révolutionnaire : en effet, si l'idée d'un monde régi par Al-Qaïda ou monde islamique ou celle d'un monde gouverné par les États-Unis au nom de la démocratie est utopique, les guerres menées au nom de ces utopies sont, elles, bien réelles,

La défaite des régimes fondés sur les systèmes idéologiques totalitaires est relativisée, elle aussi, par deux séries de phénomènes. D'une part, si les régimes totalitaires sont fragilisés à l'âge de la globalisation, les tentations totalitaires, les mythes totalitaires, les passions totalitaires sont encouragés par cette globalisation elle-même, par ses frustrations, ses inégalités, ses ressentiments et ses peurs. D'autre part, si les idéologies totalitaires étaient fondées sur un double dogmatisme, celui d'une pseudoscience (le darwinisme racial chez les nazis, le matérialisme dialectique chez les communistes) et d'une pseudoreligion (« religion séculière » sous la forme du néopaganisme et de l'annonce du Reich de mille ans, ou la foi inconditionnelle dans le parti interprète et acteur de l'Histoire), nous assistons au retour en force des religions transcendantes, sous une forme fondamentaliste ou intégriste, et à la montée des menaces liées aux progrès de la science, allant jusqu'à rendre plus crédible la réalisation – par les manipulations génétiques – du vieux rêve totalitaire : changer la nature humaine. Par la stratégie des attentats suicides et la promesse du salut dans l'autre monde, les fanatismes religieux au sens propre peuvent se révéler plus efficaces que ceux inspirés par les religions séculières. Leur alliance éventuelle avec une science prométhéenne pourrait ressusciter et dépasser les pires cauchemars totalitaires.

Nous n'en sommes pas là. Pour l'instant, deux constatations semblent incontestables, l'une, sur le plan du concept de totalitarisme, et l'autre, sur celui de son application à la conjoncture du XXIe siècle.

Ma thèse essentielle, qui me paraît tout à fait compatible avec l'œuvre de Hannah Arendt, c'est que le totalitarisme c'est la guerre, si l'on veut bien élargir ces deux concepts comme Clausewitz le fait pour le deuxième en disant qu'il est un caméléon.

Elle consiste à poser que le totalitarisme se fonde avant tout sur l'identification de la politique et de la guerre ou, plus précisément, sur l'inversion de la formule clausewitzienne par une formulation commune à Lénine et à Ludendorff (et aussi à Spengler et à Foucault) selon laquelle la « politique est la continuation de la guerre par d'autres moyens ». C'est l'idée de la « lutte à mort », de l'écrasement sans appel, voire de la destruction totale de l'adversaire qui entraîne le reste.

Nul n'a mieux exprimé ce rapport que Carl Schmitt, dans sa formule : « Ennemi total, guerre totale, État total[4]. » À l'intérieur de cette triade, il indique clairement que l'élément central est l'ennemi total : « Le fond du problème se trouve dans la guerre. Le type de guerre totale détermine le type et la forme du caractère total de l'État [...] mais la guerre totale emprunte sa signification à l'ennemi total. »

Dans ce texte, Carl Schmitt parle tout autant de la guerre extérieure que de la guerre intérieure. Mais, bien sûr, l'ennemi total par excellence, pour le totalitarisme nazi, était le juif (et les autres groupes voués à l'extermination). La notion de caractère indispensable et non problématique de l'extermination

---

4. Carl Schmitt, « Totaler Feind, totaler Krieg, "totaler Staat" », art. cit. Paradoxalement, Schmitt applique cette formule à l'État libéral et aux interventions humanitaires, alors qu'elle s'applique avant tout au totalitarisme nazi. Hannah Arendt remarque : « Ainsi, dès avant 1945, mit-il tout sens dessus dessous afin de défendre les nazis », *Journal de Pensée, op. cit.*, vol. 1, p. 240-241.

collective semble centrale pour le totalitarisme dans chacune de ses deux interprétations majeures : celle, arendtienne, de la « logique d'une idée », où la terreur commence par être au service de l'idéologie et finit par prendre sa place, et celle, due à Claude Lefort et, sous une autre forme, à Louis Dumont, pour qui elle consiste dans la tentative de restaurer par des moyens modernes, dans un monde où la révolution individualiste chrétienne et bourgeoise a eu lieu, le primat prémoderne de la communauté totale et de supprimer la distinction de l'État et de la société. Dans les deux cas, la résistance d'une réalité complexe produit le besoin d'un bouc émissaire dont l'élimination, jamais parfaitement achevée, sert à masquer l'échec du plan et à orienter la mobilisation de la peur et de la haine.

Certes, celles-ci n'ont pas nécessairement besoin d'une idéologie totalitaire pour se déchaîner ou être provoquées. Mais le point central, c'est que l'essence du totalitarisme est dans son rejet total de toutes les barrières ou de tous les freins que la politique et la civilisation, la morale et la religion, les sentiments naturels de compassion et les idées universalistes de fraternité ont construits pour modérer, réprimer ou sublimer le potentiel humain de violence individuelle et collective. Une fois ces barrières levées ou ces freins desserrés, la violence peut, comme dans le cas du nazisme, être davantage cultivée pour elle-même et plus immédiatement radicale ou, comme dans le cas du communisme, être vue initialement comme un moyen en vue d'une fin pacifique et acquérir une vie propre, diffuse et imprévisible. Mais ces différences sont moins importantes que la dynamique d'une révolution continue déclenchée par le culte d'une volonté de fer, la haine du compromis et le mépris de la civilité qui créent moins un régime qu'un état de paroxysme – comme la peste et la *stasis* décrites par Thucydide – où, littéralement, tout est possible.

Cette dynamique aboutit à ce que l'on pourrait appeler la « dé-reconnaissance de l'homme par l'homme ». L'ennemi total n'est plus considéré comme un être humain, et cela à une époque où, péniblement, l'unité de l'espèce humaine et la dignité de chacun de ses membres avaient fini par être reconnues

et étendues, du moins en théorie, aux catégories qui en avaient
été exclues, à d'autres époques, pour raisons de race, de sexe ou
de condition sociale.

Aujourd'hui, l'application de cette « dé-reconnaissance »
connaît le même processus contradictoire de globalisation
et de fragmentation que la violence et le totalitarisme en général. Pour les guerres, le général Rupert Smith, auteur du livre
récent le plus stimulant sur le sujet[5], considère que la « guerre
industrielle interétatique » tend de plus en plus à être remplacée
par une confrontation permanente et multiforme qu'il appelle
la « guerre au milieu des peuples » (« *war amongst the people* ») : une
guerre sans limites précises dans l'espace ni dans le temps et qui
porte avant tout sur l'allégeance des populations, celles qui sont
les enjeux et les victimes les plus proches de la violence, mais
aussi celles auxquelles appartiennent, respectivement, terroristes et contre-terroristes et, à la limite, celles qui constituent
les débuts fluctuants d'une opinion publique mondiale.

Les mouvements terroristes ou insurrectionnels échappent
de plus en plus à l'alternative du national et de l'idéologique.
Ils prennent une dimension globale, mais celle-ci, aussitôt,
se modifie en se décentralisant et en se fragmentant, jusqu'à
devenir une collection de mouvements qui s'imitent les uns
les autres et pratiquent des formes variées de coordination lâche
ou de sous-traitance tout en prenant en charge des griefs et des
objectifs purement locaux.

Les idées et les mythes circulent à travers le monde en prenant une coloration particulière selon les régions, comme c'est
le cas, par exemple, de l'« antisémitisme sans juifs » dans un pays
comme le Japon.

Enfin, les passions totalitaires, qu'il s'agisse de la peur,
de la haine, de l'envie ou de leurs contreparties nobles (mais
parfois également dangereuses) comme la compassion, la solidarité, la soif de justice ou l'indignation morale, connaissent
elles aussi une spectaculaire globalisation et une non moins

5. Rupert Smith, *The Utility of Force, op. cit.*

spectaculaire réinterprétation de celles-ci à la lumière des conditions et des traditions locales. Ulrich Beck parle à ce propos de « globalisation des émotions » et il précise : « Ce qui est nouveau, c'est l'enchevêtrement du global et du local au sein des conflits. » Évoquant la « globalisation du conflit israélo-palestinien », il constate l'émergence d'une « compassion cosmopolitique qui pousse à prendre position »[6]. J'ai signalé à mon tour la possibilité corrélative d'une « haine cosmopolitique » qui finit par se passer d'objet concret et qui peut se prêter à une manipulation globale[7].

Là où tous ces processus touchent le plus directement notre sujet, c'est dans l'identification de l'ennemi. Le totalitarisme, c'est aussi l'art de faire un ennemi total, à éradiquer, soit du proche familier, soit du lointain inconnu ou abstrait. Le fait d'assimiler des peuples entiers à des insectes qu'il s'agit d'éliminer par souci d'hygiène ou par commodité, de les noyer dans un ensemble anonyme et sans visage, est antérieur au totalitarisme et lui a survécu dans l'élimination méthodique, directe ou indirecte, de populations qui font obstacle aux progrès de la modernité ou aux intérêts qui y sont liés. Le langage de la dératisation ou de la désinfection apparaît dans tous les nettoyages ethniques. La version proprement totalitaire apparaît avec la revendication idéologique qui proclame la négation de l'humanité au nom du progrès ou de l'utilité en empruntant le langage de la planification. Ainsi les camarades Mikoïan, Malenkov et Litvin écrivent au camarade Staline, le 22 septembre 1937 : « Pour assurer le nettoyage réel de l'Arménie, nous sollicitons l'autorisation de fusiller 700 (sept cents) personnes arrêtées parmi les Dachnaks et autres éléments antisoviétiques. L'autorisation donnée pour 500 personnes de la première catégorie est sur le point d'être remplie[8]. »

---

6. Ulrich Beck, « Le nouvel antisémitisme européen », art. cit.
7. Cf. chapitre 1 : « La revanche des passions ».
8. Cf. Pierre Hassner, « Par-delà l'histoire et la mémoire », *in* Henry Rousso (dir.), *Stalinisme et nazisme. Histoire et mémoire comparées*, Complexe, 1999.

Encore les victimes en question sont-elles qualifiées, en bloc, d'«antisoviétiques». Le degré le plus pur de la négation se trouve dans l'inscription qui accueillait les victimes des camps d'extermination cambodgiens: «Te perdre n'est pas une perte. Te conserver n'est d'aucune utilité[9]».

Les Khmers rouges n'avaient très probablement pas lu Hannah Arendt, mais ils retrouvaient et prolongeaient admirablement ses formules sur les personnes superflues.

On trouve moins de résonances arendtiennes à l'autre extrême, celle où le bourreau s'acharne sur la victime, par la torture, pour lui enlever l'apparence de l'humanité. Mais cette expérience a été décrite par plusieurs survivants des camps nazis, à commencer par Primo Levi, dans l'admirable *Si c'est un homme*[10].

Plus récemment, deux sociologues importants se sont efforcés d'analyser, notamment à propos du Rwanda, le rapport entre la violence et la recherche, ou la négation de l'identité. Il s'agit d'Arjun Appadurai dans «Dead Certainty: Ethnic Violence in the Era of Globalization»[11] et d'Abraham de Swaan dans «Widening Circles of Disidentification: On the Psycho and Sociogenesis of the Hatred of Distant Strangers»[12].

Le premier insiste plus sur le face-à-face, le second sur la manipulation à l'aide de catégories abstraites. Mais tous les deux insistent sur l'incertitude identitaire et l'attribuent en partie à la globalisation.

On remarquera que le totalitarisme est, lui aussi, notamment dans l'interprétation de Hannah Arendt, favorisé par l'incertitude identitaire et la favorise à son tour.

Peut-être le couple «globalisation-ethnicisation identitaire», à côté du couple «fanatisme-technique» ou «science-religion

---

9. Cité par Jean-Louis Margolin dans «Cambodge: au pays du crime déconcertant», in *Le Livre noir du communisme, op. cit.*, IVᵉ partie, chap. 3, p. 654.
10. Primo Levi, *Si c'est un homme*, tr. fr. Martine Schruoffeneger, Paris, Julliard, 1987.
11. Arjun Appadurai, «Dead Certainty: Ethnic Violence in the Era of Globalization», *Public Culture* 10(2), 1998, p. 225-247.
12. Abram de Swaan, «Widening Circles of Disidentification: On the Psycho and Socio-Genesis of the Hatred of Distant Strangers. Reflections on Rwanda», *Theory, Culture and Society*, vol. 14, n° 2, mai 1997.

déchaînées et dévoyées », constitue-t-il l'un des substituts actuels du totalitarisme classique, celui qu'a connu et analysé Hannah Arendt. Quel dommage qu'elle ne soit plus là pour nous aider à les interpréter !

Cinquième partie

Nationalisme et frontières

Chapitre 15

Nationalisme et violence
dans les relations internationales

« De l'humanité à la bestialité, *via* la nationalité. » Telle
était la prédiction du grand écrivain autrichien du XIXᵉ siècle
Grillparzer. Le grand penseur libéral anglais, lord Acton,
qui possédait des liens avec l'Autriche, se montrait pour
sa part plus optimiste sur l'issue finale mais, en définitive,
guère plus encourageant, lorsqu'il concluait son essai intitulé
« On Nationality » par ce paragraphe : « Bien que la théorie de
la nationalité soit plus absurde et criminelle que la théorie du
socialisme, elle remplit une mission importante dans le monde
et caractérise le conflit final et, partant, la fin de deux forces qui
sont les deux pires ennemies de la liberté civile, la monarchie
absolue et la révolution[1]. »

Nous avons choisi de commencer ce chapitre avec ces deux
citations, en partie parce qu'elles illustrent le lien existant
entre les deux notions qu'il nous faut étudier – nationalisme
et violence – d'une manière particulièrement forte et prophé-
tique. Alors qu'elles sont loin d'apporter une réponse définitive
sur le sujet, ainsi que nous le verrons, il est incontestable que
certains des pires excès des deux derniers siècles ont été commis
au nom du nationalisme ou de sa répression.

---

1. Lord Acton, *Essays on Freedom and Power*, Meridian Books, 1957, chap. 5 :
« On Nationality », p. 141.

Une seconde raison explique toutefois également notre choix. Les deux auteurs cités attaquent la notion de nationalité en tant que telle. Cependant – en laissant de côté le fait que dans certaines régions (telles que l'Europe centrale et les Balkans) et au cours de certaines périodes, on a établi une distinction entre « nationalités » et « nations » – est-il exact que toute nation – ou toute nationalité – engendre le nationalisme et que tout nationalisme produit de la violence ? Ou bien devrait-on distinguer non seulement les nations du nationalisme mais aussi les différents types de nations (par exemple, nations « civiques » et « ethniques ») et les différents types de nationalisme (par exemple, défensif ou expansionniste) entre eux[2] ?

La littérature anglo-américaine parle souvent de nationalisme alors que les Français évoqueraient plutôt un « sentiment national », une identité ou une conscience ou se référeraient au désir de faire coïncider État et nation, d'être gouverné par des dirigeants appartenant à la même nation que la population. En français, ce terme prend généralement le sens d'une idéologie qui place le bien de la nation au-dessus des autres valeurs ou de la loyauté. Cette signification induit à l'évidence plus rapidement une possibilité de violence. Il convient néanmoins de clarifier également ce dernier terme.

« La guerre, a écrit Rousseau, n'est pas une relation d'homme à homme, mais d'État à État[3]. » Dans le cas du nationalisme, parle-t-on de son impact sur la guerre que se livrent les États ou évoquons-nous aussi la violence commise au sein des États, entre les citoyens ou entre les citoyens et le gouvernement ?

Si, dans un premier temps, nous nous limitons à ces quatre termes, nationalisme et État-nation d'une part, violence et guerre de l'autre, nous sommes immédiatement confrontés à des complications intéressantes.

---

2. Pour tenter de clarifier ces notions, voir Edward Shils, « Nation, Nationality, Nationalism and Civil Society », *Nations and Nationalism*, I(1), 1995, p. 113-118.

3. Jean-Jacques Rousseau, *Du contrat social, op. cit.*, Livre I, chap. 4 : « Que l'état de guerre naît de l'état social », p. 601-616.

L'on connaît bien la formule de Charles Tilly : « La guerre fait l'État et l'État fait la guerre[4]. » Mais ses déclarations ultérieures, selon lesquelles les « distinctions entre les utilisateurs "légitimes" et "illégitimes" de la violence n'ont été définies que très lentement, au cours du processus pendant lequel les forces armées de l'État sont devenues relativement unifiées et permanentes », et « aujourd'hui, l'analogie entre, d'une part, faire la guerre et construire l'État et, d'autre part, mener des crimes organisés devient dramatiquement moins pertinente[5] » s'avèrent tout aussi appropriées. De même d'ailleurs que cette phrase de Philip Windsor : « Les États font les guerres mais l'homme fait la guerre[6]. » Contrairement à la théorie du choix rationnel, l'on ne peut exclure les passions pour analyser ce comportement, ce qui signifie qu'il faut réintroduire le nationalisme, même de façon indirecte, dans l'analyse de la guerre.

Par ailleurs, l'État ne fait pas uniquement la guerre. Il est issu de la violence, il l'utilise ou menace d'y recourir, implicitement ou explicitement, à l'encontre de ses citoyens s'ils sont des criminels ou des séparatistes dans le cas d'un État libéral, des dissidents ou des opposants dans le cas d'un État autoritaire, ou quels qu'ils soient dans le cas d'un État totalitaire ou terroriste.

La relation entre la violence intérieure et extérieure est au cœur du problème du nationalisme. La contrepartie à la pacification intérieure réalisée par l'État laïque moderne, et à son monopole du recours à la violence, a longtemps été la légitimation de la guerre entre États et les efforts entrepris pour diriger les énergies violentes vers des adversaires extérieurs. Par conséquent, pour certains, la diminution des guerres entre États

4. Charles Tilly, *Contrainte et capital dans la formation de l'Europe, 1990-1992*, tr. fr. Denis-Armand Canal, Aubier, 1992, chap. 3.
5. Charles Tilly, « War Making and State Making as Organized Crime », *in* Peter Evans, Dietrich Rueschemeyer et Theda Skocpol (ed.), *Bringing the State Back in*, Cambridge University Press, 1985.
6. Philip Windsor, « The State and War », *in* Cornelia Navari (ed.), *The Condition of States*, Open University Press, 1991, p. 125.

dans le monde développé devrait entraîner une recrudescence de la violence sociale[7], qui peut se traduire par des conflits ethniques, religieux ou intercommunautaires. Dans les deux cas, le nationalisme peut se renforcer en adoptant les formes adaptées à ce nouvel environnement.

La terreur qu'ont suscitée à la fois les révolutions française et russe se justifie par le mythe ou la réalité d'une menace extérieure. Elle prend un caractère nationaliste qui peut conduire à l'adoption de politiques subjectivement défensives, mais objectivement offensives, et faire naître ou renforcer le nationalisme parmi une population supposée libérée, pour laquelle cette libération est synonyme de conquête ou d'oppression. Les nationalismes prussien et espagnol se sont développés en résistance à la Révolution française et à Napoléon. Les États d'Asie centrale ont été créés par Staline, mais leur nationalisme s'est exprimé en grande partie contre la Russie.

Ces paradoxes et ces contradictions dialectiques montrent la nécessité d'établir des distinctions conceptuelles. Elles ne présenteront toutefois une utilité que si, après les avoir effectuées, l'on suit leur évolution ou leur transformation tout au long des différentes dynamiques de l'histoire et notamment de celle du nationalisme et de la violence.

Distinctions universelles, différences géographiques ou étapes historiques ?

L'essentiel est peut-être de savoir si les différents types de nationalisme pris séparément sont simplement des types-idéaux, alors que, dans la réalité, ils représentent des dimensions différentes que l'on retrouve à des degrés divers dans tous les nationalismes «réellement existants», ou plutôt si le nationalisme change de nature en passant de l'Est à l'Ouest ou du Nord au Sud, ou encore, si au fil du temps, tous les nationalismes ou presque

---

7. Voir par exemple Pierre Chaunu, «Violence, guerre et paix», *Politique étrangère*, hiver 1996-1997, p. 887-898.

suivent les mêmes phases, que l'on peut rapprocher des différents âges de la vie ou des différentes étapes du développement.

Le présent auteur, comme de nombreux autres, a débattu
de cette question il y a longtemps déjà[8]. Nous récapitulerons ici
simplement quelques résultats des discussions antérieures qui se
rapportent au sujet qui nous occupe aujourd'hui.

Les trois oppositions classiques sont les suivantes : premièrement, l'opposition terminologique, que nous avons déjà citée.
Deuxièmement, l'opposition éthico-politique, qui renvoie aux
relations avec les autres nations et les autres nationalismes et établit
une distinction entre les nationalismes limités à la construction,
à l'affirmation ou à la défense de la nation et ceux qui, en raison
de sentiments de supériorité, de la conviction d'être investi d'une
mission, d'un désir de domination ou d'une tendance (consciente
ou inconsciente) à l'expansion, représentent une menace pour
les autres nations et l'ordre international et sont par conséquent
plus susceptibles de recourir à la violence ou de la subir. Enfin,
l'opposition historico-géographique repose sur la distinction
entre des nationalismes premiers associés à une nation existante,
des nationalismes seconds qui prétendent représenter la quête
d'une nation à la recherche d'un État, et des nationalismes d'un
troisième type qui tendent à se donner la mission de redécouvrir
ou de créer la nation elle-même.

La deuxième opposition, que j'ai appelée éthico-politique
mais que l'on pourrait également qualifier de relationnelle,
est celle qui nous concerne particulièrement ici. Il s'avère
néanmoins intéressant de voir comment les différents auteurs
envisagent ses liens avec l'opposition terminologique. Sans
atteindre la subtilité linguistique d'un Rogers Brubaker, qui
sépare «nation», «nationité» (*nationhood*) et «appartenance à
la nation», le nationalisme des minorités nationales des «États
nationalisants» et des «patries nationales externes[9]», certains
auteurs ont tenté d'intégrer au vocabulaire la différence entre

8. Pierre Hassner, «Nationalisme et relations internationales», *Revue française
de science politique*, juin 1965, repris dans *La Violence et la Paix, op. cit.*, p. 196-227.
9. Rogers Brubaker, *Nationalism Reframed Nationhood and the National Question
in the New Europe*, Cambridge University Press, 1996.

« bon » et « mauvais » nationalisme ou entre nationalisme modéré et conquérant. Certains auteurs francophones, tel Anouar Abdel-Malek, ont proposé le terme « nationalitaire » pour désigner un nationalisme reposant sur l'autoaffirmation et ne combattant plus pour parvenir à la souveraineté ou exclure les autres[10]. Hans Morgenthau, pour sa part, distingue le nationalisme d'hier, consacré à la construction de la nation tout en reconnaissant aux autres le droit de faire de même, du nationalisme actuel, dirigé contre les autres nations et qui n'accepte aucune limite à ses actions[11]. Pour lui, seul le premier cas peut être qualifié de nationalisme, le second devrait être appelé plutôt « universalisme nationaliste ». J'ai pour ma part suggéré une autre distinction, qui semble s'imposer de manière logique, entre deux combinaisons particulières de la mission nationale et mondiale : la première pourrait être appelée « nationalisme universaliste » − la nation est investie d'une mission ou d'une signification spéciale ou supérieure − comme dans le concept de Fichte ou dans le fascisme ou le nationalisme allemand. La seconde serait nommée « universalisme nationaliste », la nation étant considérée comme l'incarnation fortuite, le point de départ ou le bastion temporaire d'une idéologie ou d'un mouvement international, comme dans la logique du nationalisme soviétique. L'on pourrait alors accepter le point de vue de Kenneth Minogue et de Beryl Williams selon lequel le « nationalisme, en tant qu'idéologie, n'est finalement pas moins universaliste que le communisme lui-même... Mieux comprises, ces deux doctrines (comme toutes les idéologies) s'avéreront composées à la fois d'universel et de particulier[12] », tout en distinguant ces deux idéologies totalitaires en fonction de leurs points de départ et centres de gravité respectifs.

Ces derniers dépendent certainement de la propension à la violence de ces types de nationalisme. Si la rencontre

10. Anouar Abdel-Malek, *Égypte, société militaire*, Seuil, 1962, p. 9.
11. Hans Morgenthau, *Politics among Nations*, Knopf, 1952, p. 268.
12. Kenneth Minogue et Beryl Williams, « Ethnic Particularism in the Soviet Union: the Revenge of Particularism », *in* Alexander Motyl (ed.), *Thinking Theoreticallly about Soviet Nationalities*, Columbia University Press, 1992, p. 233.

de l'universel et du particulier risque inévitablement de conduire à la violence, et si le résultat final peut être le même, la revendication d'une supériorité et la volonté de domination qu'implique le nationalisme universaliste, dans le nazisme par exemple, sont, dès le départ et pour ainsi dire par définition, empreintes de violence, tandis que l'objectif initial de l'universalisme nationaliste peut être pacifique, même si la négation de la pluralité qu'il suppose et la complexité du monde tendent à l'entraîner également sur le terrain de la violence.

L'autre grande distinction est géographique et culturelle, plutôt qu'idéologique. Le théoricien politique britannique John Plamenatz a établi une différence entre les nationalismes occidental et oriental. En allant d'ouest en est, il différencie les États (la France et l'Angleterre, par exemple) dans lesquels le développement de l'identité nationale s'est effectué parallèlement à celui de l'État, ceux dans lesquels la nation a précédé l'État, mais dans lesquels la conscience nationale reposait sur une véritable communauté de langue ou de culture (l'Allemagne ou l'Italie), et ceux (les pays slaves ou du tiers-monde) dans lesquels le nationalisme est avant tout une réaction, teintée d'attirance, de répulsion, d'imitation ou d'hostilité, à l'influence ou à la domination occidentale[13].

En ce qui concerne l'Europe centrale, le grand historien hongrois István Bibó et son disciple Jenö Szücs ont mis l'accent sur plusieurs caractéristiques du développement politique de cette région, qui ont conduit à l'apparition d'un sentiment national déformé ou pathologique. Pris entre l'Occident et l'Orient et leur évolution vers des États-nations de type occidentaux bloquée par trois Empires (austro-hongrois, ottoman et russe), ces pays ont souffert d'une insécurité permanente au niveau de leur identité et de leurs frontières. Selon Bibó, ce phénomène a entraîné une sorte d'«hystérie» (déjà présente en Allemagne) qui s'est exprimée par l'importance cruciale accordée à tout conflit territorial ou impliquant des minorités, puisqu'il s'agissait

---

13. John Plamenatz, «Two Types of Nationalism», *in* Eugene Kamenka (ed.), *Nationalism: The Nature and Evolution of an Idea*, Arnold, 1976.

à tout moment de prouver son identité nationale face aux revendications de voisins dont la propre légitimité nationale reposait
également sur des affirmations mythiques, ou tout du moins
sujettes à caution d'un point de vue historique ou linguistique[14].

En ce qui concerne les anciennes colonies (en Afrique notamment), des auteurs comme John Kautsky ont souligné le caractère
artificiel de la nation, en l'absence d'une langue commune, avec
des limites territoriales mal définies ou léguées par l'administration coloniale et le manque de participation de la population.
Le nationalisme se définit alors contre le pouvoir colonial ou
ex-colonial et est vu comme une sorte d'entreprise mondiale, au
même titre que l'industrialisation ou la modernisation[15].

Ces distinctions soulèvent de nombreuses critiques. Nombre
de nations occidentales se sont constituées récemment, et
parfois, comme la Belgique, de manière artificielle. Nombre de
nations orientales ou méridionales, comme l'Égypte ou le Japon,
possèdent une identité ancienne. Beaucoup des États créés artificiellement se sont forgé des racines et des identités nationales,
comme en Asie centrale, selon Olivier Roy[16]. Cependant, en
dépit de cette théorie générale et déterministe erronée, ces
auteurs mettent véritablement en évidence le rapport des racines
de la violence avec la fragilité des nations ou l'écart existant entre
les identités ethniques et culturelles et les structures politiques.
Celui-ci est illustré par le phénomène de «nettoyage ethnique»
observé aujourd'hui dans les Balkans, hier en Europe centrale[17],
ou par la tendance à l'exclusion sur la base de l'autochtonie en
Afrique[18].

Il faut toutefois se demander si la cause de ces phénomènes
est essentiellement géographique ou historique. Par exemple,

14. István Bibó, *Misère des petits États d'Europe de l'Est*, tr. fr. György Kassai,
L'Harmattan, 1986, p. 462.
15. John Kautsky, *Political Change in Underdeveloped Countries: Nationalism and
Communism*, John Wiley, 1962, p. 78-89.
16. Olivier Roy, *La Nouvelle Asie centrale*, Paris, Seuil, 1997.
17. Norman Naimark, *Fires of Hatred, Ethnic Cleansing in Twentieth Century
Europe*, Harvard University Press, 2001.
18. Voir le dossier «J'étais là avant : problématiques politiques de
l'autochtonie», *Critique internationale*, n° 10, 2001, p. 126-194.

la situation actuelle des Balkans ne rappelle-t-elle pas celle de l'Europe centrale à un stade antérieur de son évolution ? Ou encore, la notion de « fuseaux horaires », lorsque l'on passe de l'Occident à l'Orient, ne s'avère-t-elle pas plus utile que celle des différences de nature[19] ?

Cependant, si l'on envisage la notion d'étapes ou de phases, leur lien avec la violence est critiquable et critiqué. Dans certains cas et selon certains auteurs, les nationalismes apparaissent de manière modérée, avec pour seul objectif d'établir l'identité et l'indépendance de leur nation respective. Au fil de leur développement, leur appétit d'expansion et de domination s'aiguise. Dans d'autres cas et pour d'autres auteurs, les débuts des nationalismes sont plus exubérants, plus intransigeants, plus ambitieux et donc plus violents. Devenus plus mûrs, ils apprennent à accepter le *statu quo*, puis les limites de la souveraineté et, enfin, l'intégration internationale. Pour Ernest Gellner, dans la mesure où le nationalisme est lié à la société industrielle, au besoin d'une culture commune entre les élites et la masse, il devrait reculer avec la mondialisation. Cependant, la création d'un État-nation ne se fait pas sans problèmes de minorités et de frontières, qui génèrent de l'insécurité et de la violence. C'est le cas aujourd'hui dans les Balkans, comme ce le fut hier en Europe centrale et encore auparavant en Europe occidentale. Finalement, après des décennies de guerre et de nettoyage ethnique, la définition de frontières stables et l'évolution de la société, d'une population de guerriers à une population de producteurs et de consommateurs, devraient aboutir à une « affluence fédérale » et au déclin des passions nationalistes et violentes.

L'on voit comment il serait possible d'associer ces deux séquences historiques opposées en une dialectique hégélienne susceptible de s'appliquer de manière générale. Il y aurait une première étape (affirmation ou thèse), dans laquelle le nationalisme naissant se contenterait d'exiger l'indépendance

---

19. Ernest Gellner, « Nationalisms and the New World Order », *in* Laura Reed et Carl Kaysen (ed.), *Emerging Norms of Justified Intervention*, American Academy of Arts and Sciences, 1993, p. 151-156.

et attendrait la construction de la nation ; dans une deuxième phase (affirmation du contraire ou antithèse), il deviendrait intolérant, agressif ou expansionniste ; enfin, au cours d'une troisième phase (nouvelle affirmation ou synthèse), vaincu par la lassitude, l'expérience ou l'échec, il se retirerait en lui-même, devenant un élément du *statu quo* ou noyant son identité (pour recommencer un nouveau cycle ou se stabiliser enfin) derrière une affirmation plus grande, une unité plus élevée.

On pourrait soutenir qu'il s'agit précisément de l'enchaînement d'événements qu'ont vécu les États européens. L'on peut dire également qu'il présente une certaine cohérence avec la philosophie de l'histoire qui considère les aspects destructeurs du nationalisme dans certains pays du Sud comme une phase purement transitoire. L'on peut toutefois se demander aussi, tant qu'à parler de dialectique, si une telle interprétation ne souffre pas de l'hypothèse initiale selon laquelle les nationalismes subissent une sorte de développement interne quasi biologique, dont les caractéristiques sont prédéterminées. N'est-il pas tout autant possible que la rencontre avec d'autres nationalismes puisse mettre en place une relation dialectique encore plus puissante, mais négative ? C'est ce que Rosecrance appelle l'effet boomerang ou cumulatif[20]. Le nationalisme positif (que Rosecrance qualifie de « coalescent ») devient négatif (ou « expansionniste »). Au fur et à mesure, de la même manière que Napoléon a suscité l'émergence des nationalismes européens, et en particulier du nationalisme allemand, il entraîne l'apparition de nationalismes « coalescents », défensifs ou positifs, qui à leur tour, comme le nationalisme allemand, vont croître et devenir expansionnistes et engendrer de nouveau des nationalismes « coalescents », et ainsi de suite. De cette manière, le bon nationalisme devient le mauvais, à partir duquel se crée le bon, qui devient de nouveau mauvais, etc. Il se forme ainsi un cercle vicieux du bien et du mal, dont la logique est de provoquer toujours plus de dommages.

---

20. Richard Rosecrance, *Action and Reaction in World Politics: International Systems in Perspective*, Little, Brown and Company, 1963, p. 194.

Même ainsi n'est-il pas possible qu'à un moment donné une certaine lassitude apparaisse, permettant à une dialectique du premier type de s'imposer? Et, à l'inverse, cette dernière n'est-elle pas toujours menacée d'être interrompue et renversée, au cours de la deuxième phase, par celle du deuxième type, en raison de la logique de l'hostilité? Dans la mesure où le nationalisme implique une comparaison ou des réactions d'hostilité à l'encontre des autres, il est impossible d'en étudier les origines ou la nature en dehors d'un contexte de politique internationale. Le rêve des philosophes, de Platon dans *La République* à Rousseau dans *Considérations sur le gouvernement de la Pologne*, a été la création de sortes de Robinson Crusoé chauvins, de citoyens patriotes vivant dans des cités isolées sans ambition de se tourner vers l'extérieur et sans motif de se battre, mais dont les vertus civiques et patriotiques, indispensables pour eux en tant qu'individus et pour le bon fonctionnement de la cité, impliqueraient logiquement une croyance en une supériorité de celle-ci et, par conséquent, un sentiment d'hostilité à l'encontre des étrangers, hostilité et vertus martiales qui ne trouveraient pas en fait à s'exprimer. Dans le monde réel, elles trouvent et on les trouve. L'essence, et le drame du nationalisme, c'est de ne pas être seul au monde[21].

Violence nationaliste et interactions internationales

Il paraît évident, d'après l'analyse qui précède, que la violence nationaliste peut naître des mouvements sociaux et des passions, des idéologies et des mythes. Ces mouvements évoluent en fonction de leur interaction avec d'autres forces, qu'elles soient nationalistes ou pas. Ces interactions peuvent être symétriques ou asymétriques, elles peuvent survenir à l'intérieur ou à l'extérieur des frontières de l'État, impliquer des groupes sociaux ou des acteurs étatiques. Elles se développeront différemment en

---

21. Ces derniers paragraphes proviennent de mon chapitre « Nationalisme et relations internationales », art. cit.

fonction des structures régionales et mondiales qui prédominent à une période donnée.

D'une manière générale, l'on peut à cet égard distinguer quatre périodes : l'avant-guerre froide, la guerre froide, l'après-guerre froide et l'après-11 Septembre.

Avant la guerre froide, les relations internationales se caractérisaient d'une part par une rivalité multipolaire entre États (telle que l'équilibre européen des puissances, puis le concert européen, enfin par la lutte triangulaire qui opposa les démocraties occidentales, les dictatures fascistes et l'Union soviétique) et d'autre part, par la dimension Nord-Sud de la colonisation et de la décolonisation, de la conquête impériale, des révoltes nationales et de la répression.

La guerre froide a été dominée par les tensions bipolaires sur l'axe Est-Ouest, l'émergence de nouveaux États dans d'autres parties du monde, liée à la décolonisation au cours de laquelle différentes formes de nationalisme, celles des nations nouvellement créées et celles des nations coloniales, se mêlaient et se retrouvaient indirectement exploitées par les opposants de l'axe Est-Ouest.

Au cours des douze années qui ont séparé la chute du mur de Berlin de l'effondrement des Twin Towers s'est créée une distance entre les sociétés (celles d'un centre relativement stable et paisible et celles de la périphérie, relativement plus agitées) correspondant à un problème structurel : presque tous les conflits violents ont été des guerres civiles, ce qui a soulevé la question de l'intervention du centre au nom de l'ordre international ou de la défense des droits de l'homme. Les guerres civiles, comme les génocides, ont été provoquées par l'effondrement des empires et l'émergence à leur place de nouvelles nations ou de nationalismes, qui ont donné naissance à des États dont les frontières et la légitimité ou l'autorité étaient tout à la fois contestées et instables. Le problème qui s'est alors posé pour les pays développés, pour ce que l'on aurait appelé au XIXᵉ siècle les grandes puissances, était que cette situation ne menaçait pas directement leurs intérêts nationaux au sens étroit du terme, mais risquait bien de mettre en péril leurs intérêts plus vastes et à plus long terme, liés à un ordre international pacifique en même temps qu'elle leur offrait la possibilité de définir ce dernier. Elle a par conséquent entraîné un débat divisant nationalistes et internationalistes : les nationalistes refusèrent généralement de risquer la vie de leurs citoyens pour des principes abstraits et les anciens pacifistes devinrent internationalistes pour des raisons humanitaires.

Le 11 septembre 2001 a mis un terme à ce débat. Le terrorisme et les réactions qu'il a provoquées ont brutalement effacé la distance existant entre le centre et la périphérie, ainsi qu'entre nationalisme et internationalisme en termes de sources et de cibles de la violence, tout en créant de nouvelles différences au niveau de la perception et des priorités. L'Amérique a été frappée au cœur même de son territoire, mais les auteurs étaient issus de pays éloignés et la lutte contre eux couvre toute la planète. Ce combat, qui, comme l'attaque initiale, possède une dimension transnationale, est mené par les États-Unis dans un esprit de défense nationale et de revanche qui, à son tour, entraîne le réveil d'un ressentiment antiaméricain à travers le monde. Ce phénomène encourage indirectement différentes formes de nationalisme violent.

Étudions ces quatre périodes de manière un peu plus précise, toujours à la lumière de notre problématique de la relation entre le nationalisme et la violence.

Rivalités nationales et révolutions nationalistes

Dans la première période, multipolaire, nous avons regroupé, d'une part, l'équilibre des puissances et le concert européen d'avant 1914 (avec la dimension Nord-Sud de la ruée vers l'Afrique et plus généralement de l'impérialisme et le «problème des nationalités», de l'unification allemande et italienne à la question d'Orient) et, d'autre part, la lutte triangulaire entre le communisme, le fascisme et les démocraties occidentales, accompagnée en Asie par la guerre civile chinoise et l'expansion japonaise. L'on peut se demander à chaque fois dans quelle mesure les guerres et les révolutions sont imputables au nationalisme ou y ont contribué. La rivalité classique entre les grandes puissances n'est pas nécessairement différente par nature des rivalités prénationalistes qui existaient au temps des monarchies. Cependant, la montée du nationalisme allemand pendant tout le XIXᵉ siècle, alimentée par la victoire sur la France et la rivalité avec l'Angleterre, est incontestable, de même que, après la défaite de 1870, et, en particulier au tournant du siècle, le réveil en France d'un esprit martial et nationaliste, qui sera considérablement affaibli par les énormes pertes humaines de la Première Guerre mondiale. Une évolution similaire des mentalités s'est opérée en Grande-Bretagne, avec le passage d'un « impérialisme du libre-échange » à un esprit « jingoïste » et à une brutalité illustrée par la répression de la rébellion indienne en 1857 et surtout par la guerre des Boers.

Il faut encore voir, bien sûr, si la conquête impérialiste et la répression doivent être analysées comme le « stade suprême du nationalisme » pour parodier Lénine, ou si l'on doit souligner l'aspect universaliste de l'impérialisme[22]. Pour Schumpeter et Veblen, l'impérialisme résulte de l'association du capitalisme moderne, qui est par essence pacifique, puisqu'il repose sur la prédominance des intérêts sur les passions et du commerce sur la guerre[23], à des valeurs précapitalistes, militaristes ou aristocratiques[24].

L'on peut parallèlement évoquer le potentiel comparativement violent des empires et des États-nations. Illustrant la thèse défendue par lord Acton contre John Stuart Mill il y a plus de soixante-dix ans, comme nous l'avons déjà signalé, Arnold Toynbee a avancé en 1921 que l'Empire ottoman avait réussi à faire cohabiter différents peuples, différentes cultures et différentes religions de manière relativement pacifique, quoique inégalitaire, alors que sa division en États-nations de type

---

22. Dan Diner, « Imperialismus und Universalismus. Versuch einer Begriffsgeschichte », *in* Dan Diner (hg.), *Weltordnungen. Über Geschichte und Wirkung von Recht und Macht*, Fischer, 1993, p. 17-60.

23. Albert Hirschman, *The Passions and the Interests*, Princeton University Press, 1997 (2ᵉ éd.).

24. Raymond Aron, *La Société industrielle et la Guerre*, Plon, 1959.

occidental a entraîné des conflits territoriaux et de violentes révoltes contre l'homogénéité imposée au sein de ces nouveaux États[25]. La succession de conflits des Balkans qui se sont déroulés en 1912-1913, des guerres de libération du joug ottoman aux luttes tout aussi sauvages que se livrèrent les États nouvellement créés[26], sans oublier le génocide des Arméniens par les Turcs ou le conflit toujours irrésolu opposant la Turquie moderne à sa minorité kurde vont dans ce sens.

En ce qui concerne les mouvements de résistance à l'impérialisme (en Asie ou en Afrique, par exemple) ou de rébellion contre l'empire (dans les Balkans), l'on peut s'interroger sur la pertinence qu'il y a à les qualifier de nationalistes. L'idée même d'autodétermination nationale, d'État-nation et de nationalisme naît certes en Occident et se trouve souvent transmise aux peuples conquis par les envahisseurs eux-mêmes[27]. Cependant, ce fait s'avère peut-être moins important que ne semblent le penser Plamenatz ou Kautsky : la protection de l'identité d'un groupe (qu'il s'agisse d'une tribu ou d'une nation), de ses traditions, de son indépendance et de ses croyances contre une occupation étrangère, une conversion ou une modernisation forcées, le sentiment de la fierté blessée et la soif de revanche peuvent être partagés même si leur justification conceptuelle peut varier. Les idées sont importantes, mais les passions qui les inspirent le sont encore plus.

C'est également surtout en raison des passions qu'elle a déclenchées que la Première Guerre mondiale a contribué de manière significative à la montée du nationalisme. Nous avons déjà évoqué la vigueur du nationalisme français et plus encore du nationalisme allemand, à la fin du XIXe siècle. Le nationalisme

25. Arnold Toynbee, *Greece, Turkey and the Western Questio*, Constable, 1922. Voir Jean-Pierre Derriennic, *Les Guerres civiles*, Paris, Presses de Sciences Po, 2001.
26. Voir le Carnegie Report : Carnegie Endowment for International Peace : *Report of the International Commission to Inquire into the Causes and Conduct of the Balkan Wars* (1914), republié en 1993 sous le titre *The Other Balkan Wars*.
27. Robert Jackson, « The Weight of Ideas in Decolonization: Normative Change in International Relations », *in* Judith Goldstein et Robert Keohane (ed.), *Ideas and Foreign Policy*, Cornell University Press, 1993, chap. 5.

serbe, quelles que soient les causes profondes du conflit, a servi
de détonateur à Sarajevo. Cependant, ainsi que l'a remarqué
Raymond Aron, ce sont moins les origines de la Première
Guerre mondiale qui importent pour comprendre le monde
du XXᵉ siècle que son déroulement et ses conséquences. Sa durée
inattendue, la nécessité de la justifier par de la propagande,
l'émergence d'États autoritaires et d'économies de guerre,
l'effondrement de certains régimes (tsariste, par exemple)
et d'Empires, austro-hongrois ou germanique, et surtout l'expérience traumatisante de la guerre elle-même ont concouru
à semer les graines des idéologies nationalistes et totalitaires
ainsi que des conflits futurs[28]. Selon la thèse défendue par trois
grands auteurs français, Élie Halévy, Raymond Aron et François
Furet, la Première Guerre mondiale aurait été la matrice du
XXᵉ siècle, tout comme la Révolution avait été celle du XIXᵉ
et aurait, comme cette dernière, engendré des passions idéologiques et politiques inconnues jusqu'alors[29]. Parmi celles-ci
figurerait essentiellement le nationalisme, particulièrement dans
les États vaincus ou affaiblis par la guerre et parmi les soldats
démobilisés qui conservaient une certaine nostalgie des champs
de bataille et souhaitaient se venger d'une défaite imputée à la
trahison ou à la conspiration. Le fascisme et le national-socia-
lisme se seraient ensuite répandus dans toute l'Europe centrale,
où prédominaient la frustration face à la modernisation, le
mysticisme religieux, le rejet du libéralisme occidental et la
recherche de boucs émissaires (généralement les juifs).

Par ailleurs, les puissances victorieuses, telles que la France
et la Grande-Bretagne, se seraient révélées tellement épui-
sées par la guerre que, malgré la montée de ces mouvements
fascistes ou nationalistes, elles auraient conservé une attitude
pacifiste, ou tout du moins passive. Ce sont toutefois en définitive des nationalistes éclairés, Churchill et de Gaulle, qui ont
conduit la résistance conte l'Allemagne nazie. Aux États-Unis,

---

28. Raymond Aron, *Les Guerres en chaîne*, Gallimard, 1951, 1ʳᵉ partie : « De
Sarajevo à Hiroshima ».
29. Voir chapitre 3 : « François Furet et les passions du XXᵉ siècle ».

une sorte de nationalisme remplaça l'internationalisme de Wilson, mais un nationalisme du type isolationniste. Le cas le plus intéressant concernant le sujet qui nous occupe est toutefois celui de la Russie soviétique.

Le communisme soviétique était-il internationaliste ou nationaliste ? La « transformation de la guerre impérialiste en guerre civile », prévue et réalisée par Lénine, tendait vers l'internationalisme. Le choix de Staline du « socialisme dans un seul pays » peut avoir été dicté par la nécessité, mais il reflétait aussi un nationalisme qui allait se manifester dans le traitement des populations non russes (notamment la déportation de nations entières, comme les Tchétchènes, ou l'exécution de millions de personnes pour répondre à des quotas ethniques), l'invocation d'un patriotisme russe plutôt que d'une idéologie communiste pour fédérer la population pendant la guerre contre l'Allemagne nazie et la montée de l'antisémitisme pendant ses dernières années de pouvoir. Dans le cas de Staline, il s'avère très difficile de déterminer si le nationalisme a été une source d'inspiration ou un instrument. Il semble probable qu'il était essentiellement guidé par un sentiment de méfiance pathologique et la volonté de tout contrôler, ce qui l'a poussé à se défier de toute personne ou de tout groupe affichant sa loyauté à l'égard d'éléments étrangers ou possédant des liens à l'extérieur du pays.

Si l'essence du nationalisme stalinien a pu être d'une certaine manière défensive, sa recherche de contrôle absolu l'a néanmoins orienté, ne serait-ce que prudemment, dans une direction dynamique ou offensive, comme en témoignent les *Conversations* avec Djilas. Sa devise aurait pu être « pas de communisme sans Armée rouge, pas d'Armée rouge sans communisme ». À l'inverse, ainsi que l'a souligné Hannah Arendt, la logique du nazisme est allée au-delà du nationalisme, vers un projet illimité de domination et de purification du monde[30]. Les concepts que nous avons présentés plus haut, d'« universalisme nationaliste » et de « natio-

---

30. Hannah Arendt, *The Origins of Totalitarianism*, Harcourt, 1951, par exemple la préface à la première édition.

nalisme universaliste », peuvent être considérés comme relevant d'une dialectique dont le thème commun est la lutte perpétuelle ou la politique perçue comme guerre, ce qui constitue notre définition préférée du totalitarisme[31].

Bipolarité et nationalisme

La période suivante, celle de la guerre froide, a fait l'objet d'un débat sans fin, parmi les commentateurs et les historiens, sur le rôle du nationalisme, des idéologies universalistes et des rivalités de puissance. En ce qui concerne le comportement général des deux grandes superpuissances, du moins en Europe et entre elles, ce débat s'avère plutôt stérile : il paraît évident que l'une et l'autre cherchaient à préserver leur intérêt national, qu'elles le concevaient en termes idéologiques, et que l'interprétation de leur idéologie respective était largement influencée par leur intérêt en tant que nation et leur désir de maintenir leur suprématie sur les pays alliés ou leur empire. Du côté américain, cela signifiait encourager la prospérité et l'unité de l'Europe occidentale au risque de favoriser l'émergence d'une puissance rivale, tandis que la conception soviétique de la sécurité correspondait à un contrôle direct des pays satellites. C'est surtout la question des alliés et des satellites qui a soulevé le plus de controverses.

En agitant l'étendard de l'indépendance, la France à l'Ouest, la Chine et la Roumanie à l'Est ont initié des différends dans lesquels le pouvoir dirigeant, dans le rôle du gardien de l'intérêt commun, accusait les hérétiques d'adopter une position nationaliste et cynique, et se voyait accusé à son tour de faire preuve du même nationalisme, mais de manière beaucoup plus hypocrite. Là encore, il n'est pas aisé de déterminer le rôle exact du nationalisme dans les conflits entre alliés qui se sont déroulés à cette période. Dans certains cas (en Yougoslavie et en Albanie, par exemple), le nationalisme se parait d'orthodoxie marxiste, mais, du moins en ce qui concerne la Yougoslavie, il a provoqué

---

31. Voir mon chapitre « Par delà l'histoire et la mémoire », *Stalinisme et nazisme*, *op. cit.*, p. 355-375.

un certain nombre de changements, tout d'abord vers davantage de libéralisme, avant de se transformer en nationalisme pur et de conduire à la guerre. Dans le cas de Solidarité et du «printemps de Prague», la volonté de réforme et de liberté était plus importante que celle d'acquérir l'indépendance nationale, plus forte que toute ambition nationaliste.

L'on pourrait dire que la chute de l'Union soviétique a été provoquée moins par la rébellion nationaliste que par la perte de confiance du pouvoir central en sa propre légitimité et par sa tentative de réformer un système qu'il n'était déjà plus possible d'amender. L'un des facteurs déterminants dans cet effondrement a certainement été le fait que Gorbatchev avait sous-estimé la distance prise par les pays d'Europe de l'Est à l'égard de l'Union soviétique et le désir de certaines républiques soviétiques, en particulier les pays baltes et, dans une moindre mesure, l'Ukraine, d'obtenir leur indépendance.

En ce qui concerne la Chine, le Vietnam et Cuba, la question du rôle du nationalisme – dans la révolution qui a porté les régimes de ces pays au pouvoir ou dans les conflits qui les ont opposés aux États-Unis ou à leurs voisins (le Cambodge et la Chine pour le Vietnam) ou encore les tensions avec l'Union soviétique – débouche sur une problématique plus large : celle de la relation entre les conflits Est-Ouest et Nord-Sud. Pendant longtemps, les leaders de ces révolutions et de ces régimes ont tout juste été perçus comme des réformateurs du système agraire (ou des élites du tiers-monde en quête d'indépendance) ou tout au plus comme des instruments de Moscou. Or ils étaient, ou sont encore, à la fois communistes et nationalistes. Et surtout, ainsi que des spécialistes occidentaux des relations Est-Ouest tels que Raymond Aron et Richard Löwenthal l'ont reconnu dans les années 1950 et 1960, en Europe, le nationalisme s'opposait à l'Union soviétique, alors qu'en Asie il accompagnait le communisme. Ainsi, pour l'Occident, le conflit était avant tout de nature militaire en Europe, où il s'agissait de contenir l'Armée rouge, et de nature politique en Asie, où il s'agissait d'éviter d'associer les pays occidentaux ou les démocraties libérales au colonialisme ou au néocolonialisme afin qu'ils ne deviennent pas les cibles des peuples animés par un désir d'émancipation et/ou de revanche.

La priorité à accorder aux différents éléments de l'«étrange trinité» de Clausewitz (l'objectif politique, l'instrument militaire et les passions populaires) demeure le thème central de l'interprétation du nouveau monde apparu après la chute du mur de Berlin et l'attentat des Deux Tours et de la réaction qu'il suscite.

Nationalisme, guerre civile et intervention internationale

Entre 1989 et 2001, le nationalisme est souvent apparu, comme au XIXe siècle, tantôt comme une recherche d'unité par-delà des divisions imposées, tantôt comme une violence contre la fragmentation imposée par les puissances étrangères ou une réaction de refus de la mondialisation impérialiste. Dans les Balkans et au Caucase, l'héritage des Empires austro-hongrois, ottoman et russe a donné lieu à une recherche identitaire et à l'émergence de mythes historiques et de revendications irrédentistes. Par ailleurs, l'ancien empire soviétique, à l'instar de l'ancien tiers-monde, s'était ouvert à la mondialisation et donc à l'Occident et plus particulièrement à l'influence américaine (du moins pour nombre des populations de ces régions). Mais la mondialisation est facteur de changement incontrôlé. Ce phénomène a suscité un sentiment de nostalgie à l'égard de la stabilité politique que représentait le régime communiste ou de la grandeur et de l'unité incarnées par un passé mythique encore plus ancien.

Lorsque j'ai écrit sur le nationalisme en Europe, au début des années 1990, j'ai distingué quatre types d'influence dans les pays postcommunistes : deux issues du passé (communiste et précommuniste, ainsi que je viens de le mentionner) et deux liées au présent, en particulier à l'Occident d'une part, à l'interdépendance ou la mondialisation généralisée d'autre part, et aux exigences imposées par les institutions occidentales comme l'Otan ou l'Union européenne que ces pays aspirent à rejoindre. Ces influences, et en particulier leurs contradictions, ont provoqué des réactions nationalistes parfois violentes, même si la violence trouve souvent sa source au moins autant dans l'ancienne puissance impériale ou hégémonique que dans les États séparatistes souhaitant acquérir leur identité nationale ou leur indépendance[32].

Nous avons toutefois également noté deux autres formes de nationalisme ou du moins d'affirmation de l'intérêt de l'identité et de l'exclusivité des nations, plus largement représentées en Europe et dans le monde[33]. Tout d'abord, tous les États occidentaux ont eu tendance à réaffirmer leurs intérêts nationaux, au sens étroit du terme, face aux impératifs de la supranationalité européenne ou de la solidarité universelle. Ce phénomène n'a rien à voir avec les conflits passés lies à des territoires ou des questions de suprématie et débouchant sur des actes de violence, mais peut néanmoins avoir des conséquences indirectes violentes. C'est d'autant plus le cas lorsque cette forme de nationalisme s'associe avec le troisième type (autre que le guerrier et le modéré fondé sur l'intérêt national), qui s'avère sans doute le plus répandu aujourd'hui et pour lequel le terme «nationalisme» n'est sans doute pas le plus approprié. Xénophobie, hostilité envers les immigrants, crainte pour ce que Waever et Buzan appellent la «sécurité sociétale[34]», c'est-à-dire pour l'identité d'un groupe donné : tout ce qui tient au repli sur soi et à la difficulté des groupes nationaux, ethniques, mais aussi culturels et religieux à vivre ensemble.

L'autre problème de cette période est de savoir si le reste du monde (les voisins, les grandes puissances, les organisations non gouvernementales) peut et souhaite changer quelque chose à cette situation. L'immense majorité des conflits sont des guerres civiles, et les autres pays peuvent ne pas intervenir (comme au Rwanda), tenter des missions de médiation et de maintien de la paix sans que la paix soit instaurée (en Bosnie pendant un

---

32. Pierre Hassner, «Entre quatre mondes : à la recherche de l'identité perdue», *Projet*, juin 1999, p. 55-64.
33. Pierre Hassner, «L'Europe et le spectre des nationalismes», *Esprit*, octobre 1991.
34. Ole Waever et Barry Buzan *et al.*, *Identity, Migration and the New Security Agenda in Europe*, Pinter, 1993.

certain temps), ou intervenir militairement (comme en Bosnie en 1995 et au Kosovo en 1999).

Cette violence est bien sûr liée au nationalisme, mais surtout aux tentatives de génocide ou de nettoyage ethnique commises dans un État d'une part, et aux interventions multilatérales lancées au nom de la communauté internationale de l'autre. L'on pourrait avancer que l'élément dominant est subnational dans le cas des guerres civiles et supranational dans le cas des interventions étrangères, si celles-ci ne dépendaient pas d'ambitions et d'inhibitions (conduisant souvent à l'abstention) nationales.

C'est alors que se sont produits les événements du 11 septembre 2001, mettant en jeu des éléments existant depuis toujours, mais qui ont alors pris de nouvelles proportions, donné lieu à de nouvelles associations, et créé en raison de leurs causes et de leurs conséquences une nouvelle réalité.

L'après-11 Septembre : terrorisme transnational et réactions nationalistes

Il est peut-être plus utile de commencer par les auteurs des attentats. Le premier d'entre eux, Al-Qaïda, est une organisation transnationale, non gouvernementale, présente apparemment dans une cinquantaine de pays. Elle possède les caractéristiques de l'islamisme radical, ses membres sont tous musulmans, issus des pays arabes, et d'Arabie saoudite pour la plupart. Nombre d'entre eux ont fait des études et ont vécu en Occident, en Europe en particulier. Enfin, leurs ennemis et leurs cibles désignés sont les infidèles d'une manière générale (les Russes pendant la guerre en Afghanistan dans les années 1980, par exemple), mais surtout les Américains et les juifs.

En quoi leur violence est-elle liée au nationalisme ? Devrait-elle être perçue comme la lutte d'une religion ou d'une civilisation contre d'autres, d'un fondamentalisme religieux contre la laïcisation, du particularisme contre la mondialisation, du Sud (ou de la périphérie) contre le Nord (le centre) ou encore du nationalisme arabe (voire saoudien) contre la domination américaine ?

Tout cela à la fois sans doute. Cependant, il convient de parler de proportions et de priorités. La question centrale porte sur la relation entre deux oppositions : le national et le transnational, le laïque et le religieux. Elle concerne le caractère transnational ou nationaliste de la religion, notamment de l'islam, et le caractère laïque ou religieux du nationalisme, en particulier chez les Arabes et les juifs.

Les meilleurs spécialistes français en la matière – comme Olivier Roy et Gilles Kepel – ont annoncé, en 1992 pour le premier[35], et plus récemment pour le second, qui a commencé par anticiper le retour de la guerre sainte avant de se dire convaincu de sa disparition en 1999[36], la fin de l'islam politique. Olivier Roy avait pour sa part souligné les limites de la solidarité islamique et la prévalence (en particulier en Asie centrale, malgré le caractère artificiel de plusieurs des États créés par Staline) des intérêts nationaux et des conditions locales sur la solidarité islamique, d'autant plus encore sur toute idée d'internationale islamique révolutionnaire[37]. Par ailleurs, ces dernières années, il avait signalé et étudié l'apparition, en particulier sur Internet, de jeunes militants déracinés installés en Occident, dont la loyauté allait directement à la *umma* islamique plutôt qu'à un État particulier. Nombre des terroristes d'Al-Qaïda partagent vraisemblablement ces caractéristiques sociologiques et psychologiques. En revanche, ni Roy ni personne d'autre n'avait prévu l'existence d'un mouvement terroriste aussi puissant, transnational, organisé et souple.

Comment, par conséquent, doit-on l'interpréter ? Roy tend à minimiser son aspect religieux et directement politique. Il y voit surtout une réaction à la mondialisation et à l'aliénation ainsi qu'aux inégalités qu'elle engendre. Ce sont les Twin Towers et non Saint-Pierre de Rome qui ont été visées, et Ben

---

35. Olivier Roy, *L'Échec de l'Islam politique*, Seuil, 1992.

36. Gilles Kepel, *La Revanche de Dieu*, Seuil, 1991, et Gilles Kepel, *Jihad, expansion et déclin de l'islamisme*, Gallimard, 2000.

37. Olivier Roy, *La Nouvelle Asie centrale, op. cit.* Sur les tendances plus récentes, plus individualistes et universalistes, voir, du même auteur, « Le néofondamentalisme islamique ou l'imaginaire de l'oumma », *Esprit*, avril 1996.

Laden a par ailleurs montré peu d'intérêt, selon Roy, pour le sort des Palestiniens. D'autres spécialistes ont mis l'accent sur les divisions existant au sein même de l'islam et des élites dirigeantes arabes, et ont vu dans ce mouvement une tentative de prise du pouvoir en Arabie saoudite et dans d'autres États arabes, afin d'instaurer des régimes islamiques semblables à celui des talibans ou de mettre en place une *umma* islamique internationale.

L'on pourrait bien sûr rappeler que Ben Laden[38], depuis sa première déclaration de djihad, a toujours tenu des propos à la fois religieux et politiques, évoquant notamment la présence sacrilège des infidèles dans les lieux saints, puis les bombardements en Irak et l'occupation de territoires arabes par Israël, et qu'il déclare la guerre à tous les infidèles (qui « n'ont pas de nation »), mais surtout à l'occupant américain et israélien. D'une manière plus générale, l'interprétation de la modernisation et de la mondialisation comme attaque diabolique de l'Occident contre l'islam et comme la poursuite des croisades, et le recours à un discours politique appelant à défendre le territoire contre des envahisseurs ou des occupants, à une affirmation sociologique ou morale des valeurs traditionnelles (la guerre, la virilité, le sacrifice, la lutte contre l'Occident, contre le matérialisme moderne, contre le féminisme, contre l'individualisme) et à une incitation à revenir à la véritable religion constituent les thèmes communs des islamistes modernes et des personnages qui ont marqué le début du XXe siècle, tels que le Mahdi soudanais ou le « Mad Mullah » (« mollah fou ») de Somalie[39].

---

38. Voir le texte dans Fred Halliday, *Two Hours that Shook the World*, Saqui Books, 2002, Annexe 1, p. 216-219.

39. Michael Howard, « What is in a Name? », *Foreign Affairs*, vol. 81, n° 1, janv.-févr. 2002, p. 8-14. Voici un extrait de la lettre envoyée aux Britanniques par le « Mad Mullah » : « Je souhaite diriger mon propre pays et protéger ma religion. Si vous voulez, envoyez-moi une lettre précisant s'il va y avoir la paix ou la guerre… Je souhaite combattre contre vous. J'aime la guerre, mais vous ne l'aimez pas. Si Dieu le veut, je vous prendrai beaucoup de fusils, mais vous ne me prendrez ni fusils ni munitions… Tout ce que vous pouvez obtenir de ma part, c'est la guerre et rien d'autre. J'ai affronté vos hommes dans des combats et les ai tués. Nous en sommes très heureux. Nos hommes tombés au

Enfin et surtout, l'un des événements les plus frappants de ces dernières décennies a été, pour reprendre l'expression de Mark Jurgensmeyer, la «perte de la foi dans le nationalisme laïque» et la «montée d'un nationalisme religieux[40]». Ce phénomène a été analysé par Christophe Jaffrelot pour l'Inde et de manière plus générale par Jurgensmeyer dans son livre *The New Cold War? Religious Nationalism Confronts the Secular State*[41]. Dans le cas arabe, qui nous intéresse plus particulièrement dans le contexte du 11 Septembre et de la Palestine, la lignée allant de Nasser à Ben Laden en passant par Khomeyni est attestée, de même que le fait que des dirigeants laïques eux-mêmes, comme Saddam Hussein ou Moubarak, ont tenté d'adopter la rhétorique du djihad, ou, tout en réprimant durement les fondamentalistes, de reprendre certaines de leurs positions en matière de moralité et de donner une tonalité de plus en plus religieuse à leur attitude à l'égard d'Israël. Dans ce dernier pays, la montée du nationalisme religieux et le moral déclinant du nationalisme laïque sont tout aussi manifestes. La violence des mouvements religieux et des révolutions s'explique de manière évidente. Ils induisent facilement des positions manichéennes et incitent à croire au caractère sacré de leur cause et à l'idée d'une récompense immédiatement après la mort[42].

La relation de ces mouvements avec l'État-nation demeure en revanche incertaine. Les terroristes palestiniens qui commettent des attentats suicides meurent-ils, par exemple, pour leur terre et leur futur État, contre l'occupant israélien donc, ou pour

---

combat ont gagné le paradis. Dieu se bat à nos côtés. Nous tuons et vous tuez. Nous combattons sur ordre de Dieu... Dieu est avec moi lorsque j'écris ceci. Si vous souhaitez la guerre, j'en suis heureux. Si vous souhaitez la paix, j'en suis heureux également. Cependant, si vous souhaitez la paix, quittez mon pays et rentrez dans le vôtre. Si vous voulez la guerre, restez où vous êtes.» (Cité dans Douglas Jardine, «The Mad Mulah of Somaliland», *African Society Journal*, 208, juillet 1920, p. 109-121.)

40. Mark Jurgensmeyer, *The New Cold War? Religious Nationalism Confronts the Secular State*, University of California Press, 1993.

41. *Ibid.*

42. Mark Jurgensmeyer (ed.), *Violence and the Sacred in the Modern World*, Frank Cass, 1992.

l'islam contre les infidèles? La réponse varie peut-être selon les cas, la communauté religieuse et nationale coïncidant ou divergeant selon la force et le contenu des traditions de chacun.

Cependant, plus encore que la définition de la communauté, ce qui joue un rôle prépondérant, ce sont les passions et les émotions qui la rassemblent et qui orientent sa violence : la fierté et la honte[43], la peur et la haine, l'humiliation et le ressentiment ou la soif de revanche, la jalousie, l'indignation morale, la quête de dignité ou de domination[44].

L'on retrouve certaines de ces ambiguïtés, de ces émotions et de ces passions dans la réaction des États-Unis et des autres nations occidentales à ces nouvelles formes de violence.

La menace terroriste, incarnée en particulier par Al-Qaïda, s'avère transnationale aussi bien dans le choix des cibles que dans celui des auteurs. Elle a toutefois pour conséquence d'exacerber les sentiments nationaux et nationalistes partout dans le monde et surtout aux États-Unis. Même si, quelques heures après les attentats, les alliés de l'Otan ont exprimé leur solidarité en évoquant pour la première fois de l'histoire l'article 5 du traité de l'Otan, et qu'un grand quotidien français titrait « Nous sommes tous américains », le public américain a perçu ces attentats comme une attaque contre l'existence même des États-Unis et, par réaction, a réaffirmé avec force son unité et son patriotisme. Des drapeaux américains sont apparus partout, et l'on s'est empressé d'oublier les divisions culturelles et ethniques qui avaient semblé menacer un temps l'unité nationale. Les Américains se sont redécouverts à la fois au niveau collectif et individuel. Robert Putnam, qui déplorait dans son article (et livre) célèbre *Bowling Alone*, le recul des activités collectives, écrivit un nouveau texte intitulé « Bowling Together »[45].

---

43. Thomas Scheff, *Bloody Revenge. Emotions, Nationalism and War*, Westview Press, 1994.
44. John Fitzgerald, « China and the Quest for Dignity », *The National Interest*, printemps 1999.
45. Robert Putnam, « Bowling Together », *The American Prospect*, 11 février 2002.

Bien que ces phénomènes puissent évoquer davantage le patriotisme et l'unité nationale que le nationalisme, ils possèdent néanmoins une dimension de repli sur soi, de méfiance à l'égard des étrangers, en particulier tous ceux qui pourraient être des musulmans, qui doit être rapprochée d'une sorte de nationalisme défensif. Si fort peu d'actes de violence ont été commis à l'encontre des immigrants ou des communautés musulmanes, il règne incontestablement un climat de méfiance aux États-Unis. Le même phénomène se rencontre partout ailleurs. De l'Australie à l'Autriche, les temps sont durs pour les réfugiés et les immigrants qui sont souvent considérés comme des terroristes potentiels ou une menace pour cette unité nationale redécouverte.

Aux États-Unis, la situation semble évoluer vers une forme encore plus marquée et plus dangereuse de nationalisme : un nationalisme offensif et universaliste, qui affirme la supériorité des États-Unis et un droit à recourir à la force de manière unilatérale contre des menaces potentielles un droit aussi puissant que celui de se défendre contre des attaques réelles.

Le président Bush a défini la lutte contre le terrorisme comme le combat du Bien contre le Mal, désignant explicitement Al-Qaïda (et quiconque acquérant des armes de destruction massive) comme l'incarnation du Mal, mais surtout les États-Unis comme les représentants du Bien. L'abandon du relativisme et le retour des catégories morales semblent prendre un caractère religieux, et n'impliquent pas uniquement une opposition au mal, mais une position d'autosatisfaction reposant sur un sentiment de supériorité morale envers le reste du monde[46].

Au nom de sa supériorité morale et de sa puissance supérieure, confirmées semble-t-il par une victoire facile sur Al-Qaïda et les talibans en Afghanistan, le gouvernement américain ne paraît reconnaître aucune autorité supérieure à la sienne, même pas celle du droit. Une école de pensée encourageant bien avant le 11 Septembre l'unilatéralisme et la recherche d'un « nouveau

---

46. George Will, « Some Changes are Good, Six Months after September 11 », *International Herald Tribune*, 13 mars 2002.

siècle américain» et d'«un empire bienveillant» a pénétré les
coulisses du pouvoir avec l'élection de Bush, et s'est vue considérablement renforcée par ses succès militaires. D'où l'instauration
de ce climat d'*hubris* et la revendication du droit d'utiliser la force
sans aucun contrôlé. Puisque la dissuasion n'a aucun effet sur
des organisations non territoriales dont les membres n'hésitent
pas à se suicider pour leur cause, la force doit être employée
de manière préventive en priorité contre les États – tous
les États – qui soutiennent ou accueillent des terroristes et sont
soupçonnés de fabriquer des armes de destruction massive.
La population américaine a semblé pendant plusieurs années
partager cette optique. L'énorme augmentation du budget
militaire n'a rencontré quasiment aucune opposition sur le plan
national, et la majorité de l'opinion a été favorable à la guerre
en Irak et au renversement de Saddam Hussein. Les États-Unis
semblent agir tout à la fois comme une nation protégeant ses
propres intérêts et ses citoyens, et comme un empire appelé
à délivrer le monde du mal. C'est là l'essence même de l'universalisme nationaliste : sa théorie et, demain peut-être, ses actes
déclenchent aujourd'hui des conflits, et demain de véritables
guerres, avec de nombreux autres États.

Le Président aurait trouvé son identité en tant que chef
de guerre. «Je suis un président de guerre», déclarait-il. Si
la guerre devient le but de la politique ou se substitue à elle,
s'il n'existe plus rien au-dessus d'un intérêt national étroitement
défini, nous nous trouvons dans un monde imprévisible, dans
lequel la politique américaine est perçue à la fois comme nationaliste et impérialiste, et engendre nécessairement ressentiment,
haine et nationalisme dans les autres nations. Cette situation
ne durera peut-être qu'un temps, le temps que s'estompe
un véritable syndrome post-11 Septembre qui remplace celui
de la guerre du Vietnam. Les échecs de la guerre en Irak
amènent d'une part l'opinion américaine à retirer sa confiance
au président Bush et à se laisser tenter par l'isolationnisme et,
d'autre part, l'administration Bush elle-même à donner la priorité à la promotion de la démocratie plutôt qu'à la guerre contre
la terreur, et à rechercher davantage l'accord de ses alliés. Mais

les réactions suscitées par ses activités guerrières ne sont pas prêtes de s'éteindre pour autant.

Nous avons commencé en distinguant quatre notions : le nationalisme, l'État-nation, la violence et la guerre. Notre étude rapide nous a montré qu'à notre époque les termes les plus vastes et les plus généraux – nationalisme et violence – s'avèrent aussi les plus parlants, même si les autres, au sens plus restrictif, n'ont rien perdu de leur pertinence. Le principal conflit de la période actuelle semble opposer deux puissances mondiales : l'empire américain et une organisation terroriste transnationale, Al-Qaïda. L'on pourrait tout à fait parler de nationalisme impérial dans le premier cas, et de nationalisme religieux dans le second. En outre, ce conflit entraîne inévitablement des conflits armés entre les États, comme celui des États-Unis avec l'Afghanistan et l'Irak. Il tend de surcroît à masquer les réalités particulières de certains conflits nationaux, tels que le conflit israélo-palestinien. Cependant, cette tendance à la polarisation entre les mondes occidental et musulman ne doit pas effacer le caractère spécifique de ce dernier conflit et de nombreux autres comme la lutte pour les territoires, et les antagonismes ethniques apparaissant dans et entre les États d'Asie et d'Afrique.

Si le conflit planétaire entre l'empire américain et le terrorisme globalisé semble, en 2006, céder le pas à un monde plus clairement multipolaire, ce dernier va de pair avec des poussées nationalistes et des flambées de violence. D'une part, les grandes puissances montantes comme l'Inde et surtout la Chine, ou soucieuses de retrouver ou de maintenir leur position comme la Russie, ont de plus en plus recours à un nationalisme qui manipule les passions de leurs populations, mais qui pourrait aboutir à des confrontations dangereuses avec leurs rivaux. D'autre part, les insécurités économiques, sociales et identitaires produites par la globalisation, les migrations, l'affaiblissement ou l'effondrement de certains États nationaux produisent par contrecoup des réactions nationalistes et xénophobes qui, à leur tour, peuvent conduire au nettoyage ethnique ou à la guerre civile.

L'annonce de la fin de l'État-nation et des guerres entre États apparaît dès lors considérablement exagérée, même si leur possible recul semble plausible, du moins dans certaines parties du monde comme l'Europe. Une chose est sûre en tout cas : le nationalisme et la violence, et leur exacerbation mutuelle, c'est-à-dire la violence engendrée par le nationalisme et le nationalisme engendré par la violence, avec ou sans nation[47], demeurent bien vivants[48].

47. Christophe Jaffrelot (ed.), *Pakistan: Nationalism without a Nation ?*, Zed Books, 2002.
48. Écrit en 2003, ce texte ne tient évidemment compte ni de la dernière phase de la politique russe ni de la politique du Président Obama ni de l'aggravation de Daech (ou EI).

Chapitre 16

Les paradoxes de l'identité européenne

Toutes les identités sont ambiguës, mais certaines le sont plus que d'autres. Cela vaut plus encore pour les identités collectives que pour les individuelles, pour notre époque que pour d'autres périodes, pour les Européens et l'Europe que pour d'autres peuples et régions, plus encore pour l'automne 2012 que pour d'autres moments.

À l'époque de la rencontre d'Engelsberg, les participants se montraient dans leur grande majorité pessimistes sur la « poursuite de l'Europe ». La crise dans laquelle elle avait été plongée pendant les quatre années précédentes semblait avoir produit confusion et discorde, découragement et ressentiment. Il semblait impossible de trouver où que ce soit un esprit commun européen.

Deux semaines avant que je me mette à écrire, le ciel européen parut s'éclaircir : des élections aux Pays-Bas, qui semblaient être en train de tourner le dos à l'Europe, furent remportées par les partis pro-Européens ; le chef de la Banque centrale européenne, Mario Draghi annonça qu'il fournirait une aide financière illimitée aux pays européens en crise, à condition qu'ils en fassent la demande et engagent les réformes nécessaires ; en outre, la Cour constitutionnelle allemande de Karlsruhe accepta les étapes proposées, à condition qu'elles fassent l'objet d'un contrôle et d'une approbation démocratiques. Des termes qui paraissaient tabous ou oubliés (tels que « fédération d'États-nations », fédéralisme budgétaire, fédéralisme fiscal) réapparurent dans les discours de José Manuel Barroso, le président de la Commission européenne, qui avait elle-même été quasiment oubliée dans le débat.

Cependant, quelques jours plus tard, un sondage international montrait que 64 % des Allemands avaient le sentiment que leur pays se débrouillerait mieux sans l'euro et qu'une proportion comparable de Français affirmaient qu'ils voteraient aujourd'hui contre le traité de Maastricht ; une majorité similaire de Français et d'Allemands pensaient que l'Europe n'était pas d'un grand secours dans le combat contre la crise économique.

Ces fortes variations n'entament-elles pas l'identité européenne ? À quel indicateur se fier pour la définir ? Aux sondages, aux marchés, aux évaluations statistiques ? Selon Kenneth Boulding, spécialiste des sciences sociales, le consentement à l'impôt et au service militaire sont les deux principaux indicateurs de l'intégration. D'importantes mesures allant dans le sens d'une défense commune ont été prises, ou ont au moins été discutées, par les gouvernements et l'industrie ; les gouvernements commencent à envisager une union fiscale ; pourtant, le consentement des Allemands – ou d'ailleurs des Finlandais ou des Slovaques – à dépenser, moins encore à mourir, pour les Européens du Sud, semble plutôt incertain, c'est le moins qu'on puisse dire.

Ce phénomène s'explique-t-il par un lien avec l'individualisme moderne et la poursuite de l'intérêt personnel, ou par la solidarité nationale, par opposition à la solidarité européenne – sans même parler d'identité ? Il faut revenir à la question de fond : qu'entend-on par identité ? Est-elle définie par ce que nous ressentons, par ce que nous faisons, par ce à quoi nous croyons ? Ou bien par les limites externes, physiques ou institutionnelles, qui nous séparent de notre environnement ? Les identités sont-elles naturelles ou construites ? Figées ou changeantes ? Inclusives ou exclusives ? Subjectives ou objectives ?

La réponse la plus provocatrice et la plus paradoxale est celle de Platon avec son concept de « noble mensonge ». Dans sa *République*, on enseigne aux enfants que certains d'entre eux sont nés avec une âme mêlée d'or, mêlée d'argent pour d'autres et mêlée de bronze ou de fer pour d'autres encore. Les premiers sont destinés à constituer la classe supérieure des prêtres ou des dirigeants, les deuxièmes à devenir soldats, les troisièmes à former le peuple. Il convient de dire à tous les enfants nés dans une cité donnée qu'ils sont nés du sol de cette cité, qui est leur véritable mère, car distincte de toutes les autres cités. Les identités, sociales autant que nationales, sont conventionnelles ou accidentelles, mais doivent être perçues comme naturelles et nécessaires pour assurer loyauté et stabilité et prévenir les révolutions – et pour convaincre les citoyens de se battre et, s'il le faut, de mourir pour leur cité.

Par essence, les identités sont à la fois figées et changeantes. D'ailleurs, elles consistent précisément en un équilibre entre les deux. Tous les organismes vivants et, par analogie, toutes les organisations doivent parvenir à un double équilibre. Le premier entre passé et futur, héritage et création, mémoire et renouveau. Le second entre développement endogène et échanges avec leur environnement et, au sein de ce dernier, entre donner et recevoir.

À notre époque, l'accélération du changement et la révolution des communications ont transformé nos relations au temps et à l'espace. Traditionnellement, la plupart des peuples et des communautés avaient l'habitude de fonder leurs identités sur un long passé, en partie mythique, dont ils avaient hérité ou qu'ils reproduisaient dans un espace restreint. Aujourd'hui, le passé est bien moins familier et, dans un monde globalisé, les migrations et le flot incessant de messages contradictoires, venus de toute la planète, remettent en cause les identités figées et provoquent la peur de l'avenir, la nostalgie des racines et la tentation du repliement sur soi. Dans un monde ouvert et mobile, nous essayons de trouver une place fixe dans le temps, en recouvrant nos racines, et dans l'espace, en érigeant ou en reconstruisant des barrières ou des frontières.

Alors, qui sont et que sont les Européens ? Sont-ils les habitants du continent européen, continent qui, géographiquement, est simplement – comme le disait Paul Valéry – une « sorte de cap du vieux continent, un appendice occidental de l'Asie », mais qui a dominé le monde pendant des siècles ? Sont-ils les membres de l'Union européenne ou d'autres organisations, telles que le Conseil de l'Europe ? Sont-ils les promoteurs d'un projet ou d'un mouvement ou encore d'une idéologie en faveur de l'unité ou de la puissance européenne ; ou bien un continent, une alliance de peuples ou encore une organisation ? Sont-ils des individus descendant des Européens ou de peuples élevés au sein de quelque chose défini comme la « culture européenne » ? Que voulait dire le philosophe allemand Heidegger en écrivant : « L'américanisme est quelque chose d'Européen » ? Ou de Gaulle lorsque, en hommage à John F. Kennedy, à la mort de celui-ci, il déclara : « C'était un Européen » ? À l'autre extrêmité, qu'était l'identité européenne, que le tueur norvégien Anders Breivik prétendait défendre contre le multiculturalisme en abattant des vingtaines de jeunes gens ?

Si l'on restreint la définition aux attitudes à l'égard de l'unité européenne ou de l'Union européenne, la question est de savoir si être européen signifie regarder vers l'avant ou en arrière.

Après 1945, les bâtisseurs de la Communauté européenne et une majorité d'Européens avaient le sentiment de participer à un grand projet, défini dans une large mesure par opposition à la réalité récente : la paix entre les États européens plutôt que la guerre, les droits de l'homme plutôt que le totalitarisme, l'État providence plutôt que le capitalisme effréné.

Pour certains, il s'agissait d'essayer de briser le système bipolaire et de retrouver, à l'échelle de l'Europe, une puissance et une gloire qui n'étaient plus accessibles aux pays européens. C'était le projet de de Gaulle. Pour d'autres, l'Union européenne n'était qu'un début : entreprendre, au niveau régional, une expérience de fédéralisme et de fonctionnalisme, à travers des institutions qui à la fois limiteraient la capacité des États à se faire la guerre les uns aux autres et empêcheraient les grandes puissances d'imposer leur autorité aux plus petites. Cette expérience était censée s'étendre progressivement au monde entier. C'était la vision de Jean Monnet.

Certains peuples, en particulier les Allemands et les Italiens, ont trouvé une nouvelle identité dans ce projet qui les aidait à rompre nettement avec le passé, à acquérir une nouvelle légitimité à la place de celle qu'avaient compromise leurs précédents régimes et à regagner la confiance de leurs voisins : c'était la vision d'Adenauer et de Gasperi, qui fut presque unanimement adoptée par leurs électorats nationaux respectifs.

Aujourd'hui, la foi dans le projet européen n'est plus partagée par une majorité d'Européens, pas même parmi les citoyens des pays fondateurs. Selon un récent sondage, 60 % des Français veulent moins d'intégration européenne et préfèrent des politiques économique et budgétaire indépendantes, alors que 40 % veulent renforcer l'intégration européenne par une politique économique et budgétaire unique. Soixante-sept pour cent pensent que l'Union européenne avance dans la mauvaise direction et 64 % voteraient aujourd'hui contre le traité de Maastricht (à comparer aux 51 % qui avaient voté en sa faveur). En Allemagne, 21 % des personnes interrogées pensent que leur situation personnelle serait bien meilleure sans l'euro et 44 % qu'elle serait meilleure. Cinquante-sept pour cent en Allemagne et 62 % en France continuent à croire que leur pays a besoin de l'Union européenne pour peser au sein du premier rang des puissances mondiales. Mais 35 % des Allemands et 36 % des Français pensent que la tendance de l'avenir est au retour de l'État-nation, alors que, respectivement, seuls 34 % et 33 % croient que l'avenir de leurs pays réside dans l'UE.

Beaucoup voient dans l'Europe la cause de la crise actuelle, un instrument de la globalisation ou, du moins, le vecteur d'une perte générale d'identité produite par cette dernière. Par peur de quelque chose de pire, une majorité relativement faible est contre la destruction ou la perte de pans du projet qui ont été mis en œuvre, mais elle ne place pas son espoir dans son progrès. (De manière frappante, en France, alors que la majorité pense que le rôle de l'Union européenne, et en particulier de l'euro, est négatif, 49 % veulent les conserver, alors que seuls 27 % ne le souhaitent pas.)

S'il y a une passion européenne, elle n'est pas positive ; elle recouvre la peur d'un avenir inconnu et, par-dessus tout, la peur de la concurrence économique et d'une perte d'identité sous l'autorité d'une bureaucratie cosmopolite. Lorsqu'on demande aux Français à quelle communauté ils se sentent le plus attachés, ils répondent à 38 % la France, à 32 % leur ville de résidence, à 23 % leur région ; seuls 7 % citent l'Europe.

La réaction à cette peur peut prendre la forme soit d'un nationalisme antieuropéen, soit d'une nostalgie des racines historiques ou de l'homogénéité ethnique, ce qui suscite de la défiance et de l'hostilité à l'égard des étrangers, notamment ceux venus de l'Est ou du Sud. Cette orientation mène à une Europe fondée sur l'exclusion, sur l'opposition à un « ennemi autre » ou à la discrimination entre les « vrais » (ethniquement ou historiquement) Européens et les autres, ou, finalement, à une nouvelle division de l'Europe selon un clivage nord-sud, mais aussi est-ouest, ou bien entre un « noyau dur », ou « puissances dominantes », et les autres.

La conclusion qu'on en tire souvent est, pour paraphraser la célèbre formule sur l'unité italienne, que « nous avons fait l'Europe, mais nous n'avons pas fait les Européens ».

Jusqu'où l'Europe peut-elle aller ?

Mais avons-nous vraiment « fait l'Europe » ? Ou bien n'est-ce pas plutôt les limites de celle-ci qui sont de plus en plus apparentes ? Ces limites sont de deux ordres : celles tenant à son extension géographique et celles relevant de son contenu institutionnel.

Les limites de l'Europe en tant que continent sont mal définies, à l'est en particulier. Se voyant jadis comme le centre du pouvoir mondial, elle craint d'en être réduite à ne constituer que l'appendice occidental de l'Asie, selon la formule de Valéry, après avoir été, entre-temps, une tête de pont du monde atlantique. L'« Europe sans frontières » que l'on prône parfois reviendrait à une seconde ONU et perdrait son caractère spécifique. Mais tenter de préserver ce dernier peut contredire la règle de l'Union européenne d'accepter tout pays démocratique ayant une économie de marché, au moins en tant que candidat à l'adhésion, et aboutir à définir l'Europe par des critères ethniques ou religieux.

D'où les dilemmes : l'Union européenne doit avoir des frontières pour préserver une certaine identité, ou une certaine unité, mais celles-ci ne pourront jamais être immuables : il est de leur nature d'être à la fois contradictoires et mouvantes. Certaines d'entre elles sont effacées, mais remplacées par de nouvelles frontières, plus ou moins invisibles, comme celles des camps de réfugiés ou des « communautés fermées » au sein de l'Union européenne et des États membres eux-mêmes. D'un autre côté, les contrôles que leurs membres mettent en œuvre pour arrêter des immigrés indésirables s'étendent au-delà de leurs frontières et de celles de l'Union elle-même. Ils créent une nouvelle catégorie d'États parmi ses voisins, les pays de premier asile, tels que le Maroc ou la Libye de Kadhafi qui arrêteraient les immigrés ou les réfugiés ou auxquels on pourrait les renvoyer. Le centre est entouré par une périphérie à la fois interne et externe.

Il est clair, dans ces conditions, que l'identité de l'Europe revêt nécessairement un caractère intermédiaire : elle doit accepter, économiquement et humainement, d'être à la fois partie d'un tout globalisé et composée d'États-nations conservant des identités séparées. La vocation spécifique de l'Europe lui dicte son identité et vice versa. Cette identité consiste à trouver une voie médiane entre le global et le local, entre la dilution et le repliement sur soi, à éviter autant qu'elle le peut une confrontation brutale entre une interdépendance mondiale effrénée et un isolement borné, xénophobe et stérile.

Fédéralisation et/ou désintégration ?

La question des institutions, de leur portée et de leur contenu, donne lieu à au moins autant d'ambiguïté et de confusion que celle des limites géographiques. Ce qu'on a appelé la « méthode Monnet » consistait à parier sur un processus d'intégration ponctué de crises qui, à chaque rupture, déboucheraient sur un nouveau progrès dans l'unité par peur de la paralysie ou de l'effondrement. La création de l'euro était censée entraîner une convergence des économies européennes et rendre inévitable le saut vers le fédéralisme budgétaire, fiscal et finalement

politique : ce que Jacques Delors appelait une « fédération
d'États-nations ».

Cependant, au cours des douze années suivantes, rien n'a
été entrepris pour faire avancer l'Europe dans cette direction ;
les gouvernements étant heureux de vivre avec le crédit bon
marché dont ils disposaient, grâce à l'euro, ont oublié les nécessaires étapes supplémentaires. Pire encore, les tendances
centrifuges se sont aggravées. D'une part, les gouvernements
(la France en particulier, mais l'Allemagne aussi) ont eu pour
même but de bloquer la Commission européenne (institution
la plus originale et la plus créative de la construction initiale),
en nommant des commissaires moins que prestigieux et dynamiques et en concentrant presque toute l'autorité au sein du
Conseil des ministres intergouvernemental. D'autre part s'est de
plus en plus développée une mentalité thatchérienne du « Je veux
récupérer mon argent » plutôt que du « Promouvons l'intérêt
général » (ce qui aurait dû être l'étape suivante de l'intégration,
selon la théorie classique inspirée par Jean Monnet et formalisée
par le spécialiste américain des sciences politiques, Ernst Haas,
dans son livre *The Uniting of Europe*[1]). Les pouvoirs du Parlement
européen ont été un peu accrus, mais les modalités de son élection n'ont fait qu'approfondir le manque d'intérêt parmi les
différentes populations qui ont continué à voter pour ou contre
leurs gouvernements nationaux, sans accorder beaucoup d'attention à l'Europe.

Plus important encore, la renationalisation des politiques
européennes entre les mains des gouvernements, en dépit
d'institutions supranationales, s'est accompagnée, avec l'arrivée de la crise économique et financière, de la montée d'un
sentiment antieuropéen. L'Union et, en particulier, l'euro ont
servi de boucs émissaires à la crise économique. Le vote « non »
des Français, des Néerlandais et des Irlandais et le ressentiment croissant entre le Nord, censé être économe et travailleur,
et le Sud, plus prodigue et aux abois, auquel l'opinion publique

---

1. Ernst B. Haas, *The Uniting of Europe. Political, Social, and Economic Forces,
1950–1957*, Stanford University Press, 1958.

au Nord donne des noms peu généreux tels que pays du «Club Med» ou, plus récemment, PIGS (Portugal, Italie, Grèce et Espagne).

Paradoxalement, les mesures prises ont considérablement accru ce clivage souvent doublé d'hostilité. La solidarité européenne fonctionne, mais cela signifie surtout que l'Allemagne et d'autres pays du Nord aident à renflouer les pays du Sud en crise, à condition qu'ils fassent des réformes – c'est-à-dire qu'ils adoptent des mesures rigoureuses d'austérité et prennent des décisions difficiles afin de se rapprocher du modèle allemand. Ce qui a eu en partie pour résultat de susciter un ressentiment mutuel : beaucoup d'électeurs du Nord sont furieux d'avoir à payer pour des gens du Sud qui, pensent-ils, ont moins travaillé et davantage profité de la vie qu'eux, tandis que les peuples du sud de l'Europe, auxquels ont été imposées des mesures d'austérité drastiques, voient celles-ci comme un diktat allemand arbitraire. Comme l'a dit Nicholas Sambanis, professeur à Yale, la crise de l'euro dégénère en conflit ethnique.

L'ironie veut que, par un autre paradoxe dialectique, une dimension de la méthode Monnet fonctionne, mais avec retard. Le principe guidant Monnet était que l'Europe n'avancerait que par crises, chaque avancée créant une nouvelle crise, à laquelle il n'y avait pas d'autre issue que de progresser vers l'objectif ultime. C'est ce qui semble en train de se passer avec la crise de l'euro – au niveau institutionnel, mais aussi gouvernemental. Ces dernières années ont produit un grand nombre d'innovations institutionnelles, telles que le Fonds de stabilisation ; la Banque centrale européenne, sous la direction de Mario Draghi, a désormais un rôle nouveau et innovant ; Angela Merkel accepte, bien que lentement et avec hésitation, des gestes importants et des innovations institutionnelles ; des concepts qui avaient été oubliés, tels que celui de «fédération des États-nations», une union bancaire ou le traité de stabilisation européen font leur retour dans le discours officiel.

Je pense qu'on peut affirmer qu'il y a chez la plupart des experts et des gouvernements un quasi-consensus sur l'idée que la solution à la crise européenne est nécessairement européenne, que, sauf peut-être l'Allemagne, tous les pays européens iraient plus mal sans l'Union européenne et que cette dernière ne pourra probablement pas survivre si l'on ne renforce pas sa solidarité et son caractère supranational.

Mais ce quasi-consensus au sein des élites dirigeantes ne fait qu'accroître l'indignation et la résistance des populations auxquelles on demande de faire des sacrifices – ce qui se traduit dans certains pays par une spectaculaire augmentation du chômage et une chute du niveau de vie, sans pour autant que la lumière apparaisse au bout du tunnel. Leur méfiance et leur désespoir sont bien sûr encouragés et exploités par les populistes d'extrême droite et d'extrême gauche. Même si, comme le montrent les récentes élections aux Pays-Bas, ces voix n'ont pas nécessairement le dernier mot, le fossé entre les réalités objectives, telles que les voient du moins les experts et les gouvernements, et les sentiments de la population semble trop grand à l'heure actuelle pour prendre le risque d'un référendum sur le nouveau traité. La faiblesse de la méthode Monnet est de s'appuyer sur un mécanisme automatique qui ne peut fonctionner sans une passion communicative.

Ce qui manque, entre les élites technocratiques, les contre-élites indépendantes et les masses méfiantes ou désespérées, est un leadership politique qui se dévoue avec passion et éloquence à la cause européenne et soit capable de transmettre cette passion aux peuples en montrant à la fois une issue européenne crédible à la crise et les dangers de l'inaction et du repliement national sur soi. Ce dont l'Europe manque ce sont des dirigeants du calibre des grands hommes du siècle passé, tels Churchill, Roosevelt ou de Gaulle.

À Engelsberg, l'ancien correspondant de *The Economist* auprès de l'Union européenne a déclaré que les « Européens ne s'aim[ai]ent pas assez les uns les autres pour s'engager résolument dans une véritable union ». C'est fort possible ; et les beaux discours ne suffisent pas à susciter l'amour. Mais une combinaison de peur, d'espoir et de volonté peut être un puissant moteur. On connaît cette phrase célèbre de Samuel Johnson : « Quand un homme sait qu'il sera pendu dans les quinze jours, il n'a aucune peine à concentrer son esprit. » Ce à quoi quelqu'un a répondu que, même si son esprit se concentrait, il n'en serait pas moins pendu. Si les hommes d'État et les hommes politiques européens ne peuvent pas faire mieux qu'osciller passivement entre la peur des marchés et celle de leurs électeurs, alors l'Europe est condamnée, car on ne peut la construire sans les Européens. Dans ce cas, hélas, les paroles de Hamlet conviendraient parfaitement :

> *Ainsi la conscience fait de nous tous des lâches ;*
> *Ainsi les couleurs natives de la résolution*
> *Blêmissent sous les pâles reflets de la pensée ;*
> *Ainsi les entreprises les plus énergiques et les plus importantes*
> *Se détournent de leur cours, à cette idée,*
> *Et perdent le nom d'action[2].*

---

2. « *Thus Conscience does make Cowards of us all, And thus the Native hue of Resolution Is sicklied o'er, with the pale cast of Thought, And enterprises of great pitch and moment, With this regard their Currents turn awry, And lose the name of Action.* » (Tr. fr. François-Victor Hugo.)

Chapitre 17

Revanche et misère des frontières : une dialectique ambiguë

Le thème du forum de cette année est le dépassement des frontières. Le point de départ de ma contribution est leur retour en force. Mais son thème est que ni ce dépassement ni ce retour ne sont jamais complets ni définitifs. Ce que je voudrais développer, à propos de plusieurs exemples, c'est ce qu'on pourrait appeler la dialectique de la territorialité ou, plus généralement, des frontières (car celles-ci sont souvent, et de plus en plus, autres que territoriales). La nature humaine, ou du moins celle de l'homme moderne, comporte une espèce d'alternance, entre la nostalgie des racines et la nostalgie, ou du moins le rêve, des lointains. Cela fait partie de ce que Kant appelle l'« insociable sociabilité de l'homme[1] ». Cette notion est illustrée par Schopenhauer sous la forme de la parabole des hérissons : quand ils ont froid, ils se serrent les uns contre les autres pour se réchauffer, et ils se piquent mutuellement et se font saigner ; alors ils s'éloignent et ont à nouveau froid.

On nous a rappelé, au cours de ce forum, comment l'humanité avait connu deux cent mille ans de nomadisme, dix mille de sédentarité et trente de transnationalité. Mais la réaction à ces trente ans à la mondialisation, à la révolution des communications et, par ailleurs, à la crise économique et aux conflits

---

1. Emmanuel Kant, *Idée d'une histoire universelle au point de vue cosmopolitique*, 4ᵉ proposition.

identitaires fait que nous avons partout des murs qui s'élèvent,
des frontières qui reviennent, d'anciens disciples de Che
Guevara qui redécouvrent la vertu des frontières et, bientôt,
celle de « la terre et des morts » chers à Maurice Barrès.

Je voudrais évoquer trois exemples de ce grand mouvement.

Premièrement, l'évolution de l'Union européenne par rapport
à ce problème.

Deuxièmement, les grandes vagues d'imitation et de contagion révolutionnaire des années comme 1848, 1968, 1981,
qui se sont encore multipliées dans le cas des « révolutions de
couleur », en particulier des révolutions arabes de 2011-2012,
à la faveur, notamment, d'Internet et des médias sociaux, mais
se heurtent, ensuite, à une réaction d'autres forces souvent violentes et réelles plutôt que virtuelles.

Troisièmement, enfin, le cas des « réfugiés sur orbite »,
sédentaires devenus nomades malgré eux, parfois sédentarisés
de force dans des camps ou encore errants, sans trouver nulle
part un asile durable.

Puisque cette intervention s'inscrit dans un « forum philo », je
commence par une référence philosophique. Au troisième livre
de *La République* de Platon, Socrate introduit ce qu'il appelle
le « noble mensonge ». En construisant la meilleure cité concevable, il faudrait persuader tous les enfants « qu'ils sont nés
de la terre qui est leur mère et leur nourrice, qu'ils doivent
défendre contre quiconque l'attaque et penser à leurs concitoyens comme à des frères nés comme eux de la terre[2] ». La classe
des gardiens doit être, comme les chiens, bienveillante à ses
frères concitoyens et hostile aux étrangers. Plus généralement,
comme l'a fait remarquer Bertrand de Jouvenel dans *De la souveraineté*, les définitions du bien commun et de l'amitié sociale
communes à Platon et à Rousseau ont pour base la recherche de
l'homogénéité et pour condition une dimension démographique
réduite et une situation d'isolement.

---

2. Platon, *La République*, Livre III, Par. 444c, 415b, tr. fr. Pierre Pachet,
Gallimard, coll. « Folio », 1993, p. 194-95.

C'est ce que Jouvenel appelle la « prison des corollaires » : le corollaire de petitesse, le corollaire d'homogénéité, le corollaire de clôture, le corollaire d'invariance. Or, remarque Jouvenel, « ces quatre corollaires condamnent en somme tout le processus de l'histoire, caractérisé précisément par l'extension des sociétés, l'agrégation de populations disparates, la contagion des cultures, le jaillissement des nouveautés. Cela ne veut pas dire que la nostalgie de la petite société ne soit pas légitime, et il est vrai que l'homme s'y charge de forces ; mais toute tentative pour donner les mêmes caractères à une grande société est utopique et mène à la tyrannie[3] ».

La solution ne peut être que celle suggérée par Tocqueville : multiplier les associations et les communautés partielles à l'intérieur d'un réseau social ouvert. Non pas supprimer les frontières, mais les relativiser, les différencier, les libéraliser, pour permettre des appartenances multiples.

Les exemples que nous souhaitons évoquer décrivent à la fois la légitimité de cette entreprise et sa fragilité, prise qu'elle est entre deux types extrêmes d'homogénéisation, celle du groupe exclusif et hostile et celle de la foule à la fois anonyme et solitaire.

Les paradoxes des frontières européennes

Notre premier exemple de cette entreprise, de ses difficultés ou de sa crise est la construction européenne. Celle-ci est fondée, précisément, sur la relativisation des frontières ou sur le refus des deux modèles extrêmes, celui d'unités politiques, économiques et culturelles fermées et ne pouvant que s'isoler ou se heurter comme des billes de billard et, à l'autre extrémité, une fusion générale ne laissant subsister que des individus ou une communauté universelle indifférenciée et sans autres frontières que celles de la planète. Le principe à la base de l'Union européenne est celui du fédéralisme, c'est-à-dire celui de communautés et d'autorités emboîtées les unes dans les autres, combinant autonomie,

---

3. Bertrand de Jouvenel, *De la souveraineté*, édité par M.-L. Génin, Librairie de Médicis, 1955, p. 255, chap. 3 : « De l'amitié sociale », p. 163-182.

solidarité et, sur certains plans, hiérarchie. L'Union européenne ne peut être un bloc homogène, entouré de frontières infranchissables, elle ne peut être qu'ouverte à la fois sur le monde et sur les nations qui la composent, lesquelles, à leur tour, contiennent des communautés multiples dont elles respectent l'autonomie relative, tout en les soumettant à un certain nombre de règles communes. L'idée est de trouver le juste équilibre entre diversité et unité, permettant aux niveaux local, régional et national de garder leurs identités respectives, tout en agissant ensemble de manière, une fois de plus, à participer à la mondialisation tout en se protégeant des dangers qu'elle comporte pour les identités des unités individuelles ou des ensembles particuliers.

Dès lors, en principe, l'Europe ne saurait être ni « sans rivages », selon l'expression de François Perroux, ni fermée à l'extérieur. Elle doit avoir des frontières, mais celles-ci ne peuvent pas être des murs infranchissables, elles ne peuvent pas ne pas être mouvantes et différenciées selon les niveaux et selon les domaines. Comme tous les organismes vivants, l'Europe peut d'autant mieux persévérer dans son être, se développer et exercer un rayonnement, qu'elle réussira un équilibre entre la fidélité au passé et l'invention de l'avenir, entre les influences qu'elle accueille ou subit et celles qu'elle exerce par l'action ou par l'exemple.

Ce bel équilibre est aujourd'hui bien malade. L'Union européenne ne se limite pas au Marché commun, elle se fonde sur la promesse et les débuts d'une citoyenneté européenne, il n'y a plus de frontières pour la circulation des personnes à l'intérieur de l'Union, les accords de Schengen sont une vraie frontière envers l'extérieur de l'Union, mais différents partenariats assurent des liens qui, en partie, la relativisent. Aujourd'hui, cependant, d'une part la globalisation prend le pas sur l'Union européenne, celle-ci dépend économiquement d'un marché mondial et d'acteurs ou de réseaux qui contournent ou pénètrent ses frontières ; d'autre part, à l'intérieur de l'Union, il y a certes des efforts, devant la crise, pour accroître l'unité et la solidarité financières, mais, en partie en réaction contre ces progrès eux-mêmes, les rivalités nationales se font plus fortes, sur différents plans. Sur celui de la sécurité des frontières, un État après l'autre met en question, ou du moins suspend provisoirement, sa participation aux accords de Schengen, et considère qu'il doit assurer lui-même sa sécurité puisque d'autres pays gardent mal leurs frontières. Je reviendrai dans la dernière partie sur le problème des réfugiés, mais je voudrais évoquer dès maintenant l'absence presque complète de solidarité européenne dans ce domaine. Les habitants de Lampedusa, le port italien où aboutissent, quand ils ne coulent pas en route, les réfugiés du sud de la Méditerranée, sont accueillants, mais l'Italie et, plus généralement, les pays dotés de côtes ont une tâche d'accueil disproportionnée, et la Commission européenne essaie, en vain, de promouvoir une politique commune sur ce plan.

Sur le plan économique, la crise accentue un phénomène qui a commencé avant elle, à savoir que le marché et la monnaie communs semblent avoir accru les différences nationales et régionales au lieu de les atténuer comme on s'y attendait. Une nouvelle frontière, au moins psychologique, se crée entre le nord et le sud de l'Union européenne, entre les pays créditeurs et les pays débiteurs. Les citoyens des premiers tendent à considérer les autres comme des paresseux pour lesquels eux-mêmes n'ont pas de raison de se sacrifier alors qu'ils travaillent plus qu'eux, et les autres, en particulier les Grecs, pensent qu'ils sont, au contraire, non seulement méprisés mais exploités par les pays du Nord qui veulent leur imposer leur modèle.

Peut-être cette frontière tendra-t-elle à devenir moins nette à mesure que l'Europe sortira de la crise économique. Il n'en reste pas moins que l'on constate dans la plupart des pays une sorte de réaction nationale et même de populisme régional. Au moment des mouvements de protestation qui ont agité récemment la Bretagne, celle-ci avait ses revendications spécifiques, mais on a également rencontré le thème : « Pourquoi trois milliards pour Marseille et pas pour nous ? »

Ce qui émerge, me semble-t-il, c'est une Europe fragmentée dans un monde globalisé : elle subit les conséquences de ce qui se passe dans le monde, mais elle a du mal à l'influencer. Elle tend à se replier sur elle-même, mais ses composantes nationales

et régionales en font autant. Des États importants sont menacés de fragmentation, comme le Royaume Uni et l'Espagne,
par l'indépendance éventuelle de l'Écosse et de la Catalogne.
Le projet européen de créer une identité ouverte à la fois sur
l'environnement extérieur et sur les composantes intérieures
de l'Union est menacé par une fermeture et un éclatement également néfastes.

Révolutions virtuelles et réactions violentes

Mon deuxième exemple de la dialectique des frontières et
de ses résultats problématiques se fonde sur la multiplication
et l'accélération des contacts par-delà les frontières qui caractérise la modernité. Ces contacts ont pris des proportions et
ouvert des pistes et des dimensions inédites pendant les dernières décennies, par l'accélération de l'urbanisation, par la
libération des échanges et la vitesse des communications et surtout, peut-être, par l'action des médias et, plus encore, par celle
d'Internet et des réseaux sociaux. Valéry disait : « Le temps du
monde fini commence. » En réalité, c'est le temps de la planète finie qui commençait, mais quant au monde, c'est plutôt le
temps du monde infini qui a commencé par l'arrivée du virtuel.
Et il favorise énormément la circulation des idées, des mythes
et des passions, par ces mouvements qui se répandent comme
une traînée de feu. Certes, on a vu des phénomènes d'imitation,
d'entraînement, de contagion à travers, par exemple, l'Europe,
avant le bond en avant des moyens de communication. C'était
le cas pour l'année 1848 et le « printemps des peuples » à une
époque où ni Internet, ni les réseaux sociaux, ni même la radio
ou la télévision n'existaient. Mais cet effet d'universalisation
des mouvements en dépit des différences de situation et, dans une
certaine mesure, des thèmes, s'est beaucoup accentué, comme
on l'a vu, depuis 1968, comme en 1989, et, d'une autre manière,
depuis 2001, qu'il s'agisse du djihad, du terrorisme, globalisé
ou décentralisé, des révolutions de couleur et de la révolte des
jeunes diplômés, des printemps arabes « ou des mouvements
des Indignés. On peut aujourd'hui y ajouter le « Maïdan »

ukrainien. Certes, les degrés de mobilisation et les thèmes sont parfois spécifiques aux pays respectifs, de même que les révolutions de 1848, tout en s'influençant entre elles, avaient un accent surtout social dans certains pays européens, et national dans d'autres. Par ailleurs, elles ont toutes dans un deuxième temps été vaincues, encore que leurs objectifs aient été ateints ou confirmés au siècle suivant. Mais les communications entre individus et groupes qui se retrouvent sur la place Tahrir ou sur le Maïdan sont quantitativement et qualitativement transformées par Facebook et Twitter, par les photos numériques, etc. D'une certaine façon, elles s'insèrent dans l'univers parallèle du numérique dans lequel des centaines de millions d'individus vivent une seconde existence qui parfois supplante la première. Mais les mobilisations collectives, encouragées par les nouvelles possibilités de communication, sont bien réelles, elles prennent des risques et enregistrent des victoires bien réelles, encore que provisoires, contre des ordres vermoulus, tyranniques ou les deux à la fois. Elles peuvent créer l'espoir d'un monde transformé par la révolte des jeunes. En mai 2011, l'auteur de ces lignes avait donné à la revue *Esprit* un entretien intitulé : « Renaissance de l'espoir démocratique ». Mais il avait rappelé également que la première partie du roman de Malraux consacré à la guerre civile espagnole était intitulée : « L'illusion lyrique ». Les victoires d'un mouvement universel se heurtent aux résistances et aux chocs en retour de structures et de rapports de forces particuliers mais bien réels, nationaux, religieux, ou matériels, économiques, militaires, géopolitiques. *Pas de Printemps pour la Syrie*[4] comme le déplore un excellent ouvrage, mais des frontières sanglantes, à l'intérieur de villes assiégées et bombardées, et des millions de réfugiés déstabilisant les pays voisins.

De manière un peu moins sanglante, en Égypte, deux forces traditionnelles bien réelles, les Frères musulmans et les militaires, contribuent, ensemble et à tour de rôle, à marginaliser ou à exclure ceux qui ont fait la révolution.

---

4. François Burgat, Bruno Paoli *et al.*, *Pas de Printemps pour la Syrie*, La Découverte, 2014.

Une autre conséquence concerne directement la dialectique des frontières, dans des pays dépendants du tourisme comme l'Égypte et la Tunisie. La guerre que se livrent deux forces transnationales, le tourisme et le terrorisme, concerne également, du moins dans la perspective des touristes potentiels, les pays où des bouleversements révolutionnaires entraînent un danger de guerre civile. Une grande partie de la population qui vit de tourisme se tourne contre les révolutionnaires qui, d'abord accueillis avec sympathie, sont accusés d'avoir tué la poule aux œufs d'or. Et une partie notable de cette population, y compris une partie des jeunes révolutionnaires, fuit, comme elle le peut, le pays pour chercher travail et sécurité ailleurs, au péril de leur vie.

Au lieu de la foule des touristes traversant la Méditerranée du nord au sud, une foule d'émigrants ou réfugiés cherche à la traverser du sud au nord, mais rencontre bien d'autres obstacles.

Réfugiés sur orbite

Le plus redoutable de ces derniers tient à ce que la terre où ils veulent trouver un refuge ou une nouvelle vie est en général elle-même en crise : ses habitants craignent de perdre leur travail à cause de la crise économique, et de perdre leur identité ou leur milieu familier à cause de la rapidité du changement culturel et de l'afflux d'étrangers. Les réfugiés se trouvent pris entre d'horribles famines, massacres ou persécutions qui se chiffrent en millions de victimes, tuées, emprisonnées ou privées de tout, et d'autre part un pays dont les habitants les soupçonnent de venir prendre leur emploi, ou menacer leur sécurité, par le terrorisme, par le vol ou par l'importation de coutumes barbares ou du moins choquantes. Cette réaction, peut-être en partie temporaire, se répand partout : l'équivalent de la Tea Party américaine existe même au Canada ou en Scandinavie.

Il est évident que la coexistence de citoyens d'un pays en déclin démographique et en situation précaire et de multitudes étrangères, avant-garde de sociétés entières en quête d'asile, pose, au-delà des préjugés, un problème réel qu'il est impossible de résoudre de manière satisfaisante, mais qu'il faut savoir gérer. Or comment, justement, le gérer? Il n'y a pas d'autres solutions qu'un minimum de solidarité. Kant, qui n'était pas, contrairement à ce que l'on croit souvent, un utopiste partisan d'un gouvernement mondial, indique la voie: «Se concevoir soi-même, dit-il, en droit interne [donc à l'intérieur de son pays], comme membre d'une communauté mondiale, voilà l'idée la plus enthousiasmante à laquelle on puisse penser[5]». Les nations continuent à exister, mais on peut imaginer des solutions complémentaires qui constituent un pas vers une citoyenneté mondiale inaccessible autrement que comme une idée directrice. La citoyenneté européenne en est un exemple ou une étape. Hannah Arendt disait que le personnage le plus caractéristique du xxᵉ siècle était l'apatride (en fait la traduction française peut induire une erreur: il ne s'agit pas de la personne qui n'a pas de patrie, mais de celle qui n'a pas d'État et qui, du coup, n'a pas de «droit à avoir des droits»). Elle disait aussi: «Les réfugiés sont des gens que leurs ennemis mettent dans un camp de concentration et que leurs amis mettent dans un camp de réfugiés ou de détention», quand ce n'est pas pire.

Devant cette réalité mondiale, on aurait peut-être pu penser à une mondialisation de la solidarité. Or elle est extraordinairement sélective. Pour les victimes du tsunami de 2004, on a recueilli plus de fonds qu'il n'en a été demandé, mais, pour la Syrie, on a recueilli, pour un pays où les enfants sont mutilés et empêchés de se soigner, car les hôpitaux sont bombardés et les médecins assassinés, environ 19 % de ce que l'ONU demandait. C'est parce que l'on se dit: «Ce sont des Arabes entre eux. Et puis, finalement, c'est Al-Qaïda qui profitera de nos dons. En tout cas, on ne comprend rien à leurs histoires. Qu'ils se débrouillent!» etc. Le pape actuel a une très belle formule: «La mondialisation de l'indifférence». C'est absolument frappant quand on voit la Syrie, sauf qu'il y a quand même des mondialisations sélectives de la solidarité – celle des djihadistes, celle des chiites –, mais on n'en voit guère pour les résistants démocrates. Même quand ils ne suscitent pas l'hostilité inspirée par

---

5. Emmanuel Kant, *Réflexions*, 8077.

la crainte de la concurrence, chacun est prisonnier de l'ébranlement général où il est trop préoccupé de ses propres inquiétudes
ou frustrations pour s'intéresser au sort de gens inconnus et
inquiétants.

Je voudrais conclure en évoquant une formule du philosophe tchèque Patočka, coauteur de la Charte 77, et mort à
la suite d'un interrogatoire policier. Il parlait de la «solidarité
des ébranlés». Or, en fait, il y a un grand ébranlement général. Montaigne disait : «Le monde est une branloire pérenne»,
mais le XXe siècle, en particulier, brouille toutes les distinctions :
intérieur-extérieur, public-privé, etc. On ne s'y reconnaît plus.
Néanmoins, je comprends l'ébranlement de ceux qui trouvent
qu'on n'est plus chez soi, que leur quartier n'est plus le même
parce qu'il y a des femmes voilées ou parce qu'on soupçonne la
cantine d'avoir servi de la viande halal. Je comprends plus sérieu-
sement ceux qui risquent de perdre leur emploi par la faute d'une
déferlante extraeuropéenne. Mais ma solidarité va avant tout à
ceux qui sont des sédentaires malgré eux ou des nomades malgré
eux ou qui sont l'un et l'autre parce qu'ils sont soit expulsés, soit
chassés par la guerre ou par la famine, comme les quatre millions qui sont partis de Syrie sans pouvoir rien emporter. C'est
contre eux qu'on fait des murs, physiques ou symboliques, un
peu partout.

Ce n'est pas qu'en général on veuille exprès noyer les réfugiés.
On se dispute pour savoir vers la zone de qui ils traversent la mer.
C'est arrivé encore récemment : des gens qui se dirigeaient vers
Lampedusa appelaient au secours et on leur a dit : «Ah non !
Vous êtes dans la zone de Malte, vous n'êtes pas dans la zone
de l'Italie !», et ils ont coulé. Ce n'est pas qu'on ait fait exprès de
les couler, mais on fait exprès de se protéger contre les réfugiés,
ou contre les gens du voyage, ou contre ceux qui viennent chercher un travail ou simplement un salut et qui ne trouvent d'asile
que dans un camp ou quelquefois au fond de la mer.

En guise de conclusion

La crise du politique

La politique se meurt, la politique est morte! Son oraison funèbre est souvent prononcée. Mais de quoi s'agit-il?
De la société sans classes et du dépérissement de l'État annoncé
par Marx? De l'avènement du «dernier homme» de Nietzsche,
c'est-à-dire d'un monde qui ressemblerait à un seul troupeau
sans aucun pasteur, où chacun trouverait trop fatigant de com-
mander ou d'obéir, ou d'entrer en conflit avec autrui[1]? De
l'arrivée, dénoncée par Hannah Arendt, d'une société où
l'action, définie par la politique, c'est-à-dire le dialogue public
et la guerre, aurait dépéri au profit de la production, puis
de la consommation, c'est-à-dire d'une vie purement biologique
pour ne renaître que passagèrement, dans les rares moments
révolutionnaires où les citoyens se retrouvent et se parlent[2]?

Aussi profondes et fulgurantes que soient ces vues, elles
n'éclairent que partiellement le phénomène de la politique (qui
ne se réduit ni à la lutte des classes, ni à l'autorité d'un guide, ni
à la guerre, ni à la délibération) et celui de sa crise actuelle. On
s'en rapproche davantage si on pense aux crises parallèles, elles
aussi souvent déplorées, de la démocratie et de la république.

On oppose souvent, en particulier en France, démocrates
et républicains. Les uns mettraient l'accent sur les droits

---

1. Friedrich Nietzsche, *Ainsi parlait Zarathoustra*, 1re partie, Prologue, I, 5.
2. Hannah Arendt, *La Condition de l'homme moderne*, tr. fr. Georges Fradier,
Calmann-Lévy, 1961, chap. 6.

des individus, sur leur liberté et leur égalité, sur leur épanouissement et sur leurs intérêts. Les autres sur le bien public et sur la participation de tous les citoyens à sa définition et à sa défense. Ces deux courants correspondent, en gros, à l'opposition entre la liberté négative ou l'«opinion que chacun a de sa sûreté», selon Montesquieu[3], et la liberté positive ou l'obéissance aux lois qu'on s'est données à travers la volonté générale, selon Rousseau, ou encore à la liberté des Modernes par opposition à la liberté des Anciens, selon Benjamin Constant[4].

N'est-il pas évident, cependant, que cette opposition, inévitable au départ, est un piège qu'il est essentiel de surmonter? Si Constant a raison de souligner que vouloir transformer des Modernes en Spartiates pour l'austérité, en Romains pour l'esprit de conquête, conduit à la tyrannie, Tocqueville n'a-t-il pas raison de prévenir qu'inversement une société d'individus occupés uniquement de leur bonheur privé risque d'être la proie d'un despotisme tutélaire, et que le seul antidote est celui d'un esprit de liberté et d'association? De même, si la volonté générale rousseauiste risque de faire perdre aux individus la liberté qu'elle leur accorde collectivement, cette liberté des individus ne saurait se réduire sans dommage au jeu des intérêts.

Si tous les régimes connaissent une forme ou une autre de politique, la politique au sens plein du terme ne se déploie que dans une démocratie républicaine ou une république démocratique. Plus généralement, la vocation de la politique consiste dans l'effort pour concilier les contraires ou du moins pour gérer leur coexistence et limiter leurs conflits. Là où il y a unanimité comme là où il y a guerre de tous contre tous ou une collection d'unités isolées, il n'y a pas de politique. Celle-ci s'efforce, de manière toujours menacée et toujours recommencée, de concilier l'égalité en droits et en dignité avec l'inégalité des dons et des tâches, la liberté des individus et leur coexistence, leur rivalité et leur coopération, le privé et le public, le respect des règles communes et la résistance à l'arbitraire.

3. Montesquieu, *De l'esprit des lois*, Livre XI, chap. 6.
4. Benjamin Constant, *De l'esprit de conquête*, chap. 6.

Le premier art du politique, c'est celui de la médiation, de l'arbitrage et de la synthèse. Si la politique est en peine, c'est parce que notre époque connaît, justement, une grande crise des médiations, et une prévalence des contradictions sans synthèse. Les forces que la politique essaie en principe de contrôler, de guider, d'organiser, ou de canaliser tendent à prendre chacune leur vie propre et soit à réduire la politique à la portion congrue, soit à la manipuler ou à la dissoudre. Cela rend plus difficiles les tyrannies totalitaires mais, également, le dialogue démocratique.

Rien n'indique mieux la nécessaire et difficile conciliation entre exigences contradictoires à la limite que la dualité des termes employés en anglais : *politics* et *policy*. Le premier désigne la compétition pour le pouvoir, la manière d'y accéder et de la conserver. Le second désigne l'usage qu'on en fait, la ligne que l'on suit. En France, on aurait tendance à traduire le premier par « politique politicienne », mais cette expression péjorative cache le fait central que la compétition est la condition même de la démocratie. Cependant, à notre époque, le rôle de l'argent, celui des médias, en particulier, de plus en plus, celui d'Internet permettent des manipulations grâce auxquelles les passions et les intérêts l'emportent souvent sur les programmes politiques. L'autre volet, celui de la *policy*, est également réduit par l'étroitesse de la marge de manœuvre des gouvernements pris entre un monde extérieur à la fois contraignant (notamment par la force des marchés) et imprévisible, et des exigences intérieures multiples et pressantes (notamment celles des droits acquis mis en péril par la concurrence et la crise économique).

Les figures classiques du grand législateur et de l'homme d'État s'estompent au profit d'acteurs politiques qui s'efforcent de manœuvrer au jour le jour entre échéances électorales et événements imprévus. Dès lors, les fondements mêmes de la politique sont mis en question.

Pour remplir son rôle de médiation et de gouvernance, celle-ci repose sur des *institutions*, sur une *légitimité* et sur une *communauté*, à la fois subjective et objective, entre citoyens. Or chacun de ces éléments est, aujourd'hui, en crise d'une manière ou d'une autre.

Les institutions, ce sont l'État, c'est-à-dire une autorité politique et administrative s'exerçant sur un territoire donné, et des institutions représentatives et juridiques qui le nourrissent, le contrôlent et garantissent la communication réciproque entre sphères distinctes, celle des gouvernants et celle des gouvernés, celle du public et celle du privé. Or ces mécanismes sont le plus souvent grippés ou bloqués. L'État est à la fois souvent envahissant et souvent privatisé. La communication entre élites et masses populaires est souvent coupée, ou se fait par des canaux non institutionnels. Le dialogue et la compétition des partis tendent à être remplacés par une opposition frontale entre la sphère technocratique (qui se présente comme l'expression de la rationalité et de la nécessité) et un populisme qui combine révolte et repli.

Cela met évidemment en question les fondements des institutions, c'est-à-dire la légitimité et la communauté.

Une communauté politique est fondée à la fois sur une pseudo-famille et sur un pseudo-contrat. Pris à l'état pur, le modèle de la famille conduit pour des sociétés complexes et modernes au totalitarisme. Le modèle du contrat entre individus rationnels ne suffit pas à fonder la légitimité patriotique, allant jusqu'au sacrifice. Au point que Rousseau lui-même doit faire appel à une « religion civile ».

Il ne suffit pas non plus à créer un véritable lien social : il y faut ce qu'Aristote appelait la *philia*[5], la confiance ou l'amitié entre citoyens. Celle-ci se fonde sur une identité commune, réelle ou plutôt construite ou fantasmée sur la base de l'histoire et de la contigüité, substituts de la consanguinité familiale. D'où, encore, la question de la nécessité d'un mythe, ou d'un « grand récit », sacralisant cette identité, mais par là même lui assignant des limites culturelles et géographiques.

On arrive ainsi à une série de questions : celle de la différenciation des unités politiques, celle de leurs rapports réciproques, et, plus généralement, celle de la guerre et de la paix. L'État national, défini par un territoire, et donc par des frontières, est-il,

---

5. Aristote, *Politique*, III, 9 et VI, 11.

à notre époque, la seule unité politique? La pluralité des unités ou des communautés appartient-elle à l'essence de la politique? Dans l'affirmative, implique-t-elle nécessairement leur hostilité, et donc la possibilité de la guerre? Celle-ci, éliminée à l'intérieur par le monopole de la force légitime réservé à l'État moderne, est-elle ce qui définit, au contraire, la politique internationale?

Toutes ces questions se posent avec une urgence nouvelle et les réponses qu'on peut leur apporter sont de plus en plus controversées et ambiguës. Pour Hobbes, pour Rousseau, pour Kant, les États obéissent à un ordre juridique à l'intérieur mais, entre eux, sont dans l'état de nature qui est un État de guerre, plus tolérable qu'entre individus pour Hobbes, plus insupportable pour Rousseau, selon qui «on en a fait trop ou trop peu dans l'institution sociale[6]», perdant la liberté de l'ordre naturel sans gagner la sécurité. Il doit laisser la place à un ordre juridique international pour Kant. Pour Montesquieu, c'est le commerce qui doit apporter la paix.

À notre époque, la mondialisation met de plus en plus en question l'autosuffisance et la cohérence de l'État national, les armes, notamment atomiques, mettent en question la guerre comme «dernier recours des rois», mais ni l'État universel ni la paix n'en résultent nécessairement. Ce qui est perdu par la guerre interétatique est gagné par les guerres civiles, le terrorisme, et, parfois, la montée de la violence sociale. La révolution des communications comme celle des moyens de destruction, met en question le monopole des États en termes de puissance comme en termes d'«hégémonie culturelle», pour parler comme Gramsci.

Après les deux guerres mondiales et les deux grands régimes totalitaires, notre époque prend conscience de la primauté de l'individu d'une part, du sort commun de la planète de l'autre. Mais ni l'individu ni la planète ne constituent par eux-mêmes un champ politique. La politique est faite par des collectivités particulières ou en leur nom. Mais les unités collectives sont de plus en plus interpénétrées, leurs identités et leurs priorités

---

6. Jean-Jacques Rousseau, *Émile*, Livre V.

respectives de plus en plus ambiguës, et c'est précisément cette incertitude et le contraste entre le caractère global des problèmes et le caractère particulier, partisan et partiel, des réponses qui est le thème central de politique internationale.

Pour nombre d'auteurs, de Freud à Lévi-Strauss, en passant par Bergson, la distinction entre «nous et les autres» appartient à l'essence des communautés. D'autres, allant plus loin, définissent la politique par la distinction de «l'ami et de l'ennemi» (c'est le cas de Carl Schmitt)[7], voire, renversant la célèbre formule de Clausewitz («La guerre est la continuation de la politique par d'autres moyens»), considèrent que c'est la politique qui est la continuation de la guerre : c'est le cas d'auteurs aussi divers que Lénine, le maréchal Ludendorff et Michel Foucault. Au niveau des peuples et de leurs réactions, la mondialisation produit, notamment par les délocalisations et les migrations, une réaction violente, si bien qu'à l'axe vertical «technocratie-populisme» correspond l'axe horizontal «cosmopolitisme-particularisme», que celui-ci soit national, ethnique ou religieux.

Le primat de la politique, contesté dans les faits, n'en est que plus important à ressusciter, en particulier par rapport à la violence physique, économique ou idéologique. L'essence de la politique consiste non pas à supprimer la force, mais à la domestiquer pour la faire servir à sa propre négation.

7. Carl Schmitt, *La Notion du politique*, tr. fr. Marie-Louise Steinhauser, Flammarion, 1932.

Postface

Les passions et les concepts

Entretien avec Joël Roman

Joël Roman : La première question qui se pose est de nature méthodologique. Quelles sont aujourd'hui les catégories pertinentes pour analyser une réalité qui, tu n'as pas cessé de le montrer, est mouvante, souvent contradictoire, et parfois même insaisissable ? Nous sentons bien que des concepts comme État, nation, ou encore guerre ou paix, sont souvent et trop larges et trop lâches, et donc insatisfaisants, mais nous n'en avons pas d'autres.

Pierre Hassner : Je peux citer une conversation que j'avais eue avec Aron qui distinguait nettement, surtout dans *Paix et guerre entre les nations*[1], entre les États et le reste, l'État étant défini par l'État de droit et par le monopole de la violence légitime. La guerre existe entre États, et sa possibilité caractérise les relations internationales, où les États revendiquent le droit de se faire justice eux-mêmes, de conduite diplomatico-stratégique. Je lui faisais remarquer qu'il s'agissait là de cas extrêmes, mais qu'en réalité la bombe nucléaire a évité la troisième guerre mondiale, d'autre part les convergences entre les sociétés occidentales et l'imbrication des intérêts économiques sont telles que la grande confrontation ne vient pas et est rendue hautement improbable, tandis qu'il y a multiplication des guerres civiles et de violences non étatiques. Ce à quoi il opposait une phrase de Max Weber : « Ce n'est pas parce que la réalité est ambiguë que nos concepts doivent être confus. » À mon tour je lui rétorquais avec cette remarque du jeune Hegel : « Si la réalité est inconcevable, alors

---

1. Raymond Aron, *Paix et guerre entre les nations, op. cit.*

forgeons des concepts inconcevables. » Telle est la conclusion à laquelle je suis depuis longtemps parvenu – et que je reprends dans certains des articles réunis ici : il y a un brouillage total des catégories. Le général Beaufre disait que la vraie guerre et la vraie paix sont peut-être mortes ensemble. Pendant toute la guerre froide, on s'est évertué à trouver des concepts nouveaux pour rendre compte de cette incertitude, de ce brouillage ; Aron parlait de « paix belliqueuse », Beaufre de « paix-guerre », avant que ne finisse par s'imposer la notion forgée par Walter Lippmann de « guerre froide ». Raymond Aron lui-même avait lancé dans *Le Grand Schisme* (1948) la formule « paix impossible, guerre improbable[2] » reprise dans *Les Guerres en chaîne*[3] (1951) où il développait la dialectique entre les guerres et les révolutions du XXᵉ siècle et leur enchaînement.

La formule de 1948 et la dialectique développées sont encore plus vraies aujourd'hui qu'à l'époque de la guerre froide. La dualité paix et guerre est devenue vraiment très problématique. Aron distinguait les systèmes homogènes et hétérogènes au sens où un système homogène associe et oppose des États qui peuvent se faire la guerre mais se reconnaissent mutuellement une légitimité, tandis que les systèmes hétérogènes sont ceux où une légitimité nouvelle apparaît qui dénie la légitimité de l'ordre ancien, comme lors des révolutions, Révolution française ou révolution russe. Il polémiquait à ce propos avec Lipman ou Morgenthau, les papes du réalisme, qui étaient partisans d'un accord avec l'Union soviétique qui aurait visé à définir des zones d'influence. Ce à quoi Aron opposait qu'on n'entend pas les mêmes choses par « zones d'influence ». Il y a certes quelque chose de classique, c'est qu'aucun des deux n'a intérêt

---

2. Je l'évoque ici p. 13 *sq.* et j'ajoute : « De même, dans un ouvrage postérieur, *Dimensions de la conscience historique*, le chapitre "L'aube de l'histoire universelle" oppose le "procès" ou le progrès (de la technique et du niveau de vie) au "drame" (l'affrontement des volontés) pour conclure que nul ne peut savoir si le procès finira par digérer le drame, ou si celui-ci fera éclater celui-là ou le paralysera. »

3. Raymond Aron, *Le Grand Schisme*, Gallimard, 1948 ; *Les Guerres en chaîne*, *op. cit.*

à la guerre, mais ce n'est pas la paix non plus, c'est une paix armée où l'on s'affronte par pays tiers interposés, ou par tous les moyens qui permettent d'éviter la confrontation directe. Il me semble que c'est encore plus vrai aujourd'hui : l'Union soviétique, quoique dotée d'une idéologie totalitaire et engagée dans une confrontation tous azimuts avec les démocraties occidentales, était malgré tout un État avec des intérêts propres et mû par une logique de puissance (la meilleure preuve est qu'elle fut parfaitement accessible à la logique de la dissuasion), tandis que nous assistons à la multiplication d'acteurs non étatiques de toutes sortes, et souvent imprévisibles. Si l'on prend l'exemple de la Syrie aujourd'hui, on assiste à un enchevêtrement de conflits multiples, une guerre civile qui oppose les partisans d'Assad au reste de la société, une guerre régionale entre Kurdes, Arabes sunnites et Arabes chiites, et enfin un affrontement international où les grandes puissances soutiennent à des degrés divers leurs alliés respectifs.

Je suis très sensible à ce problème de brouillage général et à ce que cela implique : Daech prétend être un État, mais Al-Quaïda n'est pas accessible aux représailles classiques contre les États. Daech, lui, prétend être un État et se bat pour des territoires, mais il agit un peu partout. Les acteurs ne sont pas seulement asymétriques par la dimension, certains sont étatiques d'autres non, mais aussi par les mentalités. Les conditions du jeu interétatique sont changées quand un acteur comme Daech reprend ce que disait Ben Laden : « Nous avons des jeunes gens qui aiment la mort plus que vous n'aimez la vie », ce qui n'est au fond qu'une variante de l'ancien cri de ralliement fasciste : « *Viva la muerte* ! » Enfin, une troisième dimension est à prendre en compte, celle des moyens technologiques et des formes matérielles de la confrontation. Il y a un usage nouveau des moyens de communication qui change profondément la nature de la propagande classique et celle des moyens de destruction : pour l'instant, aucun groupe terroriste ne dispose de la bombe nucléaire, mais ce n'est plus de l'ordre de l'impossible. Certains de ces groupes disposent, à travers des montages financiers complexes qui font appel à toutes les ressources de la finance internationale, de moyens très puissants, supérieurs à ceux de nombreux États. Il n'y a plus de secrets d'État, tout le monde vole les communications de tout le monde ; il n'y a plus de distinction claire entre les guerres interétatiques et les guerres civiles. Arnold Wolfers disait qu'il fallait définir la relation de tension majeure, mais quelle est aujourd'hui la relation de tension majeure ? Est-ce que c'est l'Ukraine – et dans ce cas on retrouve une configuration plus classique de l'affrontement entre l'empire russe et les puissances occidentales –, mais si l'on regarde l'Asie, c'est autre chose, probablement les tensions au sein de la relation sino-américaine, mais aussi les rivalités indo-pakistanaises ou sino-indiennes ; enfin, au regard du terrorisme international, c'est encore une troisième dimension qu'il faut prendre en compte. D'un côté, à la fois socialement et économiquement, les États sont affaiblis sur le plan intérieur comme sur le plan international et, d'un autre côté, à mesure que cet affaiblissement des États se confirme, le nationalisme renaît sous des formes plus dures.

C'est pourquoi j'ai écrit plusieurs articles pour dire qu'il n'y a plus d'ordre international[4]. Maintenant, il y a d'une part des oligarchies internationalisées et, d'autre part, la renaissance de populismes étroitement nationaux, sans qu'un dialogue parvienne à s'établir entre l'État et les institutions d'un côté et de l'autre des populations qui vivent cette mondialisation comme une dépossession. Il y a l'universalisme abstrait de l'ONU et du droit international, mais aussi l'universalisme des réseaux sociaux et des courants transfrontaliers liés aux immigrations. Les médias, les réseaux sociaux battent en brèche la fonction intégratrice de l'État. Le contenu des doctrines qui naguère structuraient le monde dans des oppositions idéologiques stables (communisme *vs* libéralisme, par exemple) est aujourd'hui très affaibli et s'efface devant la manière dont les individus sont aux prises avec les situations qu'ils connaissent et les flux qui les affectent, qu'ils soient, à des titres divers, engagés dans la mon-

---

4. Cf. notamment dans ce volume les remarques de l'introduction et plus particulièrement les chapitres 4, 5 et 9.

dialisation ou au contraire tentés par le repli (sans exclure l'hypothèse de replis identitaires mondialisés, si l'on peut tenter cet oxymore). Le Centre d'analyses et de prévisions a fait un exercice intéressant en se demandant quelle sera la structure du monde en 2025. Un papier de Jean-Baptiste Jeangène Vilmer répond que le monde sera alors structuré par le conflit Chine/ États-Unis. Il me semble que c'est une hypothèse fort probable et qui a beaucoup d'arguments en sa faveur, mais sera-ce ce qui résume tout ? Pour ma part, j'en reste au titre de ma contribution au volume Ramses édité par l'Ifri en 2000 : « Fins des certitudes, choc des identités, un siècle imprévisible ».

J. R. : L'un des aspects qui caractérisent notre temps, c'est la multipli-cation des formes de la violence, qui échappent de plus en plus au contrôle des États. Comment qualifier cette évolution de la violence ?

P. H. : J'ai évoqué dans l'introduction un pyschosociologue de Harvard qui a écrit un gros livre pour dire que la violence a décru dans l'histoire et la réplique des auteurs de *The Future of Violence*, qui rappellent qu'utiliser un drone pour assassiner quelqu'un à distance est aujourd'hui à la portée de n'importe qui, de même que se développent des armes inédites, bactério-logiques, comme l'a montré l'affaire de l'anthrax aux États-Unis peu de temps après le 11 Septembre. La violence a peut-être globalement décru, mais il existe beaucoup plus de possibilités de l'exercer, de manière totalement incontrôlée. L'État n'a plus, ou beaucoup moins, le monopole de la violence et se trouve dans de nombreuses circonstances impuissant à nous en pro-téger, voire parfois devient lui-même une menace, l'insécurité pouvant provoquer la recherche de boucs émissaires, la chasse aux sorcières.

Cette diminution de la violence est peut-être vraie, mais elle s'accompagne d'une dissémination de la violence et parfois d'un déchaînement d'hyper-violence et de cruauté extrêmes. Il se peut que la masse des gens soient moins violents ; en revanche, la possibilité pour certains d'être plus violents se répand. Ces plus grandes possibilités de violence individuelle peuvent susciter la peur, qui peut à son tour, comme l'avait noté Bernanos dans *Les Grands Cimetières sous la Lune* (« La peur, la vraie peur, est un délire furieux[5] »), être à l'origine de nouvelles violences. On peut d'ailleurs aller plus loin, comme le fait Simone Weil écrivant à Bernanos après avoir été témoin dans son propre camp, le camp républicain, d'exactions comparables à celles qui l'avaient conduit, lui, à s'élever contre les crimes des rebelles. Elle note que, quand certaines barrières morales et sociales sont levées, les individus les plus débonnaires peuvent laisser libre cours à leurs instincts les plus bas, et commettre des actes d'une cruauté inimaginable.

Ma propre famille à Bucarest a été préservée par Antonescu, qui, bizarrement, a protégé les juifs de Bucarest, tandis que les juifs d'Odessa ont été massacrés, en représailles d'un attentat commis prétendument par un juif. Nous avons vu arriver des parents, ma grand-mère paternelle et des cousins, qui revenaient des camps et qui racontaient des scènes d'une cruauté et d'une barbarie insoutenables, d'enfants dépecés par jeu par des SS.

J. R. : On rejoint ici la question des passions qui donne son titre à ce volume. Comment rendre compte de cette possibilité de déchaînement des passions qui va jusqu'à la cruauté ? En particulier, quel rôle joue dans les passions cette passion fondamentale qu'est la peur ?

P. H. : Il y a une ambivalence de la peur. Alain parlait de la peur de la peur, et il avait sans doute raison. Edgar Morin avait eu une formule éclairante en disant que nous n'avons sans doute plus de grande peur, mais une multiplicité de petites peurs. Mais, aujourd'hui, en un sens, la menace terroriste prend la forme du retour d'une grande peur. Pour ma part, je dirais que nous oscillons en permanence entre des peurs contradictoires. Nous sommes entre deux peurs : on a raison d'avoir peur du terrorisme, mais aussi d'avoir peur des mesures qu'on prend contre le terrorisme. Les moyens de protection que nous avons développés sont devenus eux-mêmes menaçants, qu'il s'agisse des menaces que fait peser sur nous le développement des

---

5. Je cite et je discute plus précisément le texte de Bernanos p. 45 *sq.*

techniques, des menaces liées aux exigences de la défense, comme celle de la bombe atomique, ou encore des menaces à l'encontre des libertés individuelles que représentent les mesures sécuritaires prises par les gouvernements.

Nous avons tous les jours sous les yeux des témoignages effrayants de sociétés où l'État s'est effondré et où l'absence d'État fait place à un déchaînement de violence inouï (encore récemment en Centrafrique, d'après des témoignages qu'on m'a rapportés), mais d'un autre côté nous savons qu'au XXe siècle la majorité des morts victimes de violence collective, ont été assassinés par leurs propres gouvernements : ces victimes sont plus nombreuses encore que celles des guerres. Cette notion d'État est d'ailleurs parfois trompeuse ; certains, attachés à l'idée que l'État est l'État de droit, refusent de parler d'État pour qualifier les structures des pouvoirs totalitaires. Le concept indifférencié d'État est d'ailleurs curieusement français ou allemand (la *Staatslehre*), les Anglo-Saxons parlant plus volontiers et peut-être plus justement du règne de la loi et beaucoup plus rarement de l'État.

Quoi qu'il en soit, c'est là l'un des socles de la philosophie politique moderne que d'avoir associé la nécessité de la loi ou de l'État au besoin de sécurité et à un calcul des intérêts qui tienne en respect les passions. C'est la démarche de Hobbes, qui confère à la peur une place centrale dans cette quête de la sécurité ; mais aussi celle de Montesquieu, qui parle du « doux commerce », et voit en lui le moyen de modérer les ardeurs guerrières ; de Hume, qui estime qu'il faut diminuer les passions chaudes, source de violences, au profit des passions froides ; jusqu'à Pareto, qui oppose la figure du boursier à celle du *condottiere*, mais sans lui accorder de préférence, au contraire. Quant à Furet, dans son grand essai politique, *Le Passé d'une illusion*, il souligne que le fascisme et le communisme avaient en commun la détestation de la société bourgeoise et que c'est cela qui conduisait les systèmes totalitaires à finir par se ressembler (même si, à mes yeux, il assimilait un peu trop rapidement par leurs effets communs deux passions passablement antinomiques. Pour l'un, c'est, à l'origine, la passion de l'égalité, tandis que, pour l'autre, c'est le culte de la force et de la volonté[6]). Mais Hirschman n'a-t-il pas raison de nous rappeler, en partant précisément de Montesquieu, que le doux commerce n'a pas empêché les guerres, et que cette construction qui valorise les «eaux glacées du calcul égoïste», pour reprendre l'expression de Marx, est en partie une illusion? En effet, d'une part le calcul des intérêts peut lui aussi donner lieu à une forme d'*hubris*, d'autre part il existe une exigence identitaire qui n'est pas réductible à des intérêts, et qui, elle, n'est pas négociable.

Je ne partage donc pas l'idée que les intérêts, essentiellement les intérêts économiques, sont la grande force pacificatrice de l'histoire parce qu'on voit bien que le capitalisme sauvage est en partie à l'origine de la crise actuelle. L'idée qu'il faut laisser libre cours à la concurrence s'est démontrée ravageuse par ses effets dans les dernières années, quand on a cherché à déréguler au maximum le capitalisme et à faire confiance au seul marché. La mondialisation d'un marché concurrentiel a en effet broyé de nombreux individus et de nombreux groupes, et a suscité en réaction des passions identitaires. Derrière les passions identitaires il peut y avoir des intérêts lésés et des identités meurtries, par le mouvement même de la mondialisation. Même si, dans une certaine mesure, les intérêts portent au compromis, quand ils sont livrés à eux-mêmes, ils prennent des proportions effrayantes. En outre, sans aller jusqu'à affirmer comme Hitler qu'il peut y avoir des compromis avec les intérêts mais pas entre les visions du monde – les *Weltanschauungen* –, il faut remarquer que quand ce qui définit essentiellement un groupe à ses propres yeux est en jeu, qu'on peut appeler le sentiment de l'honneur ou de la dignité, il n'y a guère de compromis possible.

Il nous faut donc revenir à une vision plus classique des passions, comme celle proposée par les Athéniens de Thucydide dans leur discours aux Spartiates, selon lequel les hommes sont mus par trois grandes passions, la recherche des biens matériels (l'appât du gain, la recherche de l'intérêt); la peur, qui conduit

---

6. . Je discute beaucoup plus en détail le livre de Furet dans le chapitre 3 : «François Furet et les passions du XXe siècle».

à la recherche de la sécurité ; et, enfin, la recherche de la gloire, l'amour-propre (mais qui est aussi la quête de l'honneur et de la dignité). Il nous faut sans cesse contrebalancer ces passions les unes par les autres, sans pouvoir en appeler, comme les grands rationalistes, au dépassement des passions par la raison. On le voit bien chez Spinoza : qu'il s'agisse de jouer les passions joyeuses contre les passions tristes, ou la raison contre les passions, il n'a pas de place chez lui pour la morale, quoique son œuvre s'appelle l'*Éthique*. Sans verser dans un discours moralisant ou religieux, il me semble qu'il faut faire une place à la solidarité et à la compassion (ce que Rousseau appelle la «répugnance à voir souffrir»). Si nous n'avons pas à des degrés divers le sens de la fraternité, un monde purement d'intérêts comme un monde purement d'identités ne peut pas fonctionner. Comment traduire cette exigence éthique, qui peut vite devenir une formule un peu trop générale et creuse ? Par l'imagination morale, c'est-à-dire la possibilité de se mettre en imagination à la place d'autrui (je songe à la très pertinente formule de Bernard Shaw : «Ne faites pas aux autres ce que vous voudriez qu'on vous fasse : ils n'ont peut-être pas les mêmes goûts»). Dans son propre style, Kant propose de se considérer dans notre droit interne comme membre d'une communauté humaine en général, et ajoute qu'il n'y a pas d'objectif plus exaltant.

J. R. : Sans aller jusqu'à ce cosmopolitisme, l'Europe a constitué un élargissement des solidarités étroitement nationales. Bien que nous soyons encore loin d'une Europe fédérale, et même d'une fédération d'États-nations, penses-tu que l'Europe puisse encore incarner un dépassement des nationalismes ?

P. H. : Pour moi, l'Europe, c'est d'abord la solidarité. Dans les années 1960, dans la plupart des pays, le sentiment européen existait réellement. En raison de la proximité de la guerre, les gens se disaient volontiers européens et vivaient cela comme un idéal mobilisateur. Avec l'Europe s'inventait un modèle qui n'était pas celui de l'intégration nationale dans un État, ni celui des empires multiethniques, mais une sorte de mixte des deux fondé sur la double idée : plus de guerre, plus de totalitarisme.

Il y a eu au XIXe siècle une polémique en Angleterre entre John Suart Mill, qui était pour le principe national, considérant que seul le principe national est démocratique, et lord Acton, qui défendait l'Empire austro-hongrois comme respectant mieux les minorités. De la même manière, Toynbee avait écrit un livre dans les années 1920 qui s'appelait *La Question d'Occident en Grèce et en Turquie*, prenant à rebours la traditionnelle question d'Orient, et montrant que la chute de l'Empire ottoman avait entraîné une prolifération de ferveur nationaliste et de nettoyage ethnique en Grèce, en Turquie et dans les Balkans d'une manière générale. L'Europe, de ce point de vue, est un mélange entre la tradition démocratique et un respect des identités fédérées analogue à la structure des empires. Le problème est que cette Europe fédérale a du mal à émerger et qu'on en reste à une Europe simplement interétatique où règne le chacun-pour-soi. C'est pourquoi je suis très pessimiste devant les développements actuels, le tour que prend aujourd'hui l'Europe d'une coalition d'égoïsmes nationaux, comme on l'a vu avec l'affaire grecque, mais plus encore avec les marchandages sordides autour de la question : qui accueillera le moins de réfugiés ? Quand le tsunami a frappé le Sud-Est asiatique, les associations de solidarité ont récolté plus d'argent que prévu parce que de nombreux touristes figuraient parmi les victimes. Mais, en revanche, nous ne sommes jamais arrivés à soulever une réelle émotion en faveur de la Syrie. Sans parler d'intervention militaire, l'aide financière recueillie est très inférieure aux objectifs de l'ONU et du Commissariat aux réfugiés. Ce qui se multiplie, c'est le refus des réfugiés et de la solidarité. Le pape parle de la « mondialisation de l'indifférence », mais on assiste même, de plus en plus, à une mondialisation de la méfiance et de l'hostilité. Dans une contribution récente pour une revue hollandaise qui me demandait : « Pour vous, qu'est-ce qu'être européen ? », j'ai répondu en mettant en avant à la fois cette exigence de solidarité et mon pessimisme devant son peu de traduction dans les faits. Il y a dans l'hymne polonais une phrase qui dit : « La Pologne n'est pas morte puisque nous vivons. » Il y a bien quelques tentatives de porter secours aux réfugiés qui pourraient nous porter à dire :

« L'Europe n'est pas morte puisque nous (les réfugiés et leurs sauveteurs) vivons. » Mais c'est bien faible au regard des besoins et des ressources de l'Europe. La question de l'accueil des réfugiés est en effet à mes yeux la question cruciale. Nous sommes en train de vérifier l'intuition de Hannah Arendt qui voyait dans la figure du réfugié ou de l'apatride la figure centrale de la période contemporaine.

J. R. : Cette question de l'Europe nous ramène au problème de la place que l'on peut faire aux identités et aux passions identitaires qui animent les groupes et les communautés.

P. H. : La question, à la différence de celle de la composition des intérêts, est celle de la négociation des places. C'est la question de la reconnaissance. J'ai eu à ce propos un différend avec Fukuyama, qui assimilait ce qu'il considérait comme la fin de l'histoire à un mouvement général de reconnaissance. Mais je lui faisais remarquer qu'il s'agissait là d'une reconnaissance formelle et abstraite, celle de l'humanité en chacun, contre les formes de racisme, par exemple, mais qu'il y a aussi une demande de reconnaissance singulière. Chacun cherche aussi à être reconnu pour ce qu'il est singulièrement, par des personnes singulières. Du coup, Fukuyama avait introduit la distinction entre *isothumia* et *megalothumia*, c'est-à-dire une reconnaissance réciproque et une reconnaissance qui exalte la singularité, voire la supériorité, de chacun contre les autres. Chez Hegel, la dialectique du maître et de l'esclave n'est pas une reconnaissance réciproque. C'est un processus agonistique, comme chez Sartre.

On retrouve cette différence dans le champ de la géopolitique : les Suisses ne veulent pas conquérir le monde, mais se vivent très heureux dans leur singularité. D'autres, comme les Russes, se vivent plutôt comme humiliés, et investis d'une mission face à l'Europe décadente (représentée à leurs yeux par la figure de la gagnante du concours de l'Eurovision, Conchita Wurst). Il nous faut faire une distinction précieuse, mais fragile, entre respect des différences et affirmation d'une supériorité.

Nous faisons en permanence une distinction entre nous et les autres. Celle-ci est constitutive de l'humanité, mais il n'y a aucune fatalité à ce qu'elle devienne une distinction entre ami et ennemi. Carl Schmitt voit dans la distinction ami/ennemi l'essence du politique. Or cette distinction n'est pas le début de la politique, c'est la fin de la politique. La politique, c'est faire ensemble. La question pour nous est comment faire ensemble avec les passions ? C'est la question qui se pose à nous dans des sociétés dont la diversité culturelle est profonde et où nous participons tous d'appartenances multiples. Ce qu'il faut qu'on arrive à construire, c'est quelque chose qui articule des niveaux d'appartenance, qui les uns sont politiques et d'autres sont infrapolitiques, et qui, pour la plupart des individus, sont à géométrie variable. Dans la vie quotidienne, nous appartenons à des groupes et à des communautés multiples (ethniques, religieuses, professionnelles, territoriales, etc.). Chacun les articule à sa manière. Les identités ne sont la plupart du temps pas exclusives. Elles ne deviennent des passions exclusives que lorsqu'elles ne sont pas reconnues : c'est le sens du sentiment d'humiliation. C'est aussi celui d'affirmations identitaires qui protestent contre cette humiliation et affirment une fierté identitaire : Gay Pride, Muslim Pride. Sur un mode plus léger, j'aime à citer cet aphorisme d'un humoriste juif : « Je suis fier d'être juif ! Parce que si je n'étais pas fier, je serais juif quand même ! » C'est un travail de tous les jours, à la fois de maintenir son identité et de respecter celle des autres. Quelqu'un qui refuse l'universel est un barbare, mais peut-être que celui qui croit qu'il incarne l'universel est aussi un barbare. Dans *Les Deux Sources de la morale et de la religion*, Bergson explique qu'il ne croit pas en une citoyenneté mondiale, mais qu'il existe une société de grands esprits qui incarnent une certaine idée de l'humanité. Or chacun d'entre eux atteint l'universel par le prisme de ce qu'il a de singulier. C'est ce que j'avais essayé de développer dans mon texte sur l'universalisme pluriel, recueilli dans *La Violence et la Paix*. Certes, il faut se méfier des identités, celles-ci peuvent devenir, comme le dit Amin Maalouf, des identités meurtrières. Mais on ne peut pas accéder sans médiation à l'universel. C'est ce qu'exprime l'idée d'universalisme pluriel.

Juillet 2015.

Origine des textes de cet ouvrage

— « La revanche des passions », *Commentaire*, n° 110, été 2005,
p. 299-312.

— « La philosophie moderne et les passions politiques » *in* Giulio
De Ligio, Jean-Vincent Holeindre, Daniel J. Mahoney (dir.),
La Politique et l'Âme. Autour de Pierre Manent, CNRS Éditions, 2014,
p. 95-108.

— « François Furet et les passions du xx⁰ siècle », *Le Débat*, 1999/5,
n° 107, p. 137-150.

— « Y a-t-il encore un système international ? », *La Revue socialiste*,
n° 53, 1ᵉʳ trimestre 2014.

— « Feu (sur) l'ordre international », *Esprit*, août-septembre 2014,
p. 58-70.

— « Autour de la guerre juste : dilemmes et paradoxes moraux,
juridiques et politiques », *in* Frédéric Rognon (dir.), *Dire la guerre,
penser la paix*, Actes du Colloque international de Strasbourg,
14-16 mai 2012, Labor et Fides, 2014, p. 171-182.

— « Souveraineté, morale et histoire : le problème de la légitima-
tion de la force chez Rousseau, Kant et Hegel », tr. fr. Isabelle
Hausser ; « Sovereignty, Morality and History : The Problematic
Legitimization of Force in Rousseau, Kant and Hegel », *in*
Stefano Recchia et Jennifer M. Welsh (ed.), *Just and Unjust
Military Intervention. European Thinkers from Vitoria to Mill*,
Cambridge University Press, 2013, p. 176-195.

— « Rousseau et les relations internationales », tr. fr. Isabelle
Hausser, *Commentaire*, n° 140, hiver 2012-2013, p. 1089-1100 ;
« Rousseau and the Theory and Practice of International

Relations», *in* Clifford Orwin et Nathan Tarcov (ed.), *The Legacy of Rousseau*, University of Chicago Press, 1996, chap. 10, p. 200-219.

— «Violences, conflits et guerres: déclin ou mutation?», *in* Pierre Hassner (dir.), *Les Relations internationales*, La Documentation française, 2012 (2ᵉ éd.), p. 65-76.

— «Guerre, stratégie, puissance», *Revue Défense nationale*, n° 743, octobre 2011, p. 9-16.

— «Puissance et impuissance des interventions extérieures»: *Ceriscope Puissance*, 2013, [en ligne] URL: http://ceriscope.sciences-po.fr/puissance/content/part1/puissance-et-impuissance-des-interventions-exterieures?page=1

— «La transition autocratique en Russie», tr. fr. Olivier Sedeyn, *La Vie des idées*, 16 octobre 2008; «Russia's Transition to Autocracy», conférence Seymour Martin Lipset, novembre 2007, National Endowment for Democracy.

— «Le totalitarisme est-il mort?», tr. fr. Isabelle Hausser; «Is Totalitarianism Dead?», *Divinatio*, vol. 31, printemps-été 2010, p. 181-188.

— «Totalitarisme et guerre aujourd'hui», *in* Marie-Claire Caloz-Tschopp (dir.), *Lire Hannah Arendt aujourd'hui. Pouvoir, guerre, pensée, jugement politique*, Actes du Colloque international de Lausane, 11-12 mai 2007, L'Harmattan, 2008, p. 67-72.

— «Nationalisme et violence dans les relations internationales», tr. fr. Géraldine Masson, *in* Alain Dieckhoff et Christophe Jaffrelot (dir.), *Repenser le nationalisme. Théories et pratiques*, Presses de Sciences Po, 2006, p. 331-365.

— «Les paradoxes de l'identité européenne», tr. fr. Isabelle Hausser; «The Paradoxes of European Identity», séminaire Engelsberg, juin 2012.

— «Revanche et misère des frontières: une dialectique ambiguë», *in* Jean Birnbaum (dir.), *Repousser les frontières*, Forum *Le Monde*, Le Mans, 2013, Gallimard, coll. «Folio», 2014.

— «La crise du politique», préface à *L'Anthologie du savoir*, vol. 16: *La Politique*, CNRS Éditions/Le Nouvel Observateur, 2011.

Fayard remercie les éditeurs pour leur autorisation de reproduire les différents textes.

Index des noms de personnes

Table